高速铁路桥上CRTSⅢ型板式无砟轨道无缝线路纵向力研究

张鹏飞　桂　昊　◎著

西南交通大学出版社
·成都·

图书在版编目（CIP）数据

高速铁路桥上 CRTS Ⅲ 型板式无砟轨道无缝线路纵向力研究 / 张鹏飞，桂昊著. —成都：西南交通大学出版社，2022.1
　ISBN 978-7-5643-8388-6

Ⅰ. ①高… Ⅱ. ①张… ②桂… Ⅲ. ①高速铁路－铁路桥－无砟轨道－无缝线路轨道－研究 Ⅳ. ①U213.2

中国版本图书馆 CIP 数据核字（2021）第 232634 号

Gaosu Tielu Qiaoshang CRTS Ⅲ Xing Banshi Wuzha Guidao Wufeng Xianlu Zongxiangli Yanjiu

高速铁路桥上 CRTS Ⅲ 型板式无砟轨道无缝线路纵向力研究

张鹏飞　桂昊　著

出版人	王建琼
策划编辑	黄庆斌　黄淑文　周杨　孟媛
责任编辑	王同晓
封面设计	曹天擎

出版发行	西南交通大学出版社 （四川省成都市金牛区二环路北一段 111 号 西南交通大学创新大厦 21 楼）
邮政编码	610031
发行部电话	028-87600564　028-87600533
网址	http://www.xnjdcbs.com
印刷	成都蜀通印务有限责任公司

成品尺寸	170 mm×230 mm
印张	14.25
字数	219 千
版次	2022 年 1 月第 1 版
印次	2022 年 1 月第 1 次
定价	65.00 元
书号	ISBN 978-7-5643-8388-6

图书如有印装质量问题　本社负责退换
版权所有　盗版必究　举报电话：028-87600562

>>>> 【 前 言 】

CRTSⅢ型板式无砟轨道无缝线路可满足高速铁路对运营安全性和行车平稳性的严格要求。随着我国高速铁路持续发展和"走出去"战略的实施，CRTSⅢ型板式无砟轨道作为我国自主研发的新型无砟轨道结构广泛应用于高速铁路桥上无缝线路。桥上CRTSⅢ型板式无砟轨道无缝线路纵向力传递机理有别于桥上有砟轨道无缝线路和桥上纵连板式无砟轨道无缝线路，其梁-板-轨相互作用机理较复杂且相关研究还较少，轨道层间相互作用力过大将引起钢轨折断，层间接触部分开裂，以及内部凸台、弹性垫层及隔离层结构伤损等病害，从而影响桥上CRTSⅢ型板式无砟轨道无缝线路的安全服役状态，甚至危及桥上行车安全；因此亟须对桥上CRTSⅢ型板式无砟轨道无缝线路纵向力进行全面的研究，用以指导桥上CRTSⅢ型板式无砟轨道无缝线路的铺设施工及养护维修工作，保障线下结构的稳定性和桥上行车的安全性。

本书在综合分析国内外桥上无缝线路纵向力研究现状的基础之上，结合国家自然科学基金项目"制动条件下高速列车及桥上无砟轨道动力特性研究（51768023）"和广西高校中青年教师科研基础提升项目"桥上CRTSⅢ型板式无砟轨道无缝线路纵向力传递机理研究（2021KY1397）"，针对广泛应用于高速铁路的多跨简支梁桥和大跨连续梁桥，分别从静力和动力的角度出发，基于梁-板-轨相互作用机理和有限元法，建立了精细化的桥上CRTSⅢ型板式无砟轨道无缝线路空间耦合模型；通过对有限元软件ANSYS的二次开发，编制了桥上CRTSⅢ型板式无砟轨道无缝线路纵向力计算程序；从静力的角度出发，考虑了多种复杂温度荷载、列车荷载、列车制动荷载和断轨等情况，研究了桥上CRTSⅢ型板式无砟轨道无缝线路伸缩力、挠曲力、制动力和断轨力特性，并对最不利工况进行了总结，且对多种影响因素进行了全面分析，为桥上CRTSⅢ型板式无砟轨道无缝线路设计检算方法、荷载选取、结构改进和铺设方法提供了参考；从动力的角度出发，分析了高速列车匀速运行和快速制动条件下桥上CRTSⅢ型板式无砟轨道无缝线路结构的纵向、竖向动力特性，为运营过程中桥上CRTSⅢ型板式无砟轨道无缝线路结构稳定性提供了理论依据。

  本书在写作过程中参考了大量的文献资料，由于参考的文献资料较多，只能将其中主要的文献列入书后，在此谨向所有文献资料的作者表示衷心的感谢和敬意。

  由于作者水平有限，书中难免存在疏漏之处，恳请广大读者批评指正，作者将十分感激并在今后的研究中不断改进和提高。

著 者

2021年9月

>>>> 【目 录】

1 绪 论 ·· 001
1.1 研究背景 ·· 003
1.2 板式无砟轨道发展概况 ·· 004
1.3 桥上无缝线路纵向力研究现状 ··································· 009
1.4 现有研究的不足之处 ·· 022
1.5 本书主要研究内容及研究思路 ··································· 023

2 桥上CRTSⅢ型板式无砟轨道无缝线路空间耦合模型 ······ 027
2.1 桥上CRTSⅢ型板式无砟轨道无缝线路纵向力传递机理 ··· 029
2.2 桥上CRTSⅢ型板式无砟轨道无缝线路空间
耦合模型建立 ·· 032
2.3 桥上CRTSⅢ型板式无砟轨道无缝线路纵向力
计算程序编制 ·· 040
2.4 本章小结 ·· 048

3 桥上CRTSⅢ型板式无砟轨道无缝线路纵向静力分析 ····· 049
3.1 桥上CRTSⅢ型板式无砟轨道无缝线路伸缩力计算 ········ 051
3.2 桥上CRTSⅢ型板式无砟轨道无缝线路挠曲力计算 ········ 066
3.3 桥上CRTSⅢ型板式无砟轨道无缝线路制动力计算 ········ 074
3.4 桥上CRTSⅢ型板式无砟轨道无缝线路断缝值计算 ········ 083
3.5 桥上CRTSⅢ型板式无砟轨道无缝线路检算 ·················· 098
3.6 本章小结 ·· 105

4 桥上 CRTS Ⅲ 型板式无砟轨道无缝线路纵向静力影响因素分析 ······ 107

- 4.1 扣件纵向阻力的影响 ······ 109
- 4.2 小阻力扣件铺设方案的影响 ······ 115
- 4.3 固定支座墩/台顶部纵向刚度的影响 ······ 123
- 4.4 支座布置形式的影响 ······ 128
- 4.5 弹性垫层弹性模量的影响 ······ 134
- 4.6 隔离层摩擦系数的影响 ······ 137
- 4.7 连续梁温度跨度的影响 ······ 141
- 4.8 连续梁截面高度的影响 ······ 147
- 4.9 连续梁相邻简支梁配跨数的影响 ······ 153
- 4.10 简支梁桥跨数的影响 ······ 159
- 4.11 本章小结 ······ 165

5 列车运行和制动条件下桥上 CRTS Ⅲ 型板式无砟轨道无缝线路动力特性分析 ······ 167

- 5.1 列车匀速运行与制动条件下的纵向轮轨力 ······ 169
- 5.2 列车匀速运行条件下桥上无砟轨道动力特性分析 ······ 171
- 5.3 列车快速制动条件下桥上无砟轨道动力特性分析 ······ 180
- 5.4 本章小结 ······ 201

6 结论与展望 ······ 203

- 6.1 结 论 ······ 205
- 6.2 展 望 ······ 209

参考文献 ······ 210

附录 主要符号说明 ······ 222

1 绪论

1.1 研究背景

铁路无缝线路（Continuous Welded Rail，简称 CWR）是 20 世纪最突出的轨道结构上的改进和创新，它基本消除了传统钢轨接头处的轨缝、折角、台阶等结构缺陷，从而全面提高了轨道的平顺性、稳定性和可靠性[1-2]。在桥上铺设无砟轨道[3-6]和无缝线路可减小下部基础沉降，保持线路的高平顺性，从而大大减小了高速列车对轨道、桥梁结构的冲击作用，延长了列车和轨道部件的使用寿命，改善了桥梁的运营条件，极大地减少了线路的养护维修工作量。如今，铁路无缝线路已成为世界各国铁路，特别是高速铁路，最主要的线下结构之一[7]。

近年来，我国的高速铁路技术体系得到了跨越式发展和不断的完善[8]。截至 2020 年年底，我国高速铁路运营总里程已达 3.79 万千米，里程稳居世界第一，预计 2030 年我国高速铁路运营里程将达到 4.5 万千米[9]。随着高速铁路的持续发展，列车行车安全性和轨道、路基、桥梁结构的稳定性受到了设计、施工、运营管理部门的广泛关注，也成了世界各国学者研究的热点[10,11]。为保障高速列车安全、高速和平稳地运行，满足高速铁路对下部轨道结构稳定性和下部基础的沉降量控制更为严格的要求，无砟轨道、长大桥梁、跨区间无缝线路等技术成为了高速铁路设计和建设过程中的首要选择[12,13]。

桥上无砟轨道无缝线路的受力相较于路基上无缝线路的受力更为复杂。长钢轨除受轨温变化而产生的基本温度力及来自车轮的轮轨作用力之外，还受到因梁、板、轨之间相互作用而产生的纵向附加力的作用[14]，这直接影响着桥上无砟轨道无缝线路结构的稳定性。China Railway Track System（简称 CRTS）Ⅲ型板式无砟轨道[15-16]，作为我国自主研发的一种新型无砟轨道结构，被广泛应用于桥上无缝线路，其梁、板、轨相互作用机理较复杂且相关研究较少。墩台、梁体及轨道层间相互作用力过大将引起钢轨折断，层间接触部分开裂，以及内部凸台、弹性垫层、隔离层结构伤损等病害，从而影响轨道和桥梁结构的安全服役状态，严重时甚至危及桥上行车安全。由此可见，桥上 CRTSⅢ型板式无砟轨道无缝线路纵向力传递规律及其影响因素是我国高速铁路发展过程中亟待研究的重点课题。

本书在综合分析国内外桥上无砟轨道无缝线路纵向力研究现状的基础

上，针对广泛应用于高速铁路的多跨简支梁桥和大跨连续梁，对桥上CRTSⅢ型板式无砟轨道无缝线路纵向静力分布规律及其传递规律，以及其在列车运行和制动条件下各结构的竖向、纵向动力特性进行了较为全面的研究，并对各细部结构及荷载参数等设计因素的合理取值提出了建议。预计本书的研究成果对我国桥上无砟轨道无缝线路的设计检算、改进方法及运营维护具有重要的指导意义，可为桥梁结构、轨道结构在运营过程中的稳定性，及它们在复杂环境中的适应性和耐久性提供理论依据和技术支持，进一步丰富和完善我国高速铁路无砟轨道和跨区间无缝线路技术体系，提升我国高速铁路的国际竞争力。

1.2 板式无砟轨道发展概况

板式无砟轨道是以预应力钢筋混凝土轨道板和现浇钢筋混凝土底座板代替普通有砟轨道的碎石道砟作为承力层，并引入沥青混凝土、树脂橡胶等多种弹性材料来提供轨道弹性与限位作用的轨道结构。板式无砟轨道多采用工厂预制的方式，精度高且铺设方便，铺设后轨道刚度均匀，使线路平顺性得到保证。目前板式无砟轨道已广泛应用于我国多条高速铁路线路，优点如下[17]：

（1）轨道平顺性高，刚度均匀，轨道几何形位保持持久，养护维修工作量少。

（2）轨道板实行工厂机械化预制，制作精度高，大大提高了生产效率，加快了施工进度。

（3）轨道建筑高度低、自重轻，工程投资更经济。

（4）轨道板与底座板之间采用乳化沥青砂浆作为隔离层和调整层，便于施工过程中调整误差，以及运营后的维修养护工作。

1.2.1 国外板式无砟轨道发展概况

1. 德国博格板式无砟轨道

德国博格板式无砟轨道是世界上最早的纵连板式无砟轨道[18]，是由Max Bögl（博格）公司于20世纪70年代末开始研发，经过不断优化和改进，最终完善的板式无砟轨道系统，如图 1-1 所示。该轨道系统遵循从上至下刚度逐层递减的设计理念，它的标准预制轨道板为横向预应力混凝土预制板，轨道板之间通过板间纵向螺杆和夹紧装置进行纵连，并对板间接缝浇筑混凝土进行封闭，从而形成全线纵连板式无砟轨道结构。德国博格板式无砟轨道主要应用于路基段。

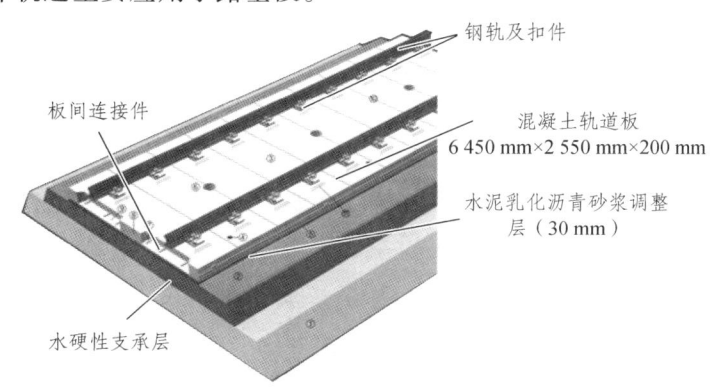

轨道板纵向设计：与 Rheda、Zublin 型相同，弹性地基梁
轨道板横向设计：按 650 mm 宽的轨枕设计

图 1-1 德国博格板式无砟轨道

2. 日本单元板式无砟轨道

日本单元板式无砟轨道发展较早，应用最为广泛[19]。20 世纪 70 年代，日本将板式无砟轨道作为铁路建设的国家标准进行推广，90 年代初日本提出采用普通 A 型轨道板取代 RA 型轨道板，实现了板式轨道结构形式上的统一，如图 1-2 所示；此外，日本还研制出了应用于寒冷地区的双向预应力框架式轨道板和解决噪声、振动问题的减振 G 型轨道板[20]。截至 21 世纪初，日本单元板式无砟轨道累计铺设里程已超 2 700 km，主要应用于隧道和桥梁段。

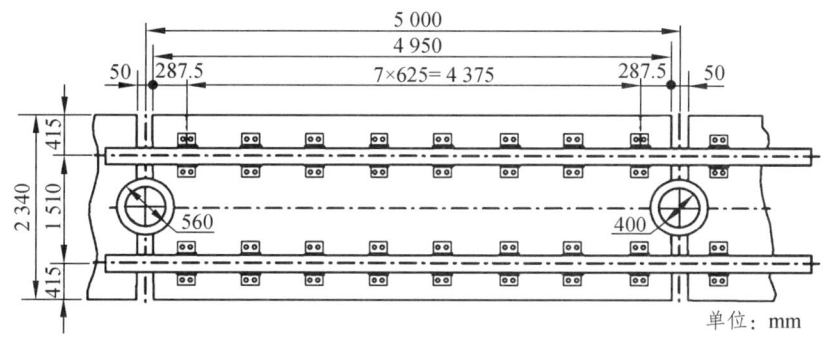

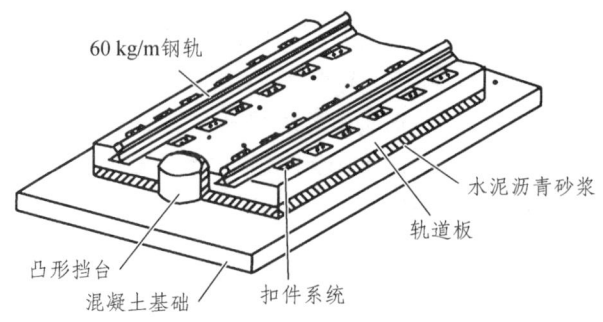

图 1-2　日本普通 A 型板

除此之外，其他国家在板式无砟轨道研制、铺设方面也取得了较大进展，如采用现浇钢筋混凝土道床的 PACT 型无砟轨道，以及用于城市轨道交通中振动敏感地段的浮置板轨道等。

1.2.2　国内板式无砟轨道发展概况

20 世纪 60 年代，我国研发了多种无砟轨道结构形式，并进行了大量的试铺和试验，其中包括 80 年代曾试铺过的沥青整体道床。

21 世纪以来，我国高速铁路通过从国外引进先进技术及装备，并对所引进的多种无砟轨道进行了大型的综合试验，充分消化吸收了国外先进的无砟轨道技术，并逐渐形成了具有我国技术特色的 CRTS Ⅰ 型板式[21]、双块式无砟轨道[22]、CRTS Ⅱ 型板式[23,24]、双块式无砟轨道[25]，以及应用于岔区的无砟道岔板[26]等结构体系。2008 年，京津高速铁路正式投入运营，它的无砟轨道铺设比例超过了 90%。在对国外无砟轨道技术进行消化吸收的同时，由我国自主研发的 CRTS Ⅲ 型板式无砟轨道也成功应用于成灌、盘营、成绵乐（眉乐段）、郑徐及昌吉赣等多条高速铁路[27]，标志着具有我国自主知识产权的高速铁路无砟轨道结构形式已逐渐形成并完善。我国不同形式无砟轨道铺设情况如表 1-1 所示，其中板式无砟轨道以 CRTS Ⅰ 型、CRTS Ⅱ 型和 CRTS Ⅲ 型板式无砟轨道为主要代表。

表 1-1 我国不同形式无砟轨道铺设情况

无砟轨道结构类型		应用线路
预制板式无砟轨道	CRTSⅠ型板式	哈大、沪宁城际、广珠、广深港、宁安、哈齐等
	CRTSⅡ型板式	京津、京沪、沪杭、合蚌、合福（安徽段）、津秦等
	CRTSⅢ型板式	成灌、盘营、成绵乐（眉乐段）、郑徐、昌吉赣等
现浇式无砟轨道	岔区板式	武广、京沪、沪杭、京石、石武等
	双块式	武广、郑西、兰新、太中银、包西、合福（福建段）等
	轨枕埋入式	武广、郑西、哈大等

1. CRTSⅠ型板式无砟轨道

我国在对日本普通 A 型板式无砟轨道技术的引进和吸收的基础之上，形成了 CRTSⅠ型板式无砟轨道系统[28]，并成功应用于哈大、哈齐高速铁路，以及沪宁、广珠城际铁路等多条线路。CRTSⅠ型板式无砟轨道主要由钢轨、弹性分开式扣件系统、预应力轨道板、凸形挡台、周围树脂填充材料、水泥乳化沥青砂浆调整层（低弹性模量 CA 砂浆层）和底座板等结构组成[29-32]。图 1-3 所示为桥上 CRTSⅠ型板式无砟轨道。

图 1-3 桥上 CRTSⅠ型板式无砟轨道

2. CRTSⅡ型板式无砟轨道

我国通过对德国博格板式无砟轨道技术引进、吸收和再创新，研制了

CRTSⅡ型板式无砟轨道系统[33-35]，并在此基础之上将其成功应用于桥梁段[36]，目前已成功应用于京津、京沪和沪杭等多条高速铁路线路。CRTSⅡ型板式无砟轨道主要由钢轨、弹性分开式扣件系统、预应力轨道板[37,38]、水泥乳化沥青砂浆调整层（高弹性模量 CA 砂浆）[39,40]、路基上的支承层、桥梁上的混凝土底座板、"两布一膜"滑动层、侧向挡块及台后锚固结构[41]等结构组成。图 1-4 所示为桥上 CRTSⅡ型板式无砟轨道。

图 1-4　桥上 CRTSⅡ型板式无砟轨道

3. CRTSⅢ型板式无砟轨道

在对国外无砟轨道技术进行消化吸收的同时，由我国自主研发的 CRTSⅢ型板式无砟轨道系统也应运而生[42-46]，它最大的特点是彻底取消了 CRTSⅠ型的凸台和 CRTSⅡ型板的端刺限位方式；同时也取消了作为板下填充材料用的 CA 砂浆层，改用免振捣的自密实混凝土材料[47,48]。CRTSⅢ型板式无砟轨道的轨道板采用横、纵双向预应力混凝土结构，使轨道板的抗裂性和耐久性得以提高，并通过板下预留的两排门型筋和内设钢筋网片的自密实混凝土层连接成复合结构；充填层的自密实混凝土与底座之间设置中间隔离层；限位采用底座上的限位凹槽[49]。CRTSⅢ型板式无砟轨道由钢轨、弹性扣件、轨道板、自密实混凝土层、隔离层及具有限位功能的钢筋混凝土底座板等部分组成。图 1-5 所示是桥上 CRTSⅢ型板式无砟轨道。目前，CRTSⅢ型板式无砟轨道已在郑徐、昌赣高速铁路等长大线路上得以成功应用[50]。

图 1-5　桥上 CRTS Ⅲ 型板式无砟轨道

1.3　桥上无缝线路纵向力研究现状

在过去的几十年里，国内外学者对桥上无缝线路纵向力进行了大量的研究，归纳起来主要采用的方法有解析法、有限元法及试验研究方法。

1.3.1　国外桥上无缝线路纵向静力研究现状

国外桥上无缝线路纵向力计算理论以日本及欧洲的国际铁路联盟（International Union of Railways，简称 UIC，UIC 是法文全称的缩写）的研究最具代表性，两者均在高速铁路的建设中得到了极大的发展。

1. 日本

20 世纪 60 年代初，日本在新干线上铺设了大量的无缝线路，提出了在计算桥上无缝线路伸缩力时采用梁轨相互作用法[51]，如图 1-6 所示；1979 年，佐藤裕等在其专著《日本东海道新干线轨道研究》[52]中介绍了新干线的轨道设计方法，推导了桥上铺设长钢轨时梁轨相互作用力；2007 年，日本铁道科技研究所的松本信行等[53]以本四联络线上的南（北）备赞-濑户大桥为例，介绍了桥上无缝线路的设计原则及扣件阻力控制等情况。

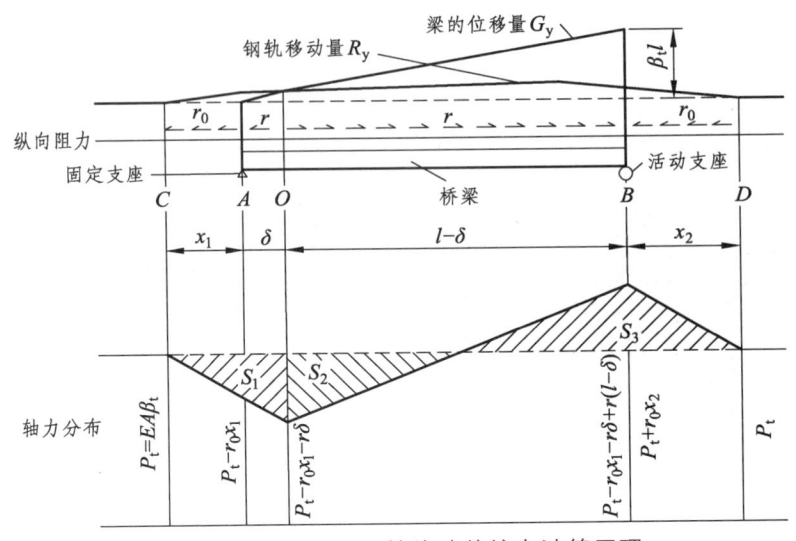

图 1-6　日本桥上无缝线路伸缩力计算原理

2. 欧洲

（1）捷克的梁轨相互作用分析模型。

1974 年，捷克学者 Frýba 提出了"准静态分析理论"[54-57]，即假定钢轨和桥梁为抗弯刚度无穷大的等截面弹性轴力杆，将线路纵向阻力假定为线弹性变化，视制动力和牵引力为静力荷载，将集中力用数学形式表示为均布荷载，列出轴向平衡微分方程并采用拉普拉斯变换法求解微分方程组；但该方法并未考虑梁体弯曲、墩顶位移、桥梁下部结构刚度和纵向阻力非线性的影响。

（2）德国双线性阻力计算模型。

1964 年，德国学者 Siekmeier[58]采用试验的方法对线路纵向阻力-纵向位移关系进行了研究，但受加载设备能力的限制，线路的纵向位移不足 1 mm。在此基础上，1980 年，Seraphim[59]截取了 10 m 长的线路进行加载，使线路纵向滑移 10 cm 以上，测定了纵向滑移阻力规律，结果表明轨排中的道床在线路与路基相对位移超过 4 mm 后开始发生松动。Talker[60]于 1978 年对另一段线路的滑移试验也得出了类似的结果。德国学者提出的梁-轨联结模型假定钢轨与梁体的连接为纯拉压或纯抗弯杆件，钢轨与道床的连接可采用桁架或抗弯杆件两种方式，如图 1-7 所示。Moelter[61]分析了桥梁发生挠曲变形时梁体与桥台间以及相邻桥梁间上拔力的产生机理，介绍了梁体之间闭合装置与开放装置的适用条件。2006 年至 2009 年间，德国累斯顿工业大学 P.Ruge 和 C.Birk 教授等[62-64]指出欧洲规范在计算纵向附加力时采用先单独计算后线性相加进行检算的方法存在不足，提出了考虑前期加载历程的桥上无缝线路纵向附加力计算方法，并对比了该方法与传统线性叠加法之间的差异。

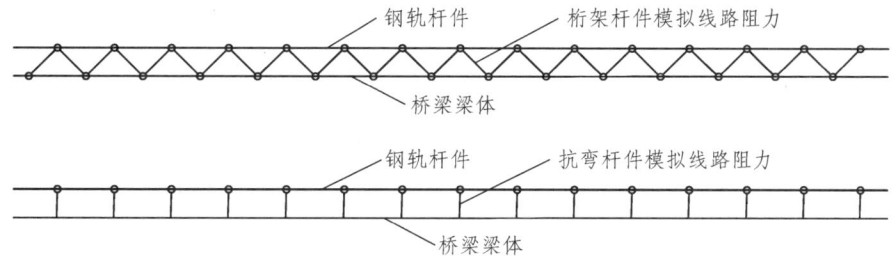

图 1-7　德国梁轨联结模型

（3）UIC 标准中的计算模型。

20 世纪 60 年代开始，UIC 试验研究所针对列车制动/起动条件下无缝线路与下部桥梁结构的相互作用关系进行了研究，并在 2001 年对其进行了完善[65]，提出采用梁单元模拟桥梁和长钢轨，采用线性弹簧单元模拟墩台顶刚度，而线路纵向阻力则需要采用非线性弹簧来模拟，为减小边界条件的影响，并规定路基段钢轨计算长度至少取 100 m，如图 1-8 所示。

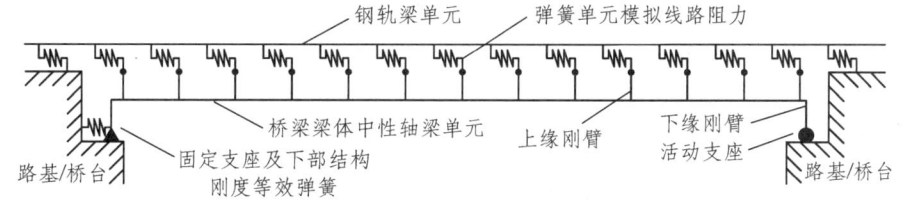

图 1-8　UIC 梁轨相互作用模型

（4）其他非线性阻力模型。

1964 年，鲍列耶夫柯[66]推导了一种解析算法，用于计算桥上长钢轨纵向力，但该方法未考虑梁体弯曲的影响；1989 年，荷兰代尔夫特理工大学的 Coenraad Esveld[67]阐述了采用有限元法计算桥上无缝线路纵向力的思想，并对几种应用较为广泛的纵向阻力模型进行了总结；2003 年，英国的 Place 和 Davis 等[68]在考虑线路纵向阻力非线性变化的基础上，分别采用线性反应谱法和非线性时程法分析了地震作用下桥上无缝线路纵向力特性。

3. 其他国家

1982年，印度学者A.S.Arya和S.R.Agrawal[69]提出了用于分析梁轨相互作用的传递矩阵法，该方法考虑了梁体竖向位移和墩顶纵向位移，但并未考虑轨道的竖向位移，且其解析能力有限，不适宜用于分析未知数较多的长大跨度桥梁；2009年，Rui Calcada[70]总结了国际上对于梁轨相互作用的多种方法和成果，P. Ramondenc等[71]详细阐述了梁轨相互作用机理，详细介绍了无缝线路纵向附加力的形成机理，提出"桥梁必须适应线路而非线路必须适应桥梁"的设计理念；2011年，Roman Okelo和Afisu Olabimtan[72]提出采用有限元法建立三维模型，可更好地完善对梁轨相互作用关系的空间描述；2013年，H. Sedarat等[73]建立了精细化的有限元模型，对比分析了支座布置对浮桥上梁轨相互作用的影响。

1.3.2　国内桥上无缝线路纵向静力研究现状

我国桥上无缝线路纵向静力计算方法的发展可分为以下几个阶段[12]。

1. 常阻力迭代求解法

假定桥上长钢轨位于无缝线路固定区，桥梁因伸缩或挠曲变形导致桥上长钢轨产生伸缩或挠曲附加力，再通过假定钢轨发生纵向位移范围为未知量，可对应得到钢轨附加拉压面积之和，用迭代法即可求得拉压面积之和为零时所对应的钢轨发生纵向位移范围。1987年，卢耀荣等[74]假定梁轨相对位移为未知量，建立了相应的非齐次微分方程，并采用龙格-库塔（Runge-Kutta）法进行求解，但由于该方法需先用有限单元法求解梁的位移曲线，在计算长大桥梁时易造成误差积累，所得数据精度较低，一般只用于简化计算。

2. 非线性阻力的微分方程数值解法

20世纪80年代起，我国研究人员开始求微分方程的非线性解，其中包括指数型非线性阻力及分段线性阻力的微分方程数值解法，通常采用欧拉法或四阶龙格-库塔法进行数值积分[75,76]。1990年，杨少宏详细探讨了采用微分方程解法计算挠曲力的思想[77]，并通过对线路纵向阻力分段线性化，将原有的非线性微分方程简化为线性微分方程进行求解。

3. 基于广义变分原理的解析求解法

从梁、轨体系的能量观点出发,基于广义变分原理,将边界条件转变为变分问题,求解梁轨相互作用的平衡方程[78,79];不过该方法需要预先得知钢轨纵向力的大致分布形状,并假定出合理的形函数,故通用性不强。

4. 有限元数值求解法

有限元法以变分原理为基础,其中包括最小势能原理、最小余能原理和混合变分原理。该方法计算精度高、通用性强,且能适应各种复杂荷载及结构。随着计算机硬件和软件的飞速发展,有限元法得到了广泛的应用,我国桥上无缝线路有限元模型可分为以下几类:

(1)单层阻力模型。

采用带刚臂的刚架模拟桥梁的挠曲变形和纵向位移,采用抗弯杆件、抗拉压杆件或弹簧模拟线路纵向阻力,如图 1-9 所示。

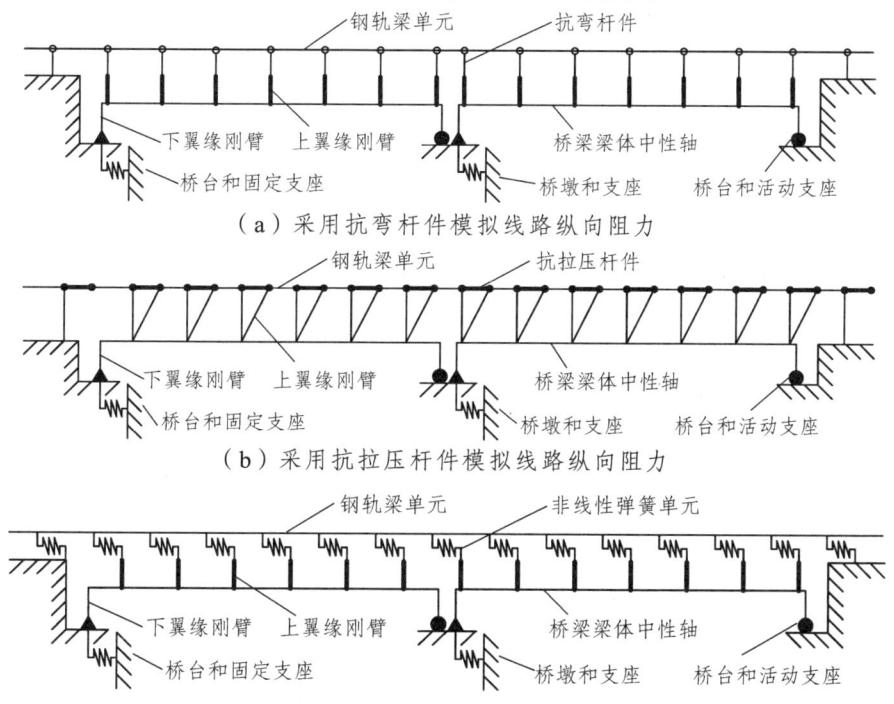

(a)采用抗弯杆件模拟线路纵向阻力

(b)采用抗拉压杆件模拟线路纵向阻力

(c)采用弹簧阻力模拟线路纵向阻力

图 1-9 单层阻力模型

中南大学闫斌等[80]以哈齐高速铁路上某一（77+3×156.8+77）m 系杆拱连续梁桥为例，根据拱肋、横向支撑、吊杆、梁、桥墩及轨道位置之间的相互作用，建立了考虑大跨度系杆拱连续梁桥与多股轨道相互作用的模型，采用钢-混凝土组合截面梁单元模拟钢管混凝土（CFST）拱肋，对该桥上无缝线路的铺设进行了探讨，分析了长钢轨纵向力、墩顶纵向力和不平衡负载情况下的扭矩。

铁道第四勘察设计院（铁四院）李秋义等[81]和李阳春[82]根据梁轨相互作用原理，建立了多跨简支梁桥轨-梁-墩有限元模型，采用单位荷载法计算桥墩温差引起的桥上无缝线路钢轨附加力，探究其分布规律及影响因素，指出桥墩温差引起的钢轨附加力随着桥墩高度和墩顶纵向水平线刚度的增加而增大，而桥梁跨度对桥墩温差引起的钢轨附加力影响较小。

西南交通大学张迅[83]在其硕士学位论文中基于连续梁桥上无缝线路线-桥-墩-基础一体化计算模型，利用 APDL 语言实现了对 ANSYS 的二次开发，编制了桥上无缝线路纵向附加力计算程序 ALFCWR，分析了桥墩温差荷载引起的连续梁桥上无缝线路纵向力特性[84]。

王平、谢铠泽等提出了简化的连续刚构桥上无缝线路计算模型与方法[85]，分析了刚构桥及相邻简支梁桥桥墩纵向水平刚度匹配关系对制动荷载下梁-轨快速相对位移的影响[86]，结果表明简化的连续刚构桥上无缝线路模型适用于伸缩、断轨及制动工况下的计算，而挠曲工况下的计算必须依据桥梁实际尺寸建立整体变截面梁模型。

蔡敦锦等[87]分析了伸缩力的作用规律及桥梁跨数、支座、墩台纵向水平刚度、桥梁跨度对伸缩力的影响，建议在计算桥上无缝线路伸缩力时，可将多跨简支梁桥简化为 10 跨，多联连续梁桥两侧简支梁简化为 5 跨。

徐金辉等[88]分析了某一大跨度双线中承式钢-混凝土结合桁架拱桥上的无缝线路纵向力，指出在对中承式拱桥桥上无缝线路进行检算时，应当考虑拱肋的日温差及挠曲力对拱肋的影响，并建议中承式拱桥的拱肋采用钢管混凝土或钢-混凝土结合桁架结构，以保证拱肋有一定的抗拉强度。

刘婷林等[89]基于梁-轨相互作用原理，采用有限元法建立线-桥-墩一体化模型，计算了纵向、横向温度梯度下桥墩位移对梁轨相互作用的影响，指出在设计桥上无缝线路时需要考虑桥墩纵向温度梯度和梁体整体温差的叠加。

魏贤奎等[90]建立了上承式拱桥上无缝线路断缝计算力学模型，分析了桥梁结构、墩台刚度及股道数等因素对钢轨断缝的影响，指出断缝与拱肋温差近似呈线性关系，且采用公式法会低估钢轨断缝。

中南大学戴公连、闫斌等[91,92]建立了桥塔-缆索-轨道-梁体-桥墩-桩基的斜拉桥有限元模型，探究了斜拉桥上无缝线路纵向力分布规律，并采用非线性弹簧单元模拟轨道和桥梁之间的纵向阻力来建立连续梁桥上轨道-桥梁-桥墩-基础系统一体化有限元模型，比较并研究了分别采用常阻力扣件和小阻力扣件时各工况下桥上无缝线路的纵向力。结果表明：在计算斜拉桥上附加伸缩力和挠曲力时需考虑相邻桥梁的影响，计算时可将相邻简支梁跨简化为 6 跨；小阻力扣件可有效降低桥上无砟轨道和无缝线路之间的附加力，减少钢轨伸缩调节器的使用。

兰州交通大学孙伟龙等[93]对高寒地区某一钢-混结合梁桥梁轨相互作用规律进行了分析，对在高寒地区钢-混凝土结合梁桥上铺设无缝线路提出了合理化建议。

（2）双层阻力模型。

采用双层非线性弹簧单元分别模拟桥上有砟轨道无缝线路的扣件纵向阻力和道床纵向阻力，如图 1-10 所示，也可分别模拟 CRTS I 型板式无砟轨道的扣件纵向阻力和轨道板与 CA 砂浆层间的摩阻力。

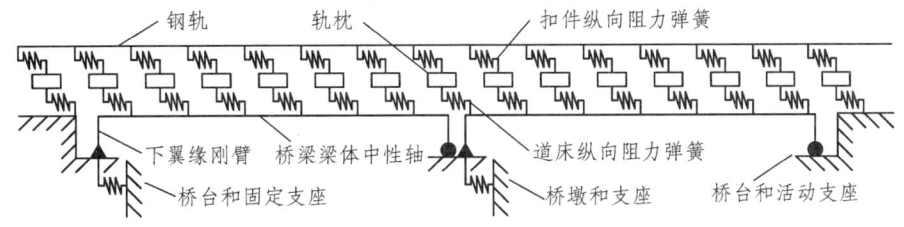

图 1-10 双层弹簧阻力模型

西南交通大学陈杨[94]在其硕士学位论文中对简支梁桥上 CRTS I 型板式无砟轨道纵向静力进行了分析，对比分析了有无凸型挡台对梁-板-轨相互作用的影响，结果表明凸型挡台在一定程度上可以阻止轨道板纵向位移，降低钢轨纵向力；凸台内部纵向受力从台顶往下逐渐减小。

邢梦婷、王平[95]建立了桥上纵连板式无砟轨道无缝线路的线-板-桥-墩一体化计算模型，研究了挠曲力作用下荷载参数变化对梁轨相互作用的影响。

谢铠泽等[96,97]针对刚构桥和连续梁桥上 CRTS Ⅰ 型板式无砟轨道，分别建立了两种线-板-桥-墩一体化计算模型，分析了刚构桥梁端轨下垫板窜出、凸台裂缝及凸台周围填充树脂离缝等病害产生的原因。

为探究桥墩在工后沉降及温度梯度荷载作用下所引起的高墩大跨桥上无缝线路梁轨相互作用规律，以新建铁路长沙至昆明客运专线玉屏至昆明段内某一高墩（89+168+89）m 连续刚构桥梁+（33+56+33）m 连续梁桥为例，基于所建立的线-桥-墩一体化有限元模型，胡志鹏等[98]分析了桥墩不均匀沉降和均匀沉降对钢轨纵向力、线路高低不平顺及墩台受力的影响；张亚爽等[99]分析了高桥墩在纵向、横向温差作用下对桥上长钢轨纵向力的影响，指出在设计高墩大跨桥上无缝线路时需考虑高墩在纵横向温差作用下对桥上无缝线路的影响。

罗华朋等[100,101]以高墩大跨连续刚构桥上 CRTS Ⅰ 型板式无砟轨道为研究对象，分别分析了高墩大跨桥墩在整体升温和纵向温度梯度条件下，桥上无砟轨道无缝线路的受力及其平顺性，建议在设计高墩大跨桥上无缝线路时，考虑桥墩升温这种特殊荷载对桥上无缝线路所引起的竖向不平顺，且应考虑梁体升温和桥墩温度梯度最不利的组合来检算墩台刚度。

（3）三层阻力模型。

三层阻力模型多用于桥上 CRTS Ⅱ 型板式无砟轨道这种特殊结构，它的层间纵向阻力由上至下分别为钢轨与轨道板之间的扣件、轨道板与底座板之间的 CA 砂浆层、底座板与梁跨之间的"两布一膜"滑动层，这 3 层约束均采用非线性弹簧模拟，桥梁采用梁单元或平面单元模拟，如图 1-11 所示。

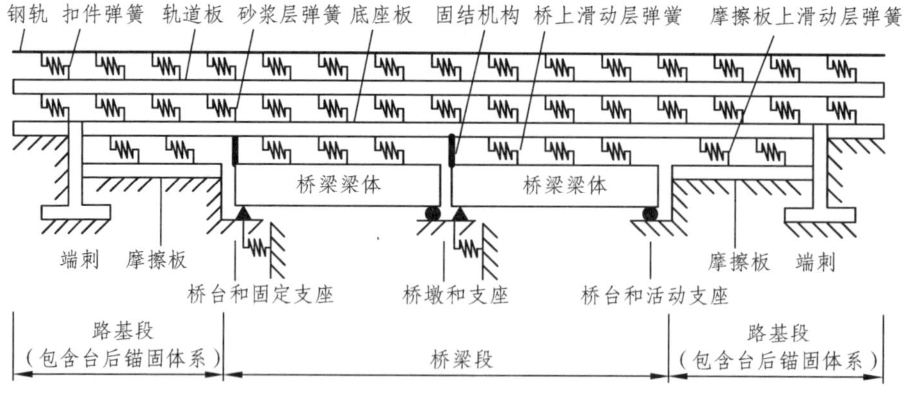

图 1-11　三层弹簧阻力模型

针对桥上 CRTS Ⅱ型板式无砟轨道这种特殊结构，朱乾坤等[102]和方利等[103]等采用三层弹簧阻力模型，分析了列车制动荷载作用下的纵向力传递规律及其影响因素，指出在检算时应考虑多种制动荷载位置的影响，"两布一膜"滑动层和固定支座梁端的固结机构在一定程度上可隔离梁-板-轨的相互作用。

西南交通大学吴青松等[104]探究了 CRTS Ⅱ型板式无砟轨道在桥上应用时所能适应的最大温度跨度。

陈嵘等[105]针对简支梁和连续梁桥上 CRTS Ⅱ型板式无砟轨道无缝线路的结构特点，对其梁-轨作用规律进行了较为全面的分析，表明了滑动层摩擦系数对于该种轨道结构的重要性。

刘成等[106]分析了桥上纵连板式无砟轨道墩/台位移引起的作用力，指出在设计中需考虑该因素的影响，且应考虑墩顶位移和梁体伸缩两种荷载的耦合作用。

中南大学戴公连等[107]对桥上无砟轨道的非线性温度模式进行了长期监测，并基于此分析了桥上长钢轨纵向力及纵连的轨道层间的相对位移，建议改进固结机构的作用，指出连续梁固定支座墩顶处的轨道板也需与固结机构相连，在考虑实测温度工况及制挠力耦合作用的基础上，对比了纵连板和单元板式无砟轨道应用于桥上无缝线路时的受力规律及桥梁理论最大温度跨度，并比较制动墩墩顶刚度、扣件阻力等参数对无缝线路受力及最大温度跨度的影响[108]。

（4）空间整体刚臂模型。

考虑两根钢轨与桥梁间的纵向相互作用，钢轨视为杆单元，线路阻力采用杆单元模拟，桥梁采用带多向刚臂的构架模型，桥梁及基础均采用杆单元模拟，如图 1-12 所示[109,110]。

中南大学戴公连、刘文硕等[111]针对高速铁路提篮拱桥这种复杂的大跨结构，建立了钢轨-纵梁-横梁-吊杆-基础耦合系统的力学模型，研究了提篮拱桥上无缝线路的传递规律，对比分析了纵向阻力模型、纵向约束条件及拱肋内倾斜度等一些敏感因素对纵向力的影响。

闫斌等[112]指出与连续梁相邻的简支梁刚性墩所受的伸缩力非常大，需要特别考虑其刚度设置和支座的选择，减小纵向阻力在使得连续梁上钢轨内部应力减小的同时会使得梁-轨相对位移迅速增大，提出了增大简支梁刚性墩刚度的建议。

徐庆元[113]在其博士学位论文中基于有限元法建立了梁-轨相互作用空间刚臂模型，研究了秦沈客运专线上某多跨简支箱梁桥上有砟轨道长钢轨的纵向受力，进一步考虑了挠曲力计算时的动力效应。

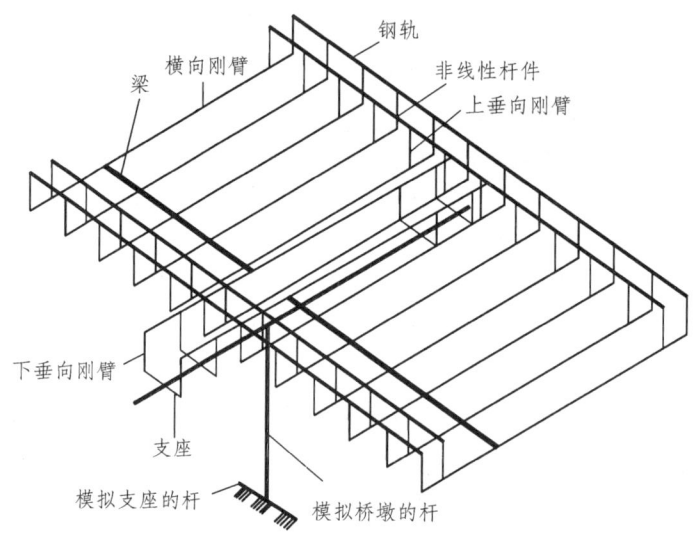

图 1-12 空间整体刚臂模型

华东交通大学孔文斌[114]在其硕士学位论文中结合了京沪高铁工程实际，根据某长大无砟轨道桥上无缝线路的梁-轨相互作用原理，对比了桥梁跨数、刚性墩刚度、线路阻力等因素对长钢轨纵向受力的影响。

西南交通大学段翔远等[115,116]建立了考虑桥梁-墩台-基础相互作用的一体化计算模型，研究了高墩大跨连续刚构桥在温度荷载、风荷载等作用下产生的竖向变形、横向变形、纵向变形对无砟轨道的影响，分析了静风荷载对桥梁纵向位移、横向位移的影响，以及不同桥型对静风荷载抵抗能力的影响。研究结果表明，温度变化会使得高墩大跨桥梁产生梁端转角，进而影响该处扣件系统纵连式无砟轨道的受力，由静风荷载产生的桥梁横向位移不会影响无缝线路稳定性，但由于静风荷载而产生的梁体及桥墩纵向位移将会影响梁-轨相互作用；作者通过进一步对比不同桥型对静风荷载的抵抗能力，指出采用刚构桥梁较连续梁桥更有利于控制风荷载对桥梁变形的影响。

5. 空间整体实体模型

随着计算技术的发展，部分学者直接将钢轨、轨枕、桥梁、墩台采用实体单元（或部分为梁单元）来模拟，如图 1-13 所示。

图 1-13 空间整体实体模型

北京交通大学陈鹏[117]在其博士学位论文中采用 ANSYS 建立了用于无砟轨道设计计算的有限元分析模型，并运用 ABAQUS 分析了中高速条件下车辆、无砟轨道、路基及桥梁系统的动力响应，对路基及桥梁上无砟轨道系统的动力响应水平进行了较为全面的评价。

北京交通大学曲村[14]在其博士学位论文中考虑高速车辆、无缝线路、无砟轨道和长大桥梁之间的相互作用机理，采用理论和试验相结合的研究方法，分别针对长大桥上 CRTS Ⅰ 型、CRTS Ⅱ 型板式和双块式无砟轨道，对其纵向静力特性以及横向、垂向动力特性展开研究，从设计检算的角度对各结构的参数取值提出了合理化的建议[118]。

北京交通大学乔神路[119]在其博士学位论文中自主建立了高速铁路桥上无砟道岔的精细化空间耦合模型，采用以静为主、静动结合的分析方法，对高速铁路桥上无砟道岔的参数影响规律及典型设计难题进行了系统研究[120]，设计、开展了高速铁路桥上无砟道岔的现场综合试验，并对高速铁路桥上无砟道岔典型工点进行了系统检算评估。

北京交通大学赵磊[121]在其博士学位论文中从无砟轨道设计理念出发，通过设计及检算方法的创新，用细部参数现场试验等手段，提出了无砟轨道精细化分析模型，主要由无砟轨道空间设计模型、预应力配筋检算模型及精细化层间病害分析模型构成，并将其应用于无砟轨道设计、检算及病害分析过程中。

北京交通大学梁淑娟[122]在其硕士学位论文中以断板条件下长大桥梁上 CRTS Ⅱ 型板式无砟轨道为研究对象，分析了断板对轨道-桥梁系统受力特性的影响，并基于结构可靠度理论提出了一种病害条件下无砟轨道-桥梁系统可靠性评估方法。

蔡小培等[123]针对 CRTS Ⅱ 型板式无砟轨道，分析了轨道层间阻力大小及道床板伸缩刚度等因素对桥上无砟轨道无缝线路长钢轨纵向力与位移的影响，根据桥上无缝线路受力特点及其变形规律，基于光纤光栅测试技术，在渭河特大桥上布设了多个监测点并对其进行长期监测，通过监测数据和理论计算设计出了一套用于渭河特大桥上的伸缩调节器布设方案，且该方案能满足铺设无缝线路的需要和操作要求[124]。

北京交通大学王冠通[125]在其硕士学位论文中建立了桥上板式无砟轨道三维实体有限元模型，探讨了桥上 CRTS Ⅰ 型和 CRTS Ⅱ 型板式无砟轨道在地震动作用下的受力特性。

北京交通大学安彦坤[126]等对比分析了箱型梁在整体温差荷载和温度梯度荷载作用下的桥上无缝线路伸缩力，结果表明采用温度梯度荷载的计算结果偏小，但考虑到这种荷载更符合现场实际情况，故需对梁体的温度场进行深入的试验性研究[127]。

北京交通大学刘克旭[128]在其硕士学位论文中以 CRTS Ⅰ 型板式无砟轨道为例，分析了多种复杂温度荷载和轨道病害条件下的桥上无缝线路纵向力学行为。

为研究不同类型的单元式无砟轨道在大跨桥上的适应性，中国铁道科学研究院王继军等[129]以 CRTS Ⅰ 型和 CRTS Ⅲ 型板式无砟轨道为例，对温度荷载作用下轨道各层结构纵向受力与变形、层间错动位移、限位结构受力进行了对比分析，结果表明 CRTS Ⅲ 型板式无砟轨道更有利于控制无砟轨道-桥梁相对位移及大跨梁端限位结构受力。

华东交通大学张鹏飞、桂昊等分别根据 CRTS Ⅰ 型[130-132]、CRTS Ⅱ 型[133-135]和 CRTS Ⅲ 型[136-138]板式无砟轨道在我国高速铁路多跨简支梁桥和大跨连续梁桥上的应用情况，充分考虑各轨道结构、桥梁结构的空间力学特性及纵横垂向的相互作用关系，建立了精细化的有限元模型，研究了温度荷载、列车荷载及列车制动荷载作用下桥上轨道结构的受力与变形特性，并分析了荷载、轨道、桥梁参数等对轨道结构受力与变形的影响规律，对桥上扣件纵向阻力、固定支座墩（台）顶纵向刚度及滑动层摩擦系数的取值提出了合理的建议。

1.3.3 国内外桥上无缝线路纵向动力研究现状

对于桥上无缝线路纵向力动力特性的研究，Frÿba[139]指出列车制动或起动过桥时，桥梁结构制动或起动，桥梁结构产生的纵向水平力较匀速过桥时大得多。为描述列车制动过程，徐庆元[113]建立了多质点一维纵向动力计算模型，通过对比纵向静力和动力的计算结果，指出制动工况下结构纵向附加静力计算结果误差可满足工程需求。吴亮秦等[140]基于列车在桥梁上的制动试验对其制动率进行了研究，结果表明对于常用跨度的简支梁，有效制动率取值范围为 0.09～0.15。秦顺全等[141,142]针对武汉天兴洲公铁两用斜拉桥，研究了列车制动荷载作用下结构的动力响应及其控制方法，结果表明 MR 阻尼器可有效地抑制桥梁主梁和桥塔的纵向振动。针对大跨度漂浮体系桥梁，YANG 等[143]建议采用黏滞阻尼器以减小列车制动荷载作用下结构的纵向振动。

黄栋杰[144]对 CRH_2 型动车组制动系统进行了较为详细的研究，通过对列车黏着力、减速力、制动时间和制动距离的计算，得到了列车制动特性曲线；在此基础之上，程潜[145]通过建立考虑高速列车与高架车站的相互作用的动力学模型，研究了 CRH_2 型动车组制动过程中制动荷载在高架车站内的传递规律，结果表明车辆、轨道和桥梁结构纵向振动响应最大值均出现在列车制动停车瞬间[146,147]。华东交通大学潘鹏[148]在其硕士学位论文中基于有限元法和拉格朗日方程，建立了高速列车-无砟轨道-桥梁耦合系统动力分析模型，如图 1-14 和图 1-15 所示，编制了用于分析高速列车-无砟轨道-桥梁耦合系统动力相互作用的计算程序,运用交叉迭代法计算了 CRH_2 型动车组紧急制动条件下无砟轨道和桥梁结构的动力响应，也得出了类似的结论[149]。

吕龙等针对某一大跨度公铁两用斜拉桥，建立了三维梁单元有限元动力分析模型，根据高速列车制动模型获得制动力，从动力时程分析的角度，探讨了黏滞阻尼器对列车制动条件下结构纵向振动特性的影响，指出通过在塔梁间设置黏滞阻尼器可有效控制结构的纵向振动[150,151]；并在此基础之上,进一步推导了移动荷载下斜拉桥纵向共振速度的估算公式,结果表明当移动荷载速度与估算纵向共振速度接近时,斜拉桥会发生纵向共振现象[152]。

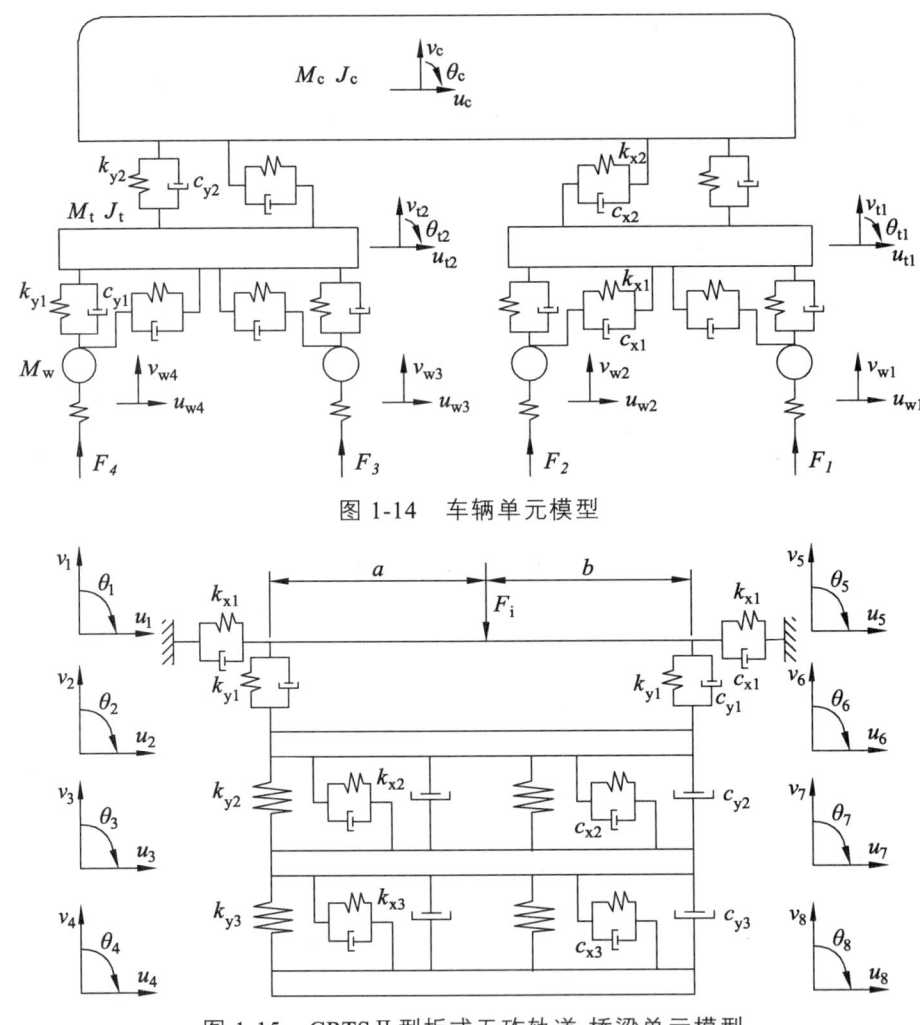

图 1-14 车辆单元模型

图 1-15 CRTSⅡ型板式无砟轨道-桥梁单元模型

1.4 现有研究的不足之处

对于桥上无缝线路纵向力的理论计算方法,国内外学者和研究人员开展了大量的研究并取得了丰硕的研究成果,为解决桥上无缝线路受力变形问题提供了重要参考和措施，但仍存在一些需要完善之处，主要体现在以下几个方面：

（1）现有研究多倾向于桥上有砟轨道，CRTS Ⅰ型、CRTS Ⅱ型板式无砟轨道无缝线路，关于我国自主研发的 CRTS Ⅲ型板式无砟轨道结构的研究还较少且多集中于路基段，对于桥上 CRTS Ⅲ型板式无砟轨道无缝线路设计理论及方法的研究更是少见。

（2）缺乏能满足计算精度和效率的同时还能反映现场实际情况的空间耦合模型。现有的梁-轨纵向相互作用力学模型大多为二维平面模型或简化的三维模型，在一定程度上缺乏对无砟轨道、桥梁及墩（台）结构力学特性的空间描述，与实际情况存在一定差别。

（3）在荷载方面，考虑整体温度荷载、列车荷载及列车制动荷载的居多，而在实际运营过程中受到自然环境的影响，混凝土箱梁及无砟轨道结构内部存在竖向、横向非线性温度梯度，且缺乏考虑列车运行或制动过程中的动力作用。

1.5 本书主要研究内容及研究思路

根据桥上无缝线路纵向力研究现状，并针对本书 1.4 节中所总结的不足之处，本书对桥上 CRTS Ⅲ型板式无砟轨道无缝线路纵向静力传递规律及其影响因素，以及列车运行和制动条件下轨道结构、桥梁结构动力特性进行系统的研究。本书的主要研究思路如图 1-16 所示，主要工作内容包括：

（1）针对桥上 CRTS Ⅲ型板式无砟轨道无缝线路的结构组成及设计参数，考虑到我国高速铁路广泛应用多跨简支梁桥和大跨连续梁桥，并基于钢轨、无砟轨道、桥梁、墩（台）之间的相互作用机理和有限元法，充分考虑钢轨、扣件、轨道板、自密实混凝土层、凸台、弹性垫层、土工布隔离层、底座板、桥梁梁体和支座等各轨道结构和桥梁结构的空间尺寸与力学属性，并运用 ANSYS 建立两种桥上 CRTS Ⅲ型板式无砟轨道无缝线路空间耦合模型。

（2）基于 C#高级编程技术和参数化语言 APDL，对 ANSYS 进行二次开发，编制桥上 CRTS Ⅲ型板式无砟轨道无缝线路纵向力计算程序。该程序可以实现多种结构参数的设置、空间耦合模型的建立、荷载参数的设置、加载计算与数据后处理一体化等功能，其中结构参数包括各轨道结构、桥梁结构的空间尺寸及力学属性，荷载参数包括温度荷载、列车荷载及制动荷载。通过与现有研究成果对比，验证本书所建有限元模型的正确性，以及计算程序的通用性和可靠性。

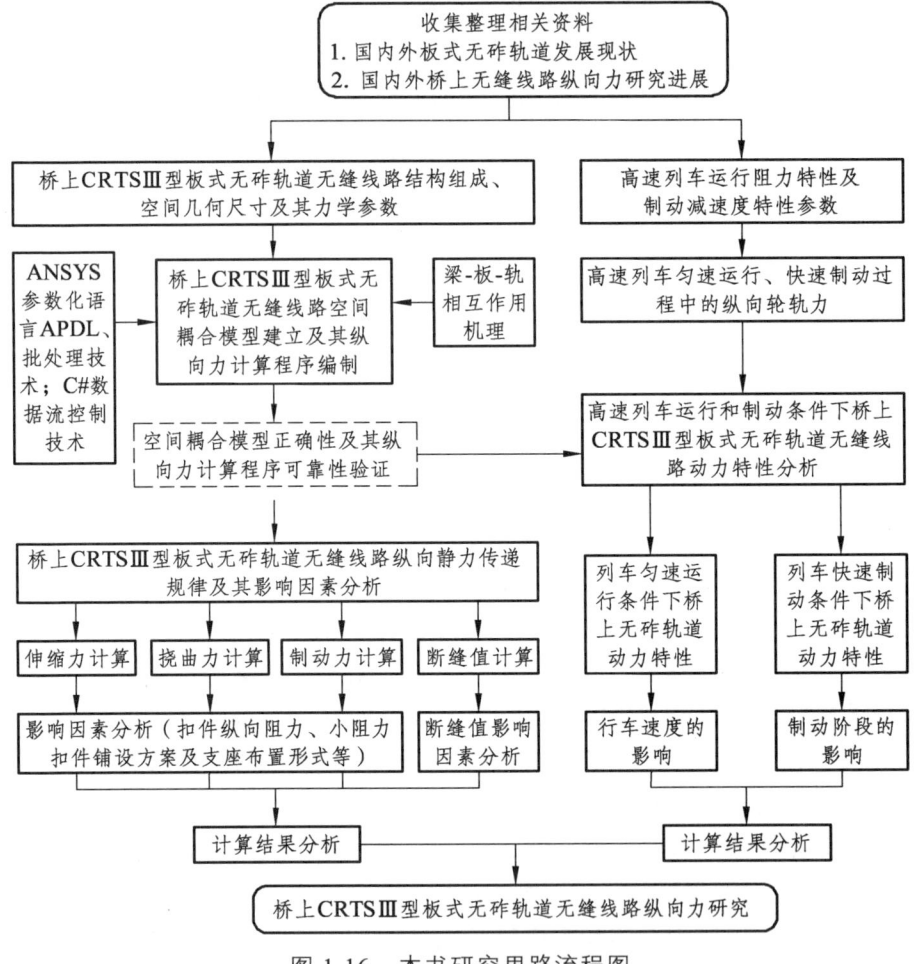

图 1-16　本书研究思路流程图

（3）针对多跨简支梁桥和大跨连续梁桥，从静力的角度出发，研究多种复杂温度荷载、列车荷载、列车制动荷载及断轨条件下桥上 CRTS Ⅲ 型板式无砟轨道无缝线路纵向力与位移分布规律；并在此基础之上，分别对钢轨强度、断缝值、弹性垫层变形量、层间相对位移进行安全性检算。

（4）针对多跨简支梁桥和大跨连续梁桥，逐个分析扣件纵向阻力、小阻力扣件铺设方案、固定支座墩（台）顶纵向刚度及支座布置形式等因素对伸缩力、挠曲力和制动力的影响。从减小桥上无砟轨道无缝线路纵向力的角度出发，对设计过程中的扣件选型，不同参数的结构选择，以及结构检算过程中桥梁跨数和截面的最优选取方案提出合理化建议。

（5）以双线长大桥梁中间跨作为研究对象，从动力的角度出发，分析高速列车运行和制动条件下无砟轨道、桥梁结构的竖向和纵向动力特性，对运营过程中桥上 CRTSⅢ型板式无砟轨道无缝线路结构稳定性评估提供理论依据；并通过与静力计算结果对比，对桥上无缝线路计算过程中静荷载、动荷载的选取提出合理建议。

2 桥上CRTSⅢ型板式无砟轨道无缝线路空间耦合模型

2.1 桥上 CRTSⅢ型板式无砟轨道无缝线路纵向力传递机理

根据 CRTSⅢ型板式无砟轨道结构组成及其在桥上分块铺设的施工方式，桥上 CRTSⅢ型板式无砟轨道无缝线路纵向力传递是建立在梁-板-轨相互作用基础之上的，如图 2-1 所示。其中，梁、板、轨之间的纵向相互作用力包括：梁体发生伸缩和挠曲变形受到上部结构约束而产生的伸缩附加力和挠曲附加力；列车制动荷载引起的制动附加力；钢轨在低温下折断形成的断轨力。

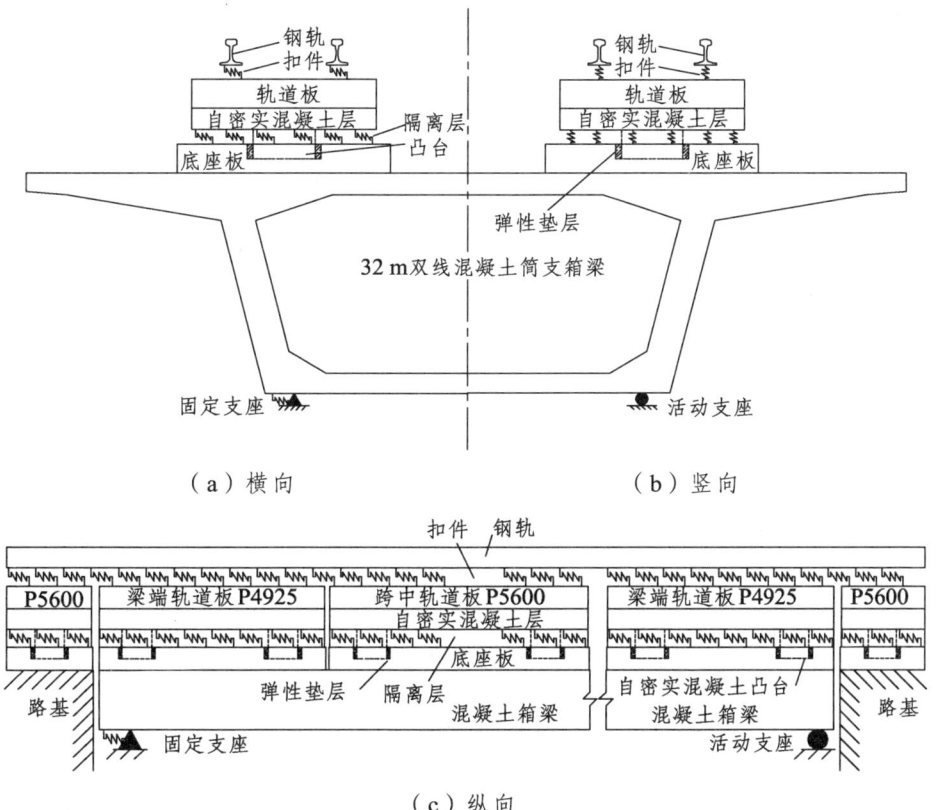

图 2-1 桥上 CRTSⅢ型板式无砟轨道无缝线路梁-板-轨相互作用示意图

对于轨道层间的纵向约束，桥梁和底座板通过施工前桥面板凿毛处理和预埋钢筋使两者固结，可不考虑底座板与桥梁之间的相对位移；底座板与自密实混凝土层间约束包括隔离层的摩阻力作用，以及底座板凹槽和自密实混凝土层凸台的咬合作用；轨道板下预留的门形筋与灌注的自密实混凝土固结，可不考虑轨道板与自密实混凝土层间的相对位移；钢轨与轨道板间纵向阻力即为使两者联结的扣件纵向阻力。

桥梁梁体由于温度变化发生伸缩变形，或在列车竖向荷载作用下发生挠曲变形，都会自下而上地通过轨道层间阻力对上部钢轨产生附加伸缩力和附加挠曲力；与之不同的是，当列车在桥上制动时，纵向轮轨力则是通过轨道层间阻力自上而下地依次传递至下部轨道及桥梁结构。低温条件下发生断轨，折断的钢轨在断口处急剧收缩，该处钢轨温度力瞬间得到释放并通过层间阻力自上而下地传递至下部轨道及桥梁结构，并对固定支座墩/台顶产生断轨力。最终，桥上CRTSⅢ型板式无砟轨道无缝线路在轨道层间约束、墩/台顶固定支座约束和路基段约束的共同作用下，形成一个新的力学平衡体系。

梁-轨相互作用微分方程推导如下：

任意取 dx 长的微段钢轨分析其受力平衡的条件，如图 2-2 所示。假设钢轨受拉为正，x 坐标向右为正，钢轨位移 y 与梁体位移 Δ 均向右为正，则梁-轨相对位移 u 为

$$u = y - \Delta \tag{2-1}$$

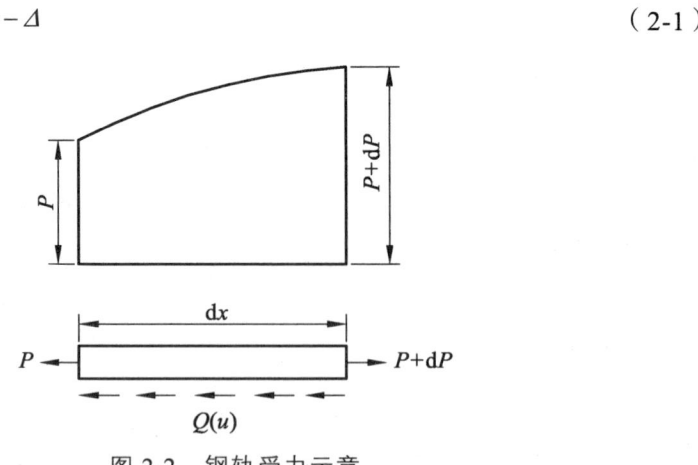

图 2-2 钢轨受力示意

图 2-2 中 $Q(u)$ 为作用在梁体与钢轨间的纵向分布阻力荷载（也称线路阻力），当 u 为正值时，$Q(u)$ 也为正值，但方向向左。因此，由钢轨受力的平衡条件，可得

$$P + \mathrm{d}P = P + Q(u)\mathrm{d}x$$

$$\mathrm{d}P = Q(u)\mathrm{d}x$$

$$\frac{\mathrm{d}P}{\mathrm{d}x} = Q(u)$$

在 $\mathrm{d}x$ 微段范围内，其变形量为

$$\mathrm{d}y = \frac{P}{EF}\mathrm{d}x$$

于是可得

$$\frac{\mathrm{d}P}{\mathrm{d}x} = EF\frac{\mathrm{d}^2 y}{\mathrm{d}x^2}$$

即

$$EF\frac{\mathrm{d}^2 y}{\mathrm{d}x^2} = Q(u) \tag{2-2}$$

式中　E——钢轨钢弹性模量；
　　　F——钢轨断面面积。

由式（2-1）可得

$$\frac{\mathrm{d}^2 y}{\mathrm{d}x^2} = \frac{\mathrm{d}^2 u}{\mathrm{d}x^2} + \frac{\mathrm{d}^2 \Delta}{\mathrm{d}x^2} \tag{2-3}$$

将式（2-2）带入式（2-3），可得

$$\frac{\mathrm{d}^2 u}{\mathrm{d}x^2} = \frac{Q(u)}{EF} - \frac{\mathrm{d}^2 \Delta}{\mathrm{d}x^2} \tag{2-4}$$

式（2-3）和式（2-4）称为梁-轨相对位移微分方程，其中梁体位移 Δ 为已知参数。对于低墩桥梁，桥墩刚度大，计算附加伸缩力时，Δ 为梁的伸

缩位移；计算附加挠曲力时，Δ 为列车荷载作用下梁上翼缘的位移。对于高墩桥梁，桥墩刚度小，梁体位移 Δ 应包括梁体伸缩或挠曲变形引起的位移 Δ_0 与桥墩墩顶受到纵向力而产生的位移 δ。假设梁长为 l，桥墩刚度为 K，则桥墩墩顶的位移 δ 为

$$\delta = \frac{1}{K}\int_0^l Q(u)\mathrm{d}x$$

对于桥上有砟轨道无缝线路，一般扣件阻力要大于道床的阻力，线路阻力取为道床阻力；无砟轨道则直接取扣件阻力。以往计算桥上无缝线路纵向力时，将线路纵向阻力 $Q(u)$ 认为是常量，但实测表明梁轨间摩阻力随着相对位移的增大而增大，当相对位移增大到某一值时，其摩阻力趋于一极限值。因此，为提高计算精度，常将 $Q(u)$ 定义为线性或非线性变化函数。

2.2 桥上 CRTSⅢ型板式无砟轨道无缝线路空间耦合模型建立

基于梁-板-轨相互作用机理和有限元法，针对广泛应用于我国高速铁路的多跨简支梁桥和大跨连续梁桥［多跨简支梁桥以 15×32 m 简支梁桥为例，大跨连续梁桥以 5×32 m 简支梁+（70+130+70）m 连续梁+5×32 m 简支梁桥为例，桥跨及支座布置如图 2-3 所示］，详细考虑钢轨、扣件、轨道板、自密实混凝土层、凸台、隔离层、弹性垫层、底座板、桥梁梁体、墩/台顶支座及两侧路基土体等结构，建立两种桥上 CRTSⅢ型板式无砟轨道无缝线路空间耦合模型。

2.2.1 结构参数及单元选择

1. 钢轨

高速铁路常用的 CHN60 钢轨采用 BEAM188 梁（Timoshenko 梁）单元模拟，根据表 2-1 所示钢轨参数定义梁单元截面，可全面考虑钢轨纵向、横向、垂向平移及转角，如图 2-4 所示。

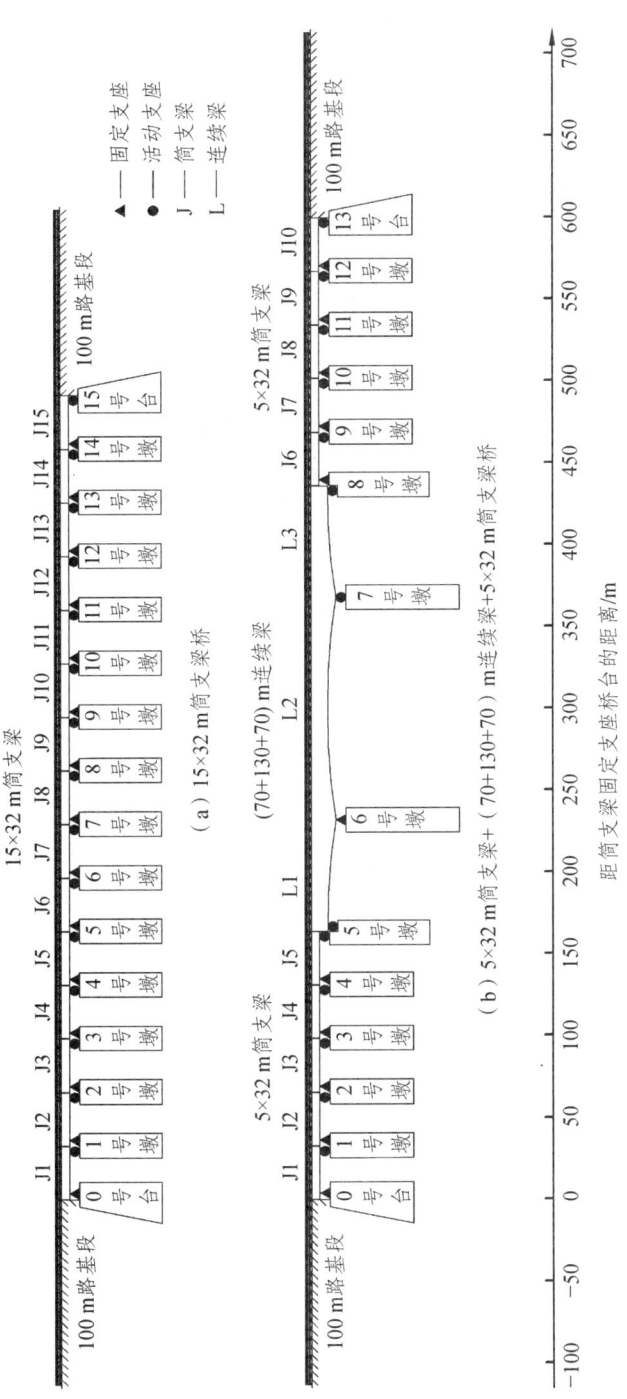

图 2-3 桥梁桥跨及支座布置示意图

表 2-1　CHN60 钢轨截面参数

每米质量	截面面积	弹性模量	密度	泊松比	水平惯性矩	线膨胀系数
60.64 kg	77.45 cm^2	2.1×10^{11} Pa	7 830 kg/m^3	0.3	3 217 cm^4	1.18×10^{-5}/°C

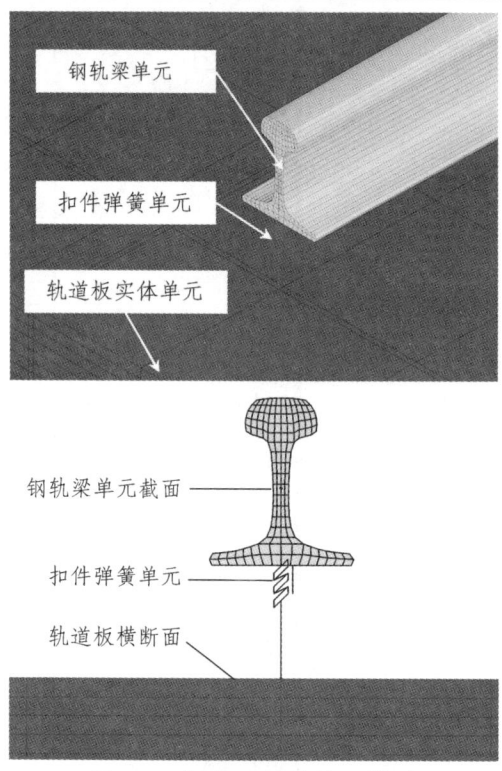

图 2-4　钢轨及扣件单元模型

2. 扣件

间距为 0.63 m 的 WJ-8 型常阻力扣件采用弹簧单元模拟,采用 COMBIN14 线性弹簧单元模拟扣件的横向和垂向刚度,其大小分别为 50 kN/mm 和 35 kN/mm;采用 COMBIN39 非线性弹簧单元模拟扣件纵向阻力。根据《铁路无缝线路设计规范》[153]及中国铁道科学研究院测试结果,扣件节点间距为 0.625 m 时,无载条件下每组 WJ-8 型常阻力扣件提供的最大纵向阻力为 0.625×24.0=15.0(kN),记为 15 kN/组;无载条件下每组 WJ-8 型小阻力扣件提供的最大纵向阻力为 0.625×6.5=4.1(kN),记为 4 kN/组。扣件节点间距为 0.6 m 时,无载条件下每组弹条 V 型小阻力扣件提供的最大纵向阻力为

0.6×8.0=4.8（kN），记为 5 kN/组。扣件单位长度纵向阻力如表 2-2 和图 2-5 所示。

表 2-2　扣件纵向阻力取值　　　　　　　　　　单位：kN/（m·轨）

扣件类型	有载时车辆下或无载时扣件纵向阻力 r	图示
WJ-8 型常阻力扣件	$r = \begin{cases} 12.0x & x \leqslant 2.0 \text{ mm} \\ 24.0 & x > 2.0 \text{ mm} \end{cases}$	图 2-5（a）
WJ-8 型小阻力扣件	$r = \begin{cases} 13.0x & x \leqslant 0.5 \text{ mm} \\ 6.5 & x > 0.5 \text{ mm} \end{cases}$	图 2-5（b）
10 kN/组常阻力扣件	$r = \begin{cases} 8.0x & x \leqslant 2.0 \text{ mm} \\ 16.0 & x > 2.0 \text{ mm} \end{cases}$	图 2-5（c）
弹条 V 型小阻力扣件	$r = \begin{cases} 16.0x & x \leqslant 0.5 \text{ mm} \\ 8.0 & x > 0.5 \text{ mm} \end{cases}$	图 2-5（d）

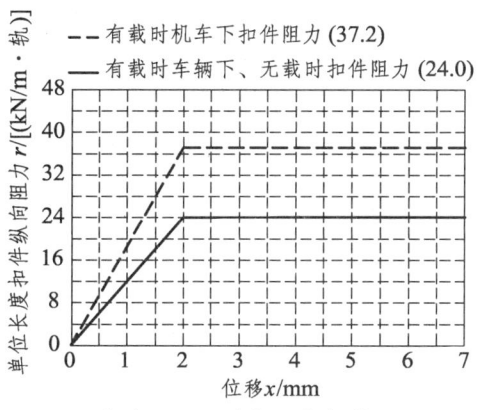

（a）WJ-8 型常阻力扣件

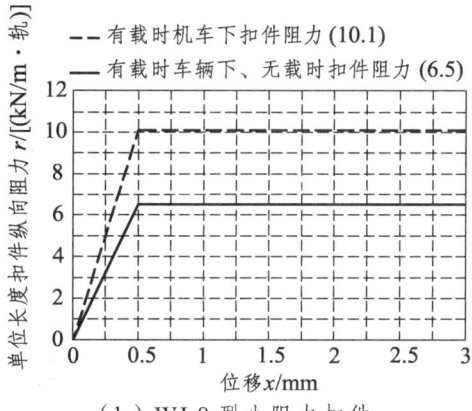

（b）WJ-8 型小阻力扣件

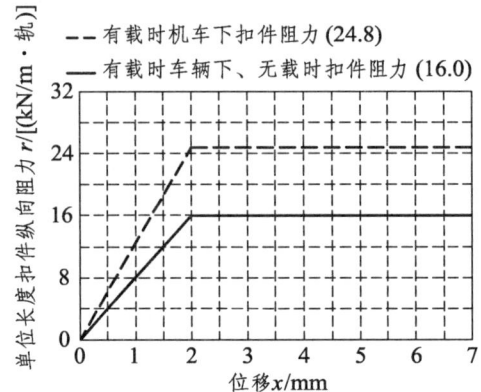

（c）10 kN/组常阻力扣件

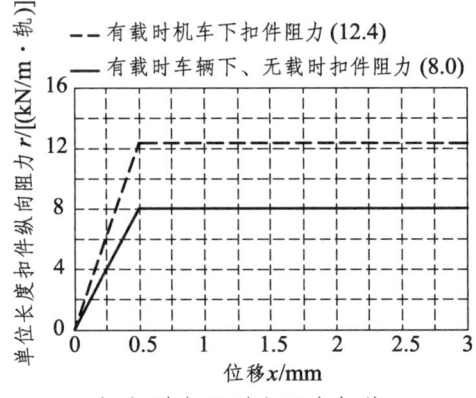

（d）弹条 V 形小阻力扣件

图 2-5　单位长度扣件纵向阻力 r 与位移 x 的关系线

本书在分析扣件对桥上无缝线路纵向力的影响时（即本书 4.1 节），桥梁段分别采用 WJ-8 型常阻力扣件（15 kN/组）、10 kN/组常阻力扣件、弹条 V 形小阻力扣件（5 kN/组）和 WJ-8 型小阻力扣件（4 kN/组）四种扣件；在进行小阻力扣件铺设方案对比时（即本书 4.2 节），常阻力扣件均采用 WJ-8 型常阻力扣件（15 kN/组），小阻力扣件均采用 WJ-8 型小阻力扣件（4 kN/组）。除上述两种情况之外，桥梁段和路基段扣件均采用 WJ-8 型常阻力扣件（15 kN/组）。

3. 轨道板

轨道板为双向预应力混凝土结构，采用 SOLID45 实体单元模拟，并将其竖向分为10层，便于温度梯度荷载的施加，参数如表2-3所示。32 m简支箱梁上轨道板由2块长度为4 925 mm的梁端轨道板及4块长度为5 600 mm的跨中轨道板组成，分别等间距布置8个和9个扣件。相邻轨道板之间均设置70 mm的板缝，轨道板宽度为2 500 mm，标准设计厚度为200 mm。

表2-3 结构参数

结构名称	混凝土强度等级	弹性模量/Pa	密度/(kg/m³)	泊松比	线膨胀系数/(℃⁻¹)
轨道板	C60	3.65×10^{10}	2 500	0.2	1×10^{-5}
自密实混凝土层	C40	3.40×10^{10}	2 500	0.2	1×10^{-5}
凸台	C40	3.40×10^{10}	2 500	0.2	1×10^{-5}
弹性垫层	—	2.50×10^{7}	1 900	0.2	1×10^{-5}
底座板	C40	3.40×10^{10}	2 500	0.2	1×10^{-5}
梁体	C50	3.55×10^{10}	2 500	0.2	1×10^{-5}

4. 自密实混凝土层和底座板

自密实混凝土结构的长度和宽度与轨道板相同，凸台范围外厚度为100 mm，单元自密实混凝土层下均设置2个凸台，并与现浇底座板上对应位置的2个凹槽及其内壁设置的弹性垫层相互咬合，以进行限位，其结构参数如表2-3所示，均采用SOLID45实体单元进行模拟，如图2-6和图2-7所示。32 m简支箱梁上底座板采用单元长度分别为4 975 mm的梁端底座板和5 650 mm的跨中底座板，其宽度均为2 900 mm，厚度均为184 mm，相邻底座板之间设置20 mm的伸缩缝。凸台范围外的自密实混凝土层与底座板层间的土工布隔离层最大摩擦系数取0.70，采用COMBIN39非线性弹簧单元模拟。

5. 桥梁梁体

预制等截面简支箱梁和现浇变截面连续箱梁均采用SOLID45实体单元模拟，并按实际工程设计尺寸进行建模，如图2-8和图2-9所示。桥墩/台顶固定支座对梁体的纵向约束采用COMBIN14线性弹簧单元模拟，其刚度大小根据《铁路无缝线路设计规范》[153]进行取值，如表2-4所示，即桥台顶取3 000 kN/cm，简支梁桥墩顶取350 kN/cm。连续梁桥墩/台顶固定支座纵向水平刚度在规范中没有明确规定，因此本书根据连续梁温度跨度对其桥墩/台顶纵向水平线刚度进行换算取值,并将在后续分析中对其合理取值进行详细研究。

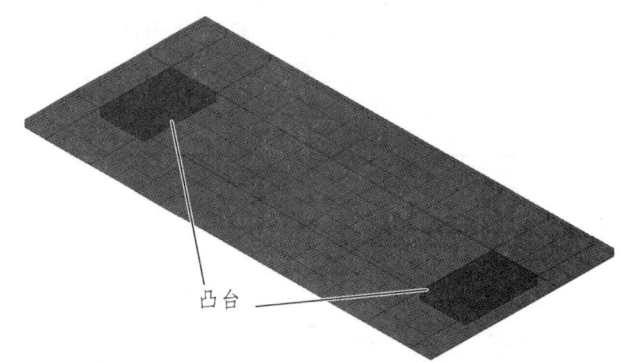

图 2-6　自密实混凝土层单元模型

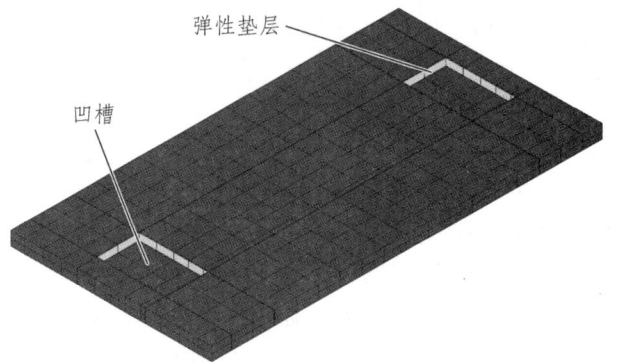

图 2-7　底座板单元模型

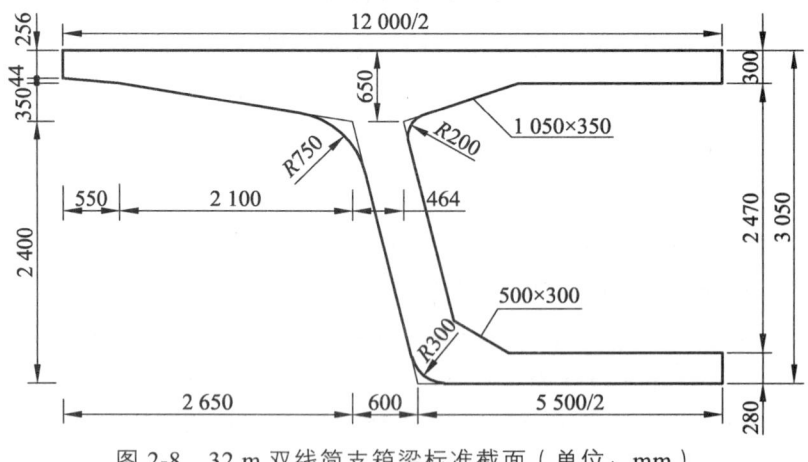

图 2-8　32 m 双线简支箱梁标准截面(单位:mm)

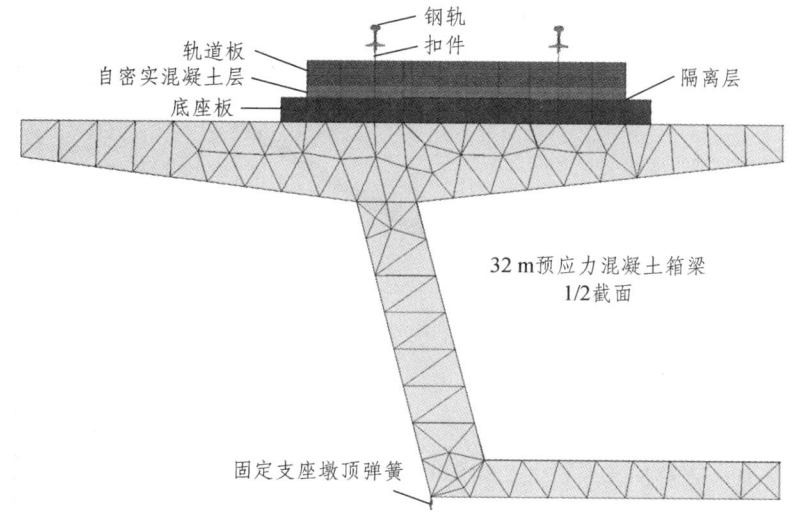

图 2-9　32 m 双线简支箱梁桥上 CRTS Ⅲ 型板式无砟轨道模型截面

表 2-4　简支梁桥墩台顶纵向水平线刚度限值

桥墩/桥台	跨度/m	最小水平线刚度/(kN/cm)	
		双线	单线
桥墩	≤12	100	60
	16	160	100
	20	190	120
	24	270	170
	32	350	220
	40	550	340
	48	720	450
桥台		3 000	1 500

2.2.2　空间耦合模型

为消除边界效应,在桥梁两端分别建立 100 m 的路基段对无缝线路进行约束。多跨简支梁桥和大跨连续梁桥上 CRTS Ⅲ 型板式无砟轨道无缝线路空间耦合模型分别如图 2-10 和图 2-11 所示。该模型均可用于静力和动力分析,在进行动力分析时,钢轨节点间距需由静力分析时所用的 0.63 m 改为 0.007 m。

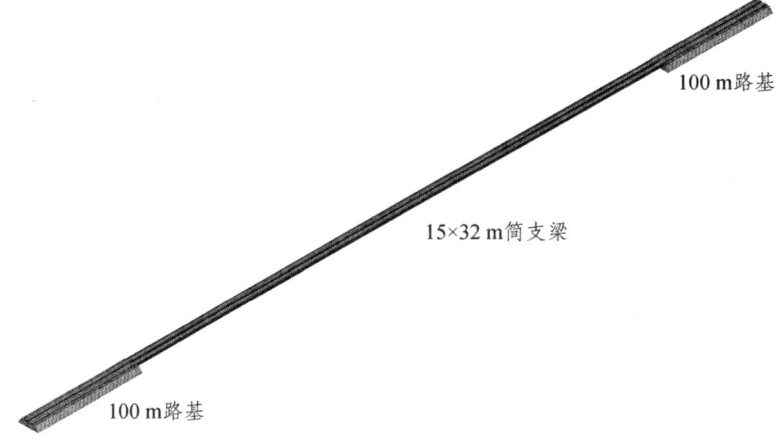

图 2-10 多跨简支梁桥上 CRTS Ⅲ 型板式无砟轨道无缝线路空间耦合模型

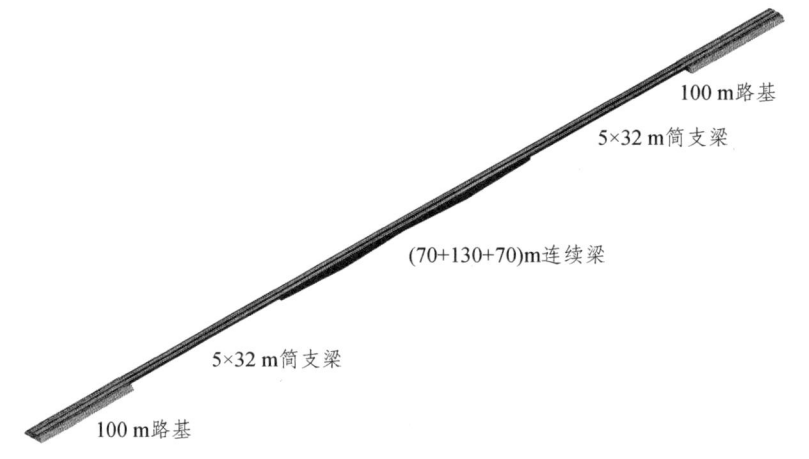

图 2-11 大跨连续梁桥上 CRTS Ⅲ 型板式无砟轨道无缝线路空间耦合模型

2.3 桥上 CRTS Ⅲ 型板式无砟轨道无缝线路纵向力计算程序编制

2.3.1 计算程序编制原理

桥上 CRTS Ⅲ 型板式无砟轨道无缝线路纵向力计算程序主要涉及 C#高级编程技术、ANSYS 批处理技术（Batch），以及二次开发接口、数据流技术、

Excel 接口技术。采用参数化语言 APDL 编写的命令流文件通常以 txt 文件形式保存，ANSYS 通过读取 APDL 文件可实现快速自动化建模、加载计算和输出数据。基于 C#高级编程技术，编辑读写 txt 文件的代码并设计相应的界面，实现 APDL 文件的读写与相关操作的可视化。基于上述原理，并按如图 2-12 所示的流程，结合 ANSYS 的批处理技术及 Excel 接口技术，形成集参数输入、模型建立、计算加载、数据输出及后处理自动化于一体的桥上 CRTSⅢ型板式无砟轨道无缝线路纵向力计算程序。

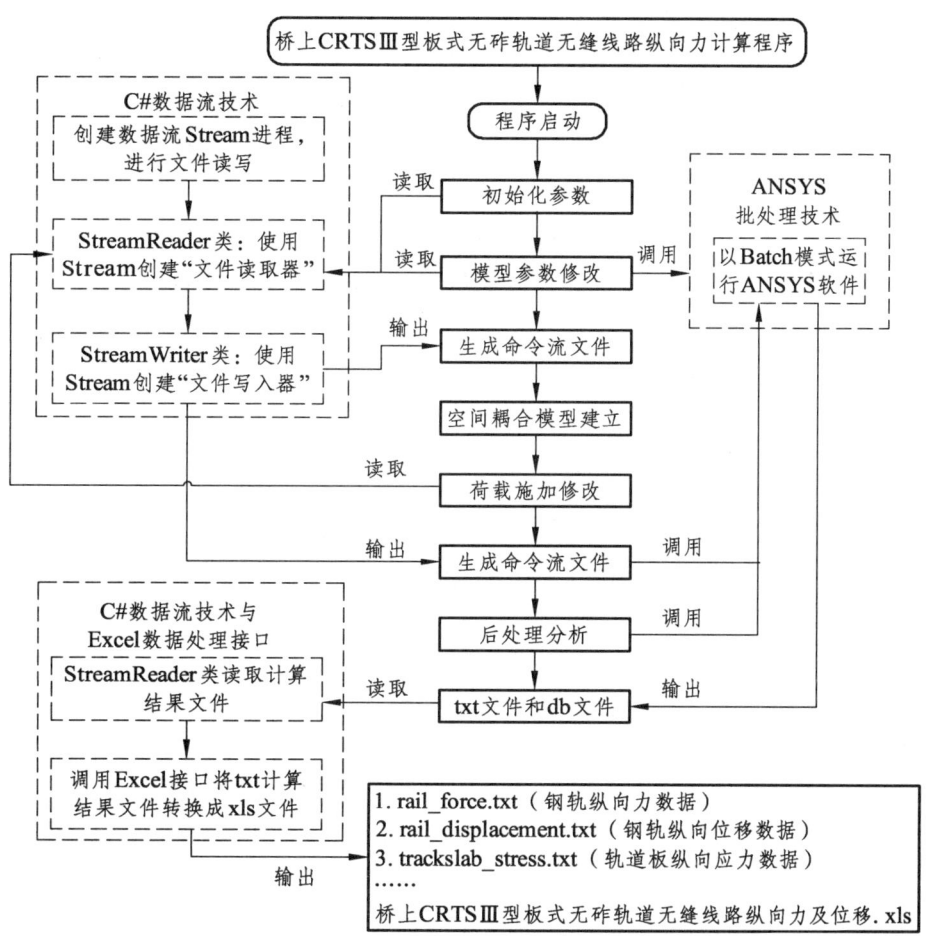

图 2-12　桥上 CRTSⅢ型板式无砟轨道无缝线路纵向力计算程序流程

2.3.2 计算程序主要功能

桥上 CRTSⅢ型无砟轨道无缝线路纵向力计算程序部分界面如图 2-13 所示，通过输入或修改相关参数，可实现如下功能：

（a）主界面

（b）连续梁参数设置界面

图 2-13 桥上 CRTSⅢ型板式无砟轨道无缝线路纵向力计算程序用户界面

（1）建立桥上 CRTSⅢ型无砟轨道无缝线路空间耦合模型，其中：多跨简支梁桥可实现任意跨数；大跨连续梁桥可选任意跨长的一联三跨连续梁，主桥两侧简支梁配跨也可选任意跨数。同时，可对模型中各轨道和桥梁结构几何尺寸及力学参数进行修改。

（2）输入或修改温度荷载、列车荷载和列车制动荷载大小及作用范围，实现桥上 CRTSⅢ型无砟轨道无缝线路伸缩力、挠曲力及制动力计算。

（3）计算完成后，可实现各结构计算数据的自动输出及后处理，其中包括桥梁及各轨道等细部结构纵向（应）力与位移数据。

2.3.3 应用实例与模型验证

1．静力计算结果对比

现阶段关于桥上 CRTSⅢ型板式无砟轨道的研究成果还较少，又由于桥上 CRTSⅠ型板式无砟轨道所采用的 WJ-7 型扣件和桥上 CRTSⅢ型板式无砟轨道所采用的 WJ-8 型扣件阻力大小一致，且两种板式无砟轨道的扣件间距分别为 0.629 m 和 0.630 m，这两种单元板式无砟轨道应用于桥上时其梁-板-轨相互作用机理具有相似性，钢轨纵向力、位移分布规律及其峰值也基本一致。文献[154]中通过建立空间耦合模型，分析了伸缩力工况下桥上 CRTSⅠ型板式无砟轨道无缝线路纵向力分布，本书建立了与文献[154]相同桥跨的空间耦合模型，如图 2-14 所示。扣件纵向阻力分别考虑 15 kN/组和 4 kN/组两种工况，相同温度荷载作用下的钢轨纵向力与位移对比分别如图 2-15 和图 2-16 所示，钢轨纵向力、纵向位移及梁体纵向位移最大值对比如表 2-5 所示。

（a）文献[154]建立的计算模型

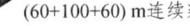

（b）本书建立的计算模型

图 2-14　空间耦合模型对比

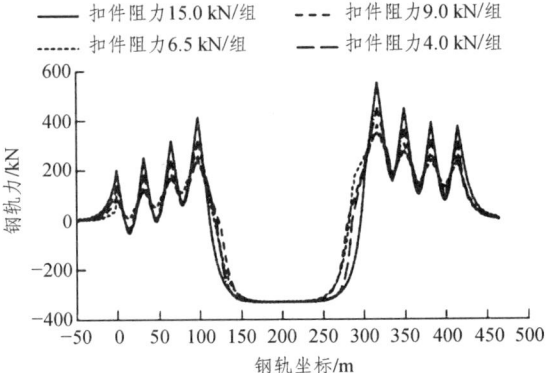

（a）文献[154]模型计算的钢轨纵向力

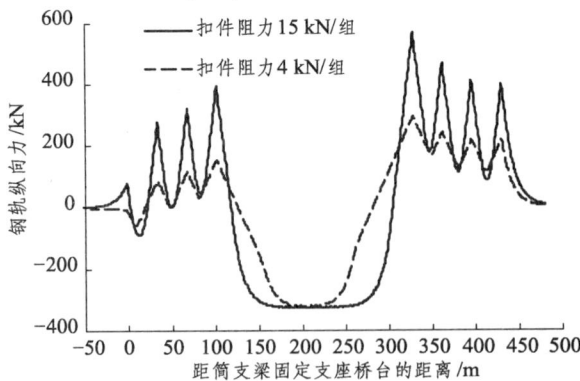

（b）本书模型计算的钢轨纵向力

图 2-15　钢轨纵向力计算结果对比

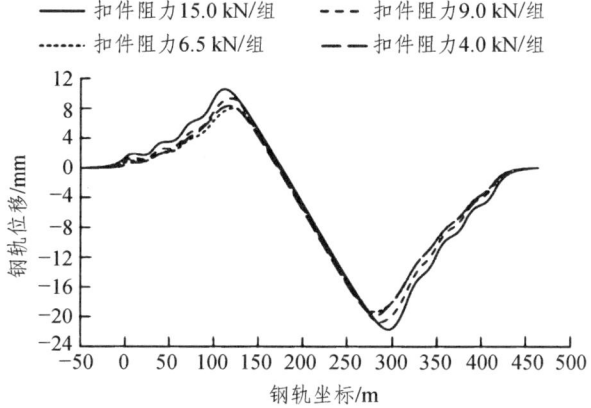

（a）文献[154]模型计算的钢轨纵向位移

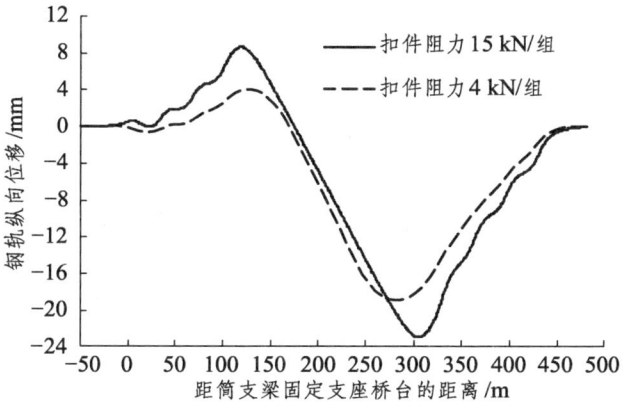

（b）本书模型计算的钢轨纵向位移

图 2-16　钢轨纵向位移计算结果对比

表 2-5　结构纵向力与位移计算结果对比

扣件纵向阻力及结构受力与位移计算结果		文献[154]模型计算结果	本书模型计算结果	误差
扣件阻力 15 kN/组	钢轨最大纵向力/kN	554.180	566.762	2.22%
	钢轨最大纵向位移/mm	21.724	22.893	5.38%
	简支梁端纵向位移/mm	17.501	18.097	3.41%
	连续梁端纵向位移/mm	28.490	30.023	5.38%

续表

扣件纵向阻力及结构受力与位移计算结果		文献[154]模型计算结果	本书模型计算结果	误差
扣件阻力 4 kN/组	钢轨最大纵向力/kN	354.605	346.147	2.39%
	钢轨最大纵向位移/mm	19.861	18.859	5.05%
	简支梁端纵向位移/mm	14.643	14.154	3.34%
	连续梁端纵向位移/mm	29.597	28.694	3.05%

从图 2-15、图 2-16 及表 2-5 可以看出：相同工况下，文献[154]中的钢轨纵向力、纵向位移分布规律与本书模型的计算结果均一致，且钢轨纵向力、纵向位移、简支梁及连续梁端纵向位移最大值基本相同，最大误差仅为 5.38%。考虑到 CRTS Ⅰ 型和 CRTS Ⅲ 型板式无砟轨道结构尺寸及力学特性上存在一定差异，误差在可接受范围内。

2. 动力计算结果对比

西南交通大学翟婉明院士在其专著《列车-轨道-桥梁动力相互作用理论与工程应用》[155]中，建立了双线 10×32 m 简支梁桥有限元模型，分析了高速列车以速度 250 km/h 通过第 5 跨时该跨轨道及桥梁结构的动力响应特征。本书建立了相同桥跨的计算模型，在相同工况下与其对比钢轨、桥梁梁体及墩顶位移响应，并定义结构竖向位移以向上为正方向，其计算结果分别如图 2-17 和图 2-18 所示。

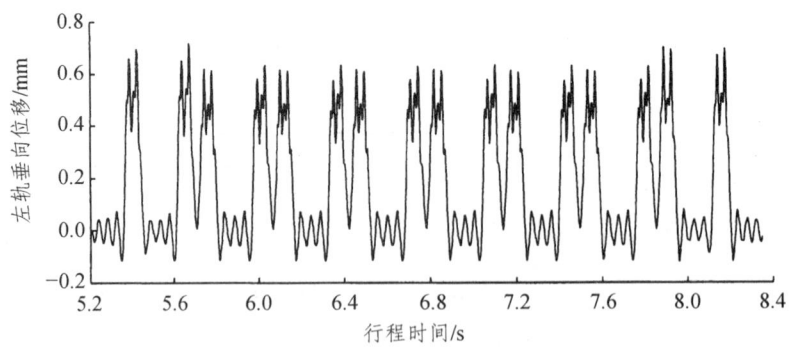

(a) 文献[155]模型计算的钢轨竖向位移

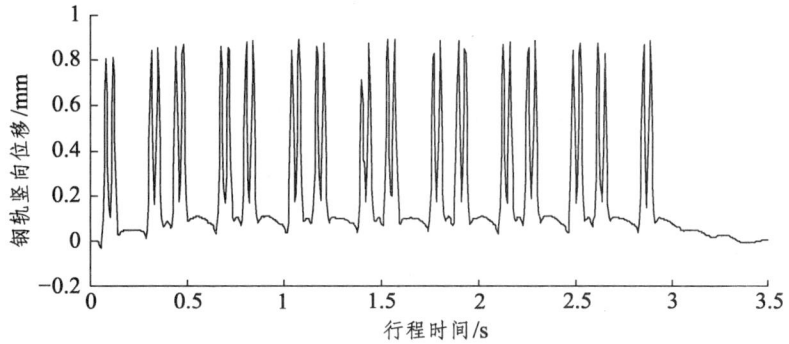

（b）本书模型计算的钢轨竖向位移

图 2-17　钢轨竖向位移计算结果对比

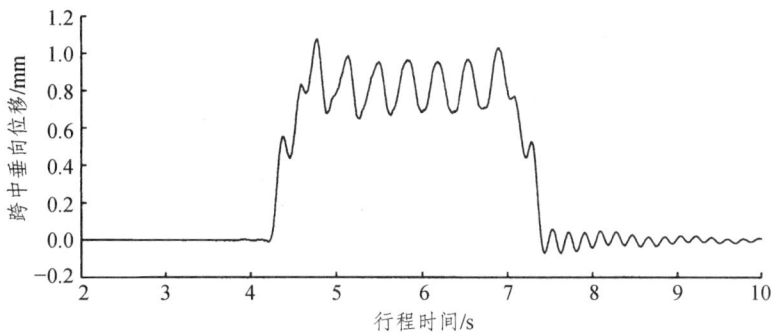

（a）文献[155]模型计算的桥梁跨中竖向位移

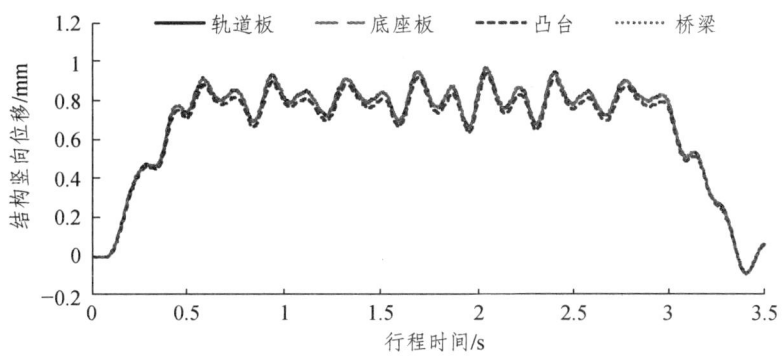

（b）本书模型计算的桥梁跨中竖向位移

图 2-18　桥梁跨中竖向位移对比

从图 2-17 和图 2-18 可以看出：相同工况下，文献[155]中的钢轨和桥梁跨中竖向位移响应规律及其峰值与本书模型的计算结果基本一致。

通过本书与已有文献的静力、动力计算结果对比，验证了本书所编制的桥上 CRTSⅢ型板式无砟轨道无缝线路纵向力计算程序及其建立的空间耦合模型的通用性和可靠性。故本程序可用于桥上 CRTSⅢ型板式无砟轨道无缝线路纵向静力和动力分析。

2.4 本章小结

本章主要介绍了桥上 CRTSⅢ型板式无砟轨道无缝线路梁-板-轨相互作用机理，并根据其层间相互作用机理和结构参数，建立了空间耦合模型，编制了相应的纵向力计算程序并通过算例进行了验证。主要结论如下：

（1）基于梁-板-轨相互作用机理和有限元法，针对广泛应用于我国高速铁路的多跨简支梁桥和大跨连续梁桥，详细考虑各轨道、桥梁、墩/台顶支座及台后路基等结构的空间几何尺寸与力学属性，建立了两种桥上 CRTSⅢ型板式无砟轨道无缝线路空间耦合模型。

（2）采用 C#语言和参数化语言 APDL 对 ANSYS 进行二次开发，编制了桥上 CRTSⅢ型板式无砟轨道无缝线路纵向力计算程序，实现了模型建立、计算加载、数据输出及其后处理的一体化和自动化。

（3）运用所编制的桥上 CRTSⅢ型板式无砟轨道无缝线路纵向力计算程序，建立了与已有文献相同桥跨的空间耦合模型，再将与文献相同工况下的计算结果进行对比，验证了采用本书所建立的模型进行静力和动力分析的准确性，以及所编制的纵向力计算程序的通用性。

3 桥上CRTSⅢ型板式无砟轨道无缝线路纵向静力分析

利用本书第 2 章所编制的计算程序，针对多跨简支梁桥和大跨连续梁桥［其中多跨简支梁桥以 15×32 m 简支梁桥为例；大跨连续梁桥以 5×32 m 简支梁+（70+130+70）m 连续梁+5×32 m 简支梁桥为例，桥跨及支座布置如图 2-3 所示］，研究多种复杂温度荷载、列车荷载、列车制动荷载及断轨条件下桥上 CRTSⅢ型板式无砟轨道无缝线路纵向静力特性，并基于纵向静力计算结果对桥上无缝线路进行检算，为桥上 CRTSⅢ型板式无砟轨道无缝线路设计检算过程中荷载的选取及运营过程中的结构稳定性提供理论依据。

3.1 桥上 CRTSⅢ型板式无砟轨道无缝线路伸缩力计算

3.1.1 温差荷载

混凝土桥梁及无砟轨道结构在运营过程中会直接受到自然环境的影响，其温度荷载特点如表 3-1 所示。由于混凝土的热传导性能较差，在气温变化、降雨、降雪及日照等条件下，梁体及无砟轨道结构受温度变化的影响随着计算点距表面深度的增加而减弱，这将不可避免地导致温度梯度荷载。本节研究不同温度荷载条件下桥上无砟轨道无缝线路伸缩受力与变形的变化。

表 3-1 温度荷载特点表

温度荷载	特点					
	影响因素	时间性	作用范围	分布状态	对结构的影响	复杂性
日照温度	太阳辐射	短时急变	局部	不均匀	局部应力大	最复杂
骤然降温	强冷空气	短时变化	整体	较均匀	应力较大	较复杂
年温变化	缓慢温变	长期缓变	整体	均匀	整体位移大	简单

1. 桥梁温差

中国《铁路桥涵设计规范》[156]规定，箱梁日照温差荷载应分别考虑沿梁高、梁宽方向的温差荷载和两个方向的组合温差荷载。箱梁沿梁高、梁宽方向的温差曲线为指数函数，分别按式（3-1）、式（3-2）和表 3-1 计算取值。《新建铁路桥上无缝线路设计暂行规定》中规定，桥上无缝线路纵向力计算时，梁体取整体温差荷载，其中有砟轨道混凝土梁温差取 15 °C，无砟轨道混凝土梁温差取 20 °C，钢梁温差取 25 °C。

$$T_y = T_{01} \cdot e^{-ay} \tag{3-1}$$

$$T_x = T_{02} \cdot e^{-ax} \tag{3-2}$$

式中　T_y，T_x——计算点 y、x 处的温差（°C）；

T_{01}，T_{02}——箱梁沿梁高、梁宽方向温差（°C）；

y，x——计算点至箱梁外表面的距离（m）；

a——按表 3-2 取值（m^{-1}）。

表 3-2　日照温差曲线的 a 与 T_0 值

方向	a/m^{-1}	T_0/°C
单向（沿梁高方向）	5	20
单向（沿梁宽方向）	7	16

日本的桥梁设计标准中关于竖向温度梯度的规定：在混凝土结构中温度变化的范围根据不同地区的平均气温确定，一般情况下，最大升降限度可分别采用 15 °C；根据桥面板和其他部分的温差度计算断面内的应力时，温差以 5 °C 为标准；温度分布在桥面和其他部分内时看作均匀的。

2. 无砟轨道温差

轨道板在长时间日照下，其上表面温度高于下表面温度，因混凝土材料的热传导性能较差，轨道板在厚度方向上存在温度差或温度梯度（正温度梯度）。这种不均匀温度荷载作用致使轨道板内部产生翘曲应力，并引发翘曲变形。同理，轨道板在冬季降雪等极寒低温条件下，其上表面温度低于下表面，使得轨道板在厚度方向上形成温度梯度（负温度梯度），同样会致使内部产生翘曲应力，并引发翘曲变形。我国《高速铁路设计规范》[157]和《铁路轨道设计规范》[158]均规定：混凝土轨道板结构正温度梯度（上热下冷）宜取 90 °C/m，负温度梯度（上冷下热）宜取 45 °C/m。

3.1.2　不同梁体温差条件下桥上 CRTSⅢ型板式无砟轨道无缝线路伸缩力

本节针对 3.1.1 节中多种不同的梁体温差荷载，考虑如表 3-3 所示的几种工况，来计算桥上 CRTSⅢ型板式无砟轨道无缝线路伸缩力。其中，工况 1 和工况 3 中桥梁竖向、横向温度梯度根据《铁路桥涵混凝土结构设计规范》取值，竖向温差曲线为 $T_y = 20 \cdot e^{-5y}$，横向温差曲线为 $T_x = 16 \cdot e^{-7y}$。

表 3-3 不同梁体温差

荷载规范	梁温差	无砟轨道温差	计算数据提取
《铁路桥涵混凝土结构设计规范》	桥梁双向（竖向+横向）温度梯度	轨道板竖向温度梯度 90 ℃/m（上表面升温 45 ℃、下表面 27 ℃），自密实混凝土层、底座板、弹性垫层均升温 25 ℃	右侧线路（向阳侧），记为工况 1-1
			左侧线路（背阴侧），记为工况 1-2
	桥梁单向（竖向）温度梯度		右侧线路，记为工况 3
日本规范	桥梁竖向分层升温（顶板升温 15 ℃、腹板升温 10 ℃、底板升温 5 ℃）		右侧线路，记为工况 4
《新建铁路桥上无缝线路设计暂行规定》	桥梁整体升温 20 ℃		右侧线路，记为工况 5

不同梁体温差荷载条件下，各轨道及桥梁结构纵向力分布分别如图 3-1~图 3-5 所示，结构纵向位移分布分别如图 3-6~图 3-10 所示，各结构纵向力与位移的最大值如表 3-4~表 3-6 所示。结构纵向（应）力与位移数据的正值代表结构发生拉伸变形，产生拉（应）力；负值代表结构产生压缩变形，产生压（应）力。

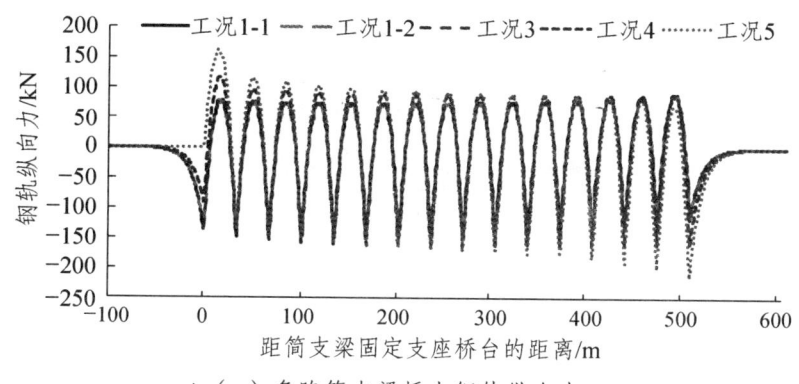

（a）多跨简支梁桥上钢轨纵向力

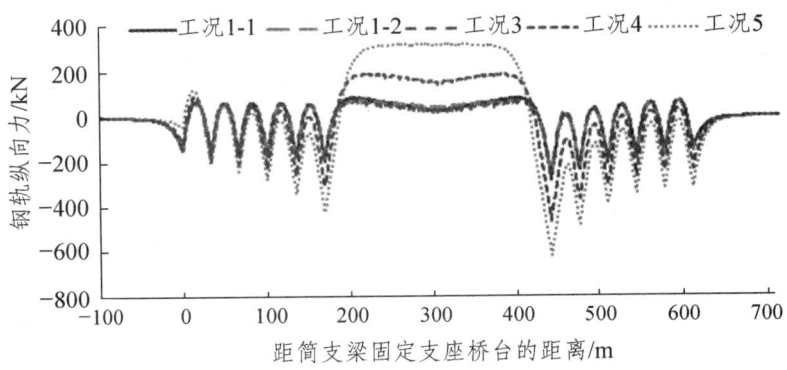

(b)大跨连续梁桥上钢轨纵向力

图 3-1　不同梁体温差条件下钢轨纵向力

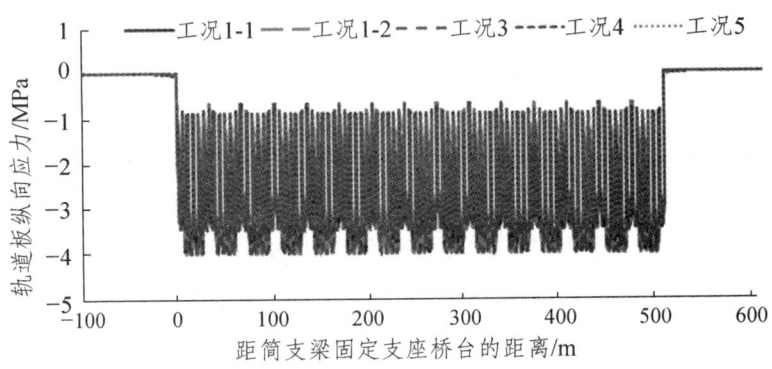

(a)多跨简支梁桥上轨道板纵向应力

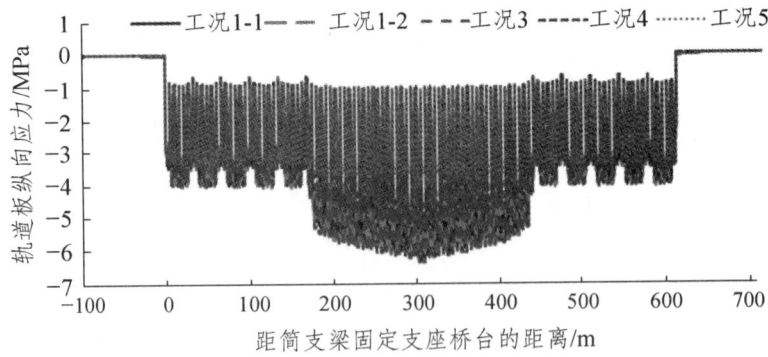

(b)大跨连续梁桥上轨道板纵向应力

图 3-2　不同梁体温差条件下轨道板纵向应力

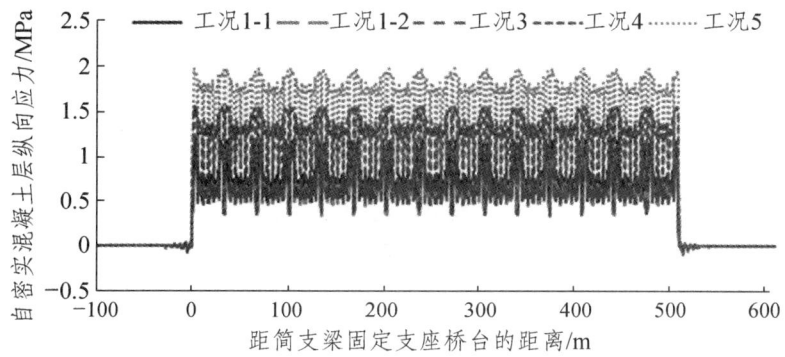

（a）多跨简支梁桥上自密实混凝土层纵向应力

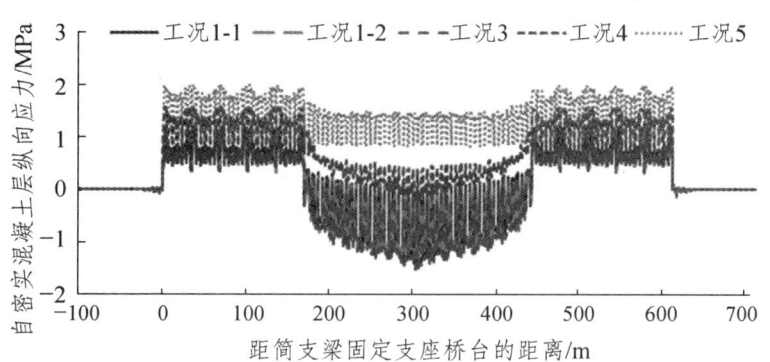

（b）大跨连续梁桥上自密实混凝土层纵向应力

图 3-3　不同梁体温差条件下自密实混凝土层纵向应力

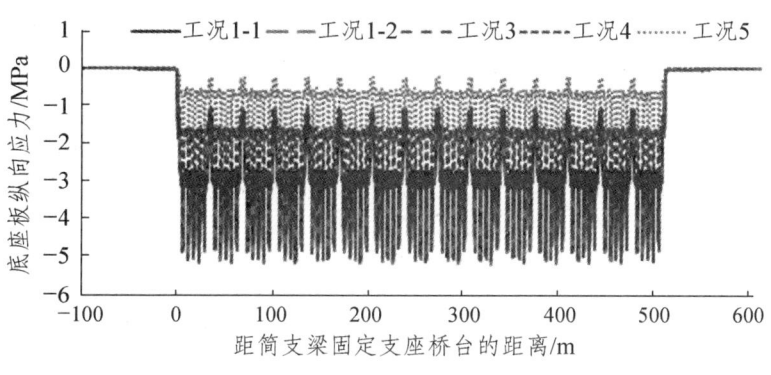

（a）多跨简支梁桥上底座板纵向应力

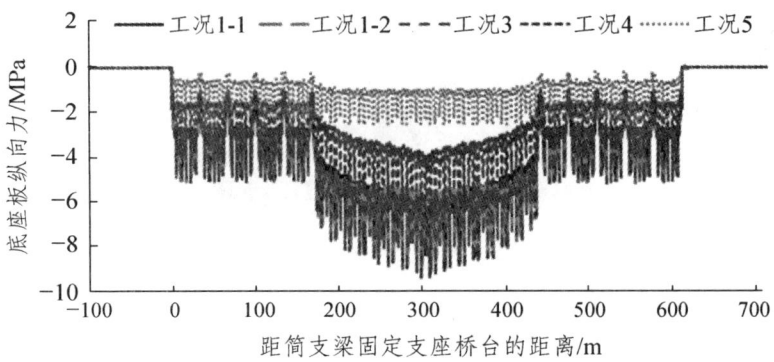

（b）大跨连续梁桥上底座板纵向应力

图 3-4　不同梁体温差条件下底座板纵向应力

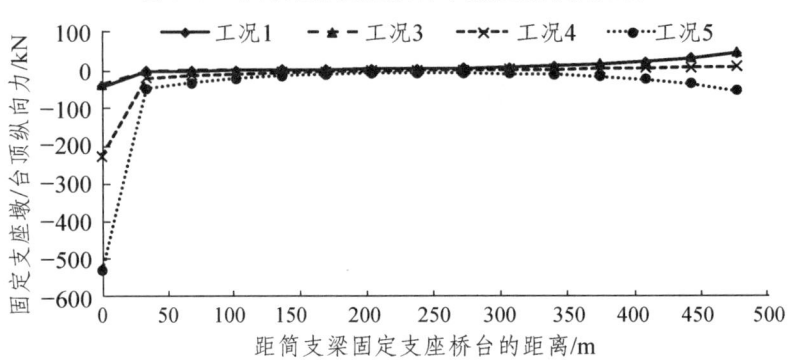

（a）多跨简支梁桥固定支座墩/台顶纵向力

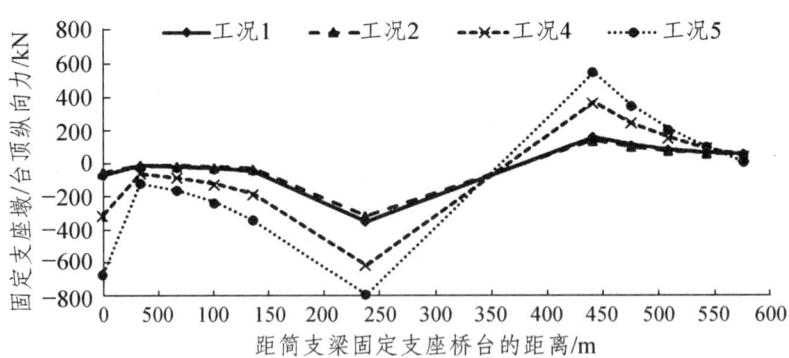

（b）大跨连续梁桥固定支座墩/台顶纵向力

图 3-5　不同梁体温差条件下固定支座墩/台顶纵向力

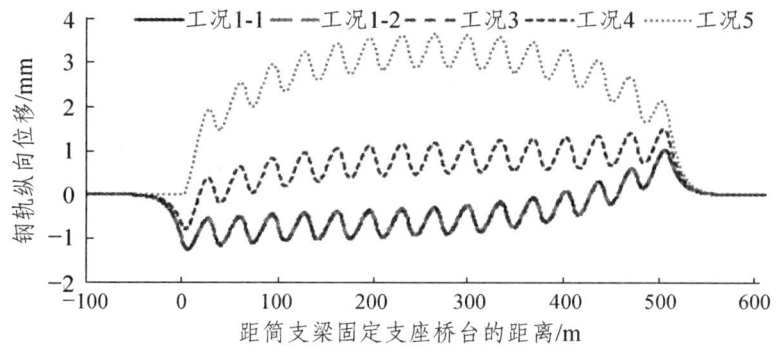

(a)多跨简支梁桥上钢轨纵向位移

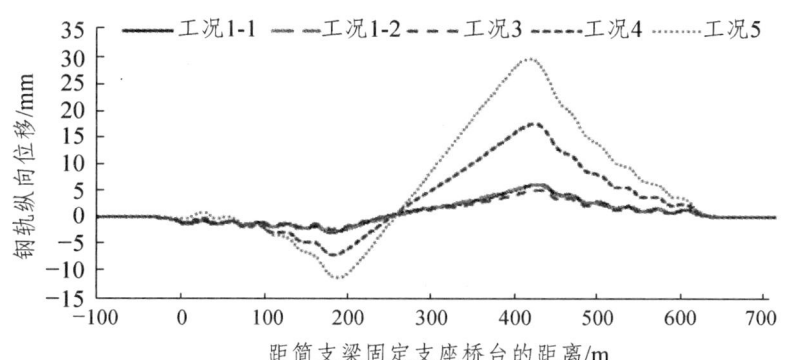

(b)大跨连续梁桥上钢轨纵向位移

图 3-6 不同梁体温差条件下钢轨纵向位移

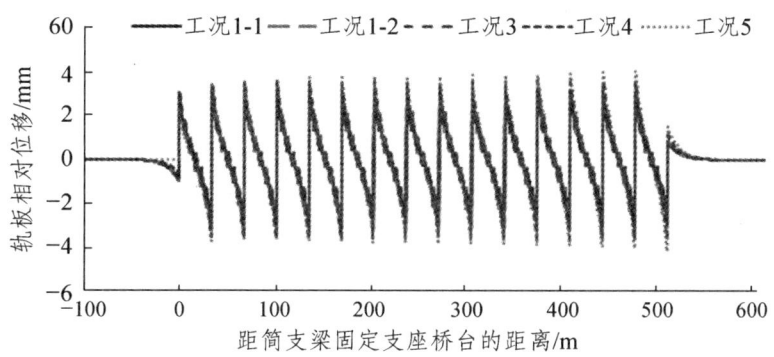

(a)多跨简支梁桥上钢轨轨道板纵向相对位移

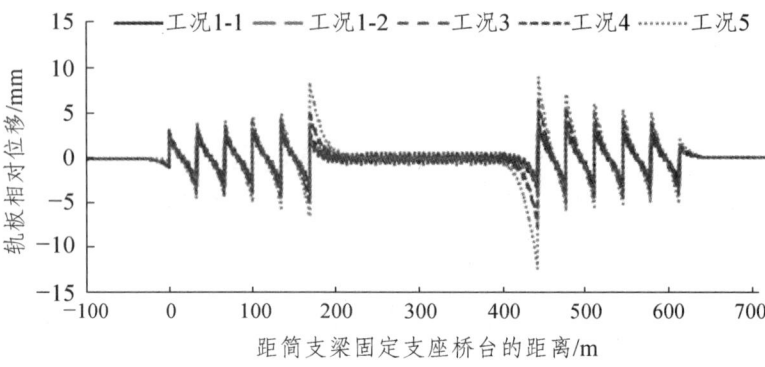

（b）大跨连续梁桥上钢轨轨道板纵向相对位移

图 3-7 不同梁体温差条件下钢轨轨道板纵向相对位移

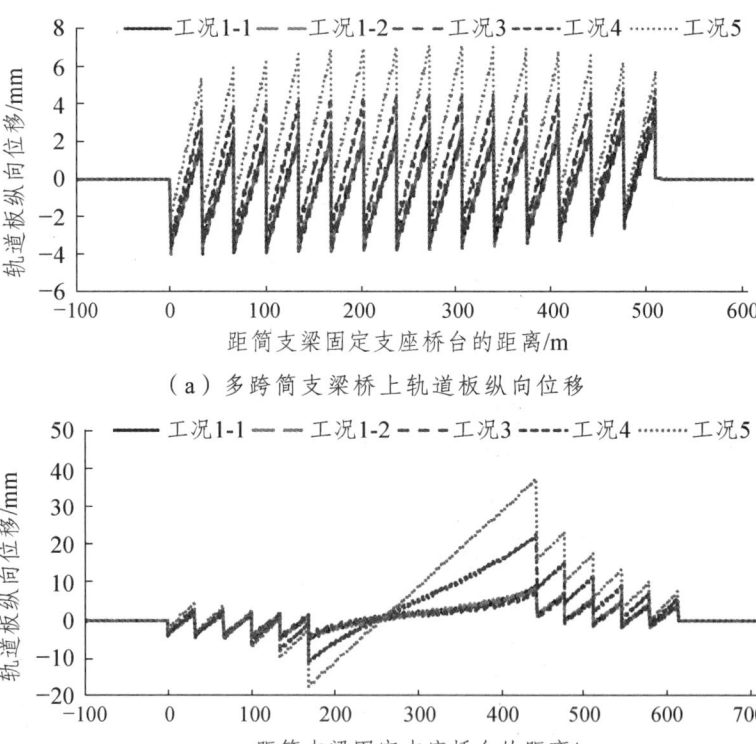

（a）多跨简支梁桥上轨道板纵向位移

（b）大跨连续梁桥上轨道板纵向位移

图 3-8 不同梁体温差条件下轨道板纵向位移

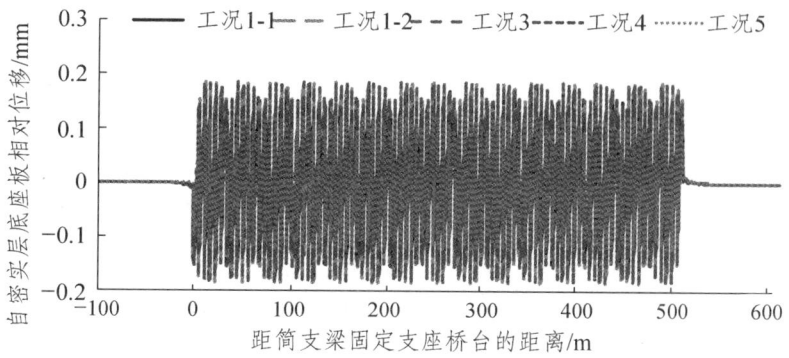

(a)多跨简支梁桥上自密实混凝土层底座板纵向相对位移

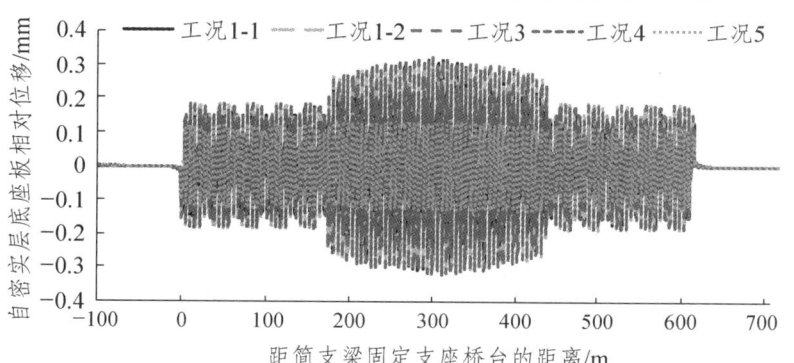

(b)大跨连续梁桥上自密实混凝土层底座板纵向相对位移

图 3-9 不同梁体温差条件下自密实混凝土层底座板纵向相对位移

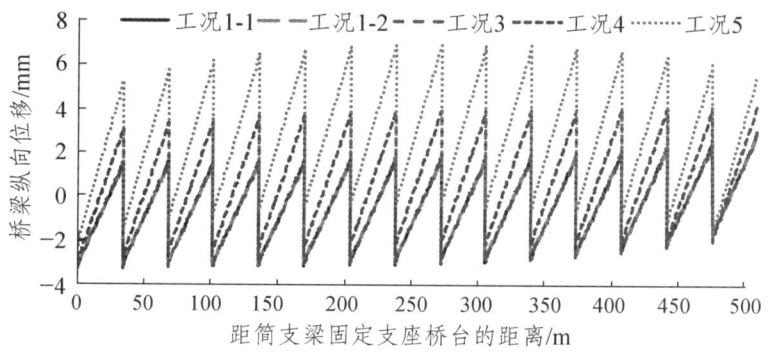

(a)多跨简支梁桥梁体纵向位移

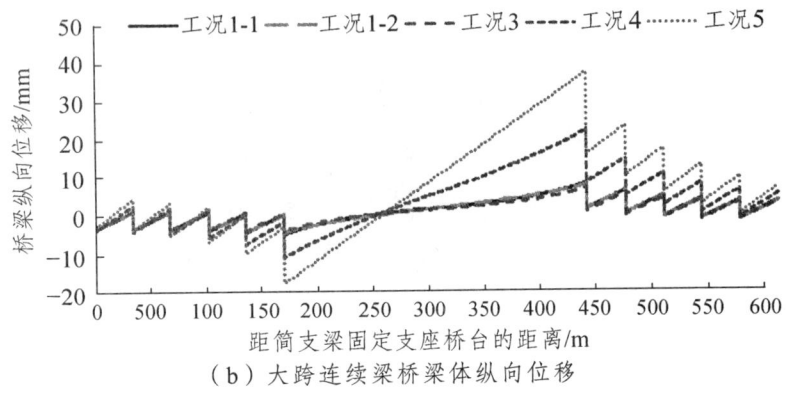

(b)大跨连续梁桥梁体纵向位移

图 3-10 不同梁体温差条件下桥梁纵向位移

表 3-4 不同梁体温差条件下轨道结构纵向（应）力的最大值

桥梁类型及梁体温差荷载工况			F_r/kN	S_{ts}/MPa	S_{scc}/MPa	S_{bp}/MPa	S_{cp}/MPa	S_{el}/MPa
多跨简支梁桥	工况1	向阳侧	−150.160/90.509	−3.959	1.203	−5.072	−5.653	−0.176
		背阴侧	−148.380/88.786	−4.000	1.165	−5.171	−5.752	−0.179
	工况3		−148.785/89.535	−3.992	1.170	−5.154	−5.746	−0.179
	工况4		−164.627/116.377	−3.558	1.561	−3.643	−3.986	−0.131
	工况5		−214.403/161.840	−3.353	1.992	−2.359	−2.801	−0.102
大跨连续梁桥	工况1	向阳侧	−277.921/90.727	−6.298	−1.488	−9.352	−10.926	−0.340
		背阴侧	−268.808/77.634	−6.179	−1.358	−9.020	−10.608	−0.331
	工况3		−252.859/75.757	−6.366	−1.535	−9.471	−11.087	−0.345
	工况4		−459.667/195.624	−5.246	−1.567	−6.631	−7.638	−0.246
	工况5		−620.940/325.607	−3.673	1.997	−2.573	−3.218	−0.119

注：表中符号的说明见本书附录。

表 3-5 不同梁体温差条件下轨道结构纵向位移的最大值　　　　单位：mm

桥梁类型及梁体温差荷载工况			D_r	ΔD_{rts}	D_{ts}	ΔD_{sccbp}	D_{bp}	A_{el}
多跨简支梁桥	工况1	向阳侧	−1.249/1.029	3.152	−4.058/3.746	0.181	−3.600/3.291	−0.070
		背阴侧	−1.239/1.017	3.109	−4.014/3.703	0.185	−3.550/3.241	−0.072
	工况3		−1.256/1.010	3.118	−4.044/3.697	0.184	−3.578/3.234	−0.071
	工况4		−0.780/1.495	3.572	−3.597/4.700	0.144	−3.275/4.383	−0.052
	工况5		−0.008/3.651	4.147	−2.313/7.092	0.126	−2.200/6.992	−0.041

续表

桥梁类型及梁体温差荷载工况			D_r	ΔD_{rts}	D_{ts}	ΔD_{sccbp}	D_{bp}	Δ_{el}
大跨连续梁桥	工况1	向阳侧	−2.840/6.252	4.321	−5.325/9.020	0.320	−5.068/8.764	−0.136
		背阴侧	−2.704/6.137	4.176	−5.097/8.660	0.309	−4.699/8.394	−0.132
	工况3		−2.247/5.136	4.030	−4.736/7.661	0.323	−4.272/7.388	−0.138
	工况4		−7.111/17.590	7.646	−11.224/22.590	0.236	−11.019/22.385	−0.098
	工况5		−11.467/29.817	12.455	−17.745/37.450	0.136	−17.669/37.373	−0.048

注：表中符号的说明见附录。

表 3-6 不同梁体温差条件下桥梁结构纵向力与位移的最大值

桥梁类型及梁体温差荷载工况			D_b/mm	Δ_{bj}/mm	D_a/mm	D_p/mm	F_a/kN	F_p/kN
多跨简支梁桥	工况1	向阳侧	−3.303/2.995	−4.852	0.147	1.237	44.187	43.296
		背阴侧	−3.250/2.941	−4.746				
	工况3		−3.277/2.934	−4.759	0.132	1.262	39.463	44.157
	工况4		−3.062/4.173	−6.132	0.762	0.618	228.575	21.614
	工况5		−2.124/6.922	−7.809	1.761	1.568	528.365	54.885
大跨连续梁桥	工况1	向阳侧	−4.899/8.596	−7.038	0.226	4.624	67.874	161.850
		背阴侧	−4.524/8.220	−6.607				
	工况3		−4.076/7.210	−6.332	0.186	3.945	55.661	138.081
	工况4		−10.884/22.249	−13.715	1.037	10.593	311.194	613.262
	工况5		−17.619/37.323	−21.514	2.226	15.735	667.946	789.211

注：表中符号的说明见附录。

由图 3-1 ~ 图 3-10 和表 3-4 ~ 表 3-6 可知，梁体升温条件下钢轨附加伸缩力在梁端表现为压力，在跨中表现为拉力。由于 CRTSⅢ型板式无砟轨道中底座板、自密实混凝土层及轨道板结构的纵向不连续性，其纵向应力图呈波动曲线，其中图线中的突变是因为板缝的存在，且凸形挡台在一定程度上约束了自密实混凝土层及轨道板的纵向位移，使得该处结构应力较大。由于轨道板与自密实混凝土层之间存在温度差，轨道板下表面门形筋带动自密实混凝土层发生拉伸变形，产生拉应力，而轨道板、底座板多表现为压应力，凸台及弹性垫层则出现拉应力和压应力交替。

竖向温度梯度荷载使得梁体顶板温度高于底板，引起梁体上拱；横向温度梯度荷载使得梁体向阳侧腹板温度高于背阴侧，引起梁体发生横向扭曲变形。桥梁在双向（竖向+横向）温度梯度作用下，向阳侧钢轨纵向力、纵向位移及钢轨轨道板纵向（以下简称"轨板"）相对位移略大于背阴侧，两侧轨道板、自密实混凝土层、凸台、弹性垫层及底座板纵向应力的产生主要来自自身温度荷载，故相差不大；桥梁在单向（竖向）温度梯度荷载作用下，各轨道及桥梁结构纵向力、位移变化趋势及其最大值与其在双向（竖向+横向）温度梯度作用下背阴侧的计算结果基本一致。桥梁在竖向分层温差荷载作用下，钢轨纵向力、纵向位移及轨板相对位移有所增大，但均远小于桥梁整体温差荷载条件下的值，且无砟轨道结构纵向应力相差不大。由此可知，温度荷载作用下桥上无砟轨道无缝线路钢轨及固定支座墩/台顶纵向力、钢轨纵向位移及轨板相对位移的大小受桥梁温度条件的影响较大，桥上无砟轨道（轨道板、自密实混凝土层、凸台、弹性垫层及底座板）结构纵向应力受自身温度条件的影响较大。

不同梁体温差荷载下，桥上钢轨纵向力及轨板相对位移变化趋势基本一致，但极值差别较大。相较于桥梁整体温差荷载，在桥梁双向（竖向+横向）温度梯度、单向（竖向）温度梯度和分层温差荷载作用下，多跨简支梁桥上钢轨最大纵向压力/拉力分别减小了 30.0%/44.1%、30.6%/45.1%和 23.2%/28.1%，轨板最大相对位移分别减小了 24.0%、25.0%和 13.9%；大跨连续梁桥上钢轨最大纵向压力/拉力分别减小了 55.2%/72.1%、59.3%/76.7%和 26.0%/39.9%，轨板最大相对位移分别减小了 65.3%、67.6%和 38.6%。

综合各轨道及桥梁结构在温度荷载作用下的受力与变形，并充分考虑最不利情况，在计算桥上 CRTSⅢ型板式无砟轨道无缝线路伸缩力时，整体温差荷载大小需根据不同地区的气候条件进行取值，采用年温差的计算结果是相对安全的。在年温差较大的地区，桥梁两侧桥台及大跨连续梁端处为薄弱环节，需要加强对该处轨道结构的监测与养护，以免薄弱环节处钢轨承受过大的拉力而断轨，特别是较大的轨板相对位移易带动轨下胶垫滑出导致扣件失效。

3.1.3 不同轨道板温差条件下桥上 CRTSⅢ型板式无砟轨道无缝线路伸缩力

本节针对 3.1.1 中不同轨道板温差荷载，对比分析不同轨道板温差条件下的桥上 CRTSⅢ型板式无砟轨道无缝线路伸缩力，采用表 3-7 所示的几种工况。其中，工况 1~4 考虑轨道板竖向温度梯度荷载，工况 5 考虑轨道板整体温差荷载。

表 3-7 不同荷载工况下的轨道板与梁体温差

荷载工况	轨道板温差	自密实混凝土层、底座板、弹性垫层温差	梁体温差
工况 1	轨道板竖向正温度梯度 70 ℃/m（上表面升温 45 ℃、下表面升温 31 ℃）	升温 25 ℃	升温 20 ℃
工况 2	轨道板竖向正温度梯度 80 ℃/m（上表面升温 45 ℃、下表面升温 29 ℃）	升温 25 ℃	升温 20 ℃
工况 3	轨道板竖向正温度梯度 90 ℃/m（上表面升温 45 ℃、下表面升温 27 ℃）	升温 25 ℃	升温 20 ℃
工况 4	轨道板竖向正温度梯度 100 ℃/m（上表面升温 45 ℃、下表面升温 25 ℃）	升温 25 ℃	升温 20 ℃
工况 5	轨道板整体升温 30 ℃	升温 25 ℃	升温 20 ℃

不同轨道板温差条件下，钢轨纵向力和轨道板纵向应力分别如图 3-11 和图 3-12 所示，各结构纵向力与位移的最大值如表 3-8 所示。

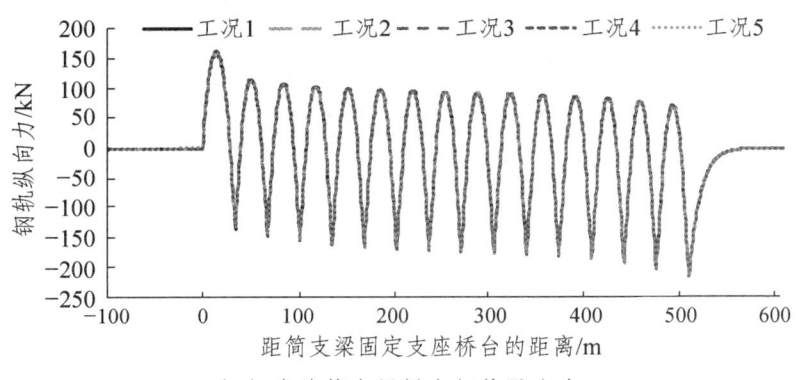

(a) 多跨简支梁桥上钢轨纵向力

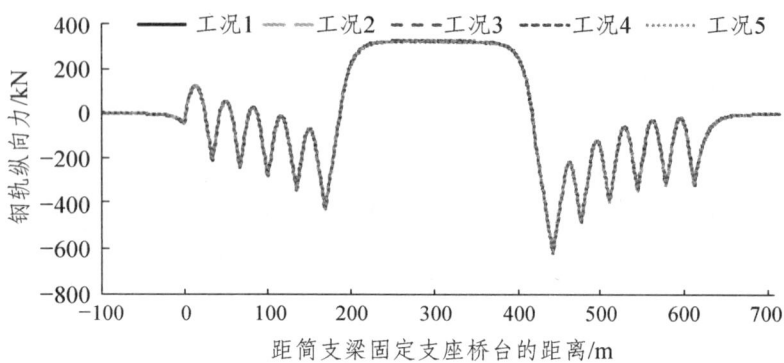

(b)大跨连续梁桥上钢轨纵向力

图 3-11 不同轨道板温差条件下钢轨纵向力

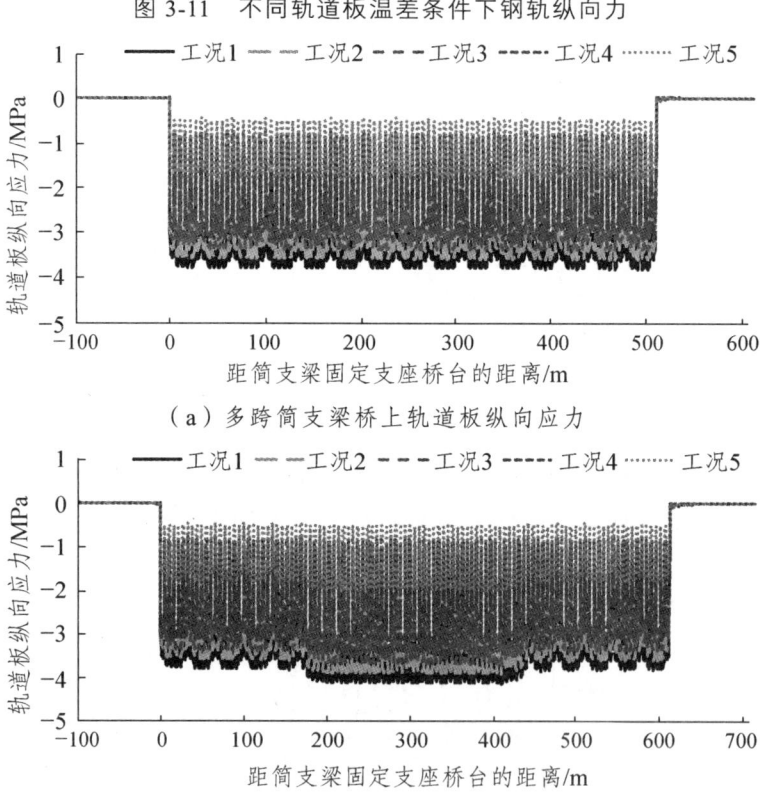

(a)多跨简支梁桥上轨道板纵向应力

(b)大跨连续梁桥上轨道板纵向应力

图 3-12 不同轨道板温差条件下轨道板纵向应力

表 3-8　不同轨道板温差条件下结构纵向力与位移的最大值

桥梁类型及轨道板温差荷载工况		S_{ts}/MPa	S_{scc}/MPa	S_{cp}/MPa	ΔD_{rts}	Δ_{el}/mm	ΔD_{sccbp}/mm
多跨简支梁桥	工况 1	−3.781	2.360	−2.938	4.187	−0.046	0.140
	工况 2	−3.567	2.176	−2.870	4.167	−0.043	0.132
	工况 3	−3.353	1.992	−2.801	4.147	−0.041	0.126
	工况 4	−3.138	1.808	−2.732	4.127	−0.038	0.118
	工况 5	−1.777	0.605	−2.458	3.983	−0.034	0.088
大跨连续梁桥	工况 1	−4.124	2.365	−3.400	12.540	−0.053	0.152
	工况 2	−3.899	2.181	−3.309	12.480	−0.050	0.144
	工况 3	−3.673	1.997	−3.218	12.455	−0.048	0.136
	工况 4	−3.448	1.813	−3.128	12.430	−0.045	0.129
	工况 5	−2.009	0.632	−2.763	12.259	−0.040	0.098

由图 3-11、图 3-12 和表 3-8 可知：不同轨道板温差条件下，桥上钢轨、固定支座墩/台顶纵向力，钢轨、梁体纵向位移，梁缝增量，轨板相对位移基本不变；轨道板温差荷载对轨道板、自密实混凝土层、凸台、弹性垫层纵向应力，以及自密实混凝土层底座板相对位移的影响较大；随着轨道板温度梯度的升高，轨道板下表面温度随之降低，与自密实混凝土层的层间温差也随之降低，因此，轨道板及自密实混凝土层纵向应力随之减小，进而使得凸台、弹性垫层及底座板纵向应力也有所减小，其减幅由上至下逐渐降低；在轨道板整体温差荷载作用下无砟轨道结构纵向应力均最小。当轨道板竖向正温度梯度由 70 ℃/m 增加至 100 ℃/m 时，两种桥上轨道板内部最大纵向应力分别减小了 17.0%和 16.4%，自密实混凝土层最大纵向应力分别减小了 23.4%和 23.3%，凸台最大纵向应力分别减小了 7.0%和 8.0%，弹性垫层最大压缩量分别减小了 17.4%和 15.1%，自密实混凝土层底座板最大相对位移分别减小了 15.7%和 15.1%。

综合各轨道及桥梁结构在温度荷载作用下的受力与变形，并充分考虑轨道板在竖向正温度梯度荷载下产生的翘曲变形和翘曲应力，在计算桥上 CRTSⅢ型板式无砟轨道无缝线路伸缩力时，轨道板温差荷载应采用竖向温度梯度荷载，其中温度梯度可根据不同地区日温差进行取值，轨道板竖向正温度梯度取 70～90 ℃/m 时的计算结果是相对安全的且具有一般性。

3.2 桥上CRTSⅢ型板式无砟轨道无缝线路挠曲力计算

3.2.1 列车荷载

根据《铁路无缝线路设计规范》[153],在计算桥上无缝线路挠曲力时,多跨简支梁桥上列车荷载一般加载在两孔梁上;一联三跨连续梁桥上列车荷载一般加载在固定支座一侧一跨或两跨上,取较大值。《铁路桥涵设计规范》[156]中规定,铁路桥涵结构设计采用的列车荷载标准应符合现行《铁路列车荷载图示》的规定;《高速铁路设计规范》[157]中规定,列车设计活载应采用如图3-13所示的ZK活载。

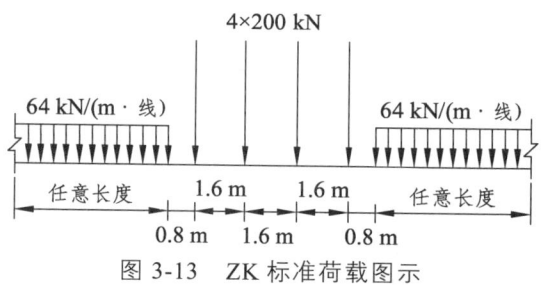

图 3-13 ZK 标准荷载图示

本书在计算桥上CRTSⅢ型板式无砟轨道无缝线路挠曲力时,列车荷载取 ZK 标准活载,不考虑集中力,以大小为 64 kN/(m·线)的均布荷载施加在钢轨顶面。该种荷载基本包含我国实际运营高速铁路的列车荷载,且存在较大的安全储备。

3.2.2 列车荷载条件下桥上 CRTSⅢ型板式无砟轨道无缝线路挠曲力

本节采用大小为 64 kN/(m·线)的单线均布荷载作为列车荷载,并考虑如图 3-14 所示的多种列车荷载工况,其中:工况 1、工况 2 和工况 3 分别为多跨简支梁桥的前两跨、中间两跨和最后两跨单线加载,工况 4 为多跨简支梁桥单线全桥加载,并将有载侧记为工况 4-1,无载侧记为工况 4-2;工况 6、工况 7 和工况 8 分别为一联三跨连续梁桥主梁固定支座的左侧一跨、右侧两跨和主梁满跨单线加载,工况 9 为一联三跨连续梁桥单线全桥加载,并将有载侧记为工况 9-1,无载侧记为工况 9-2。

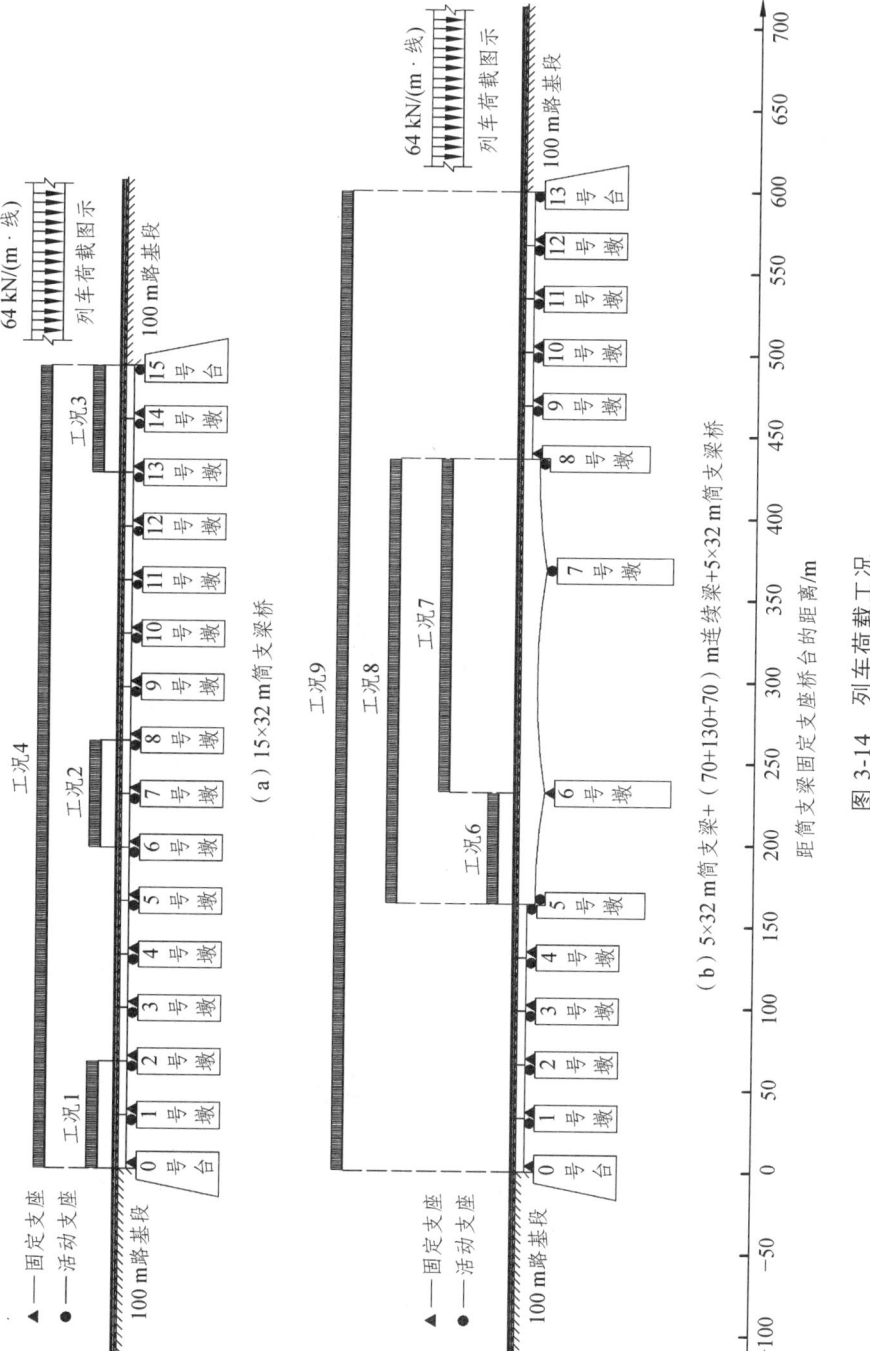

图3-14 列车荷载工况

不同列车荷载条件下各轨道及桥梁结构纵向力分布分别如图 3-15～图 3-17 所示,结构纵向位移分布分别如图 3-18～图 3-20 所示,各结构纵向力与位移的最大值如表 3-9～表 3-11 所示。

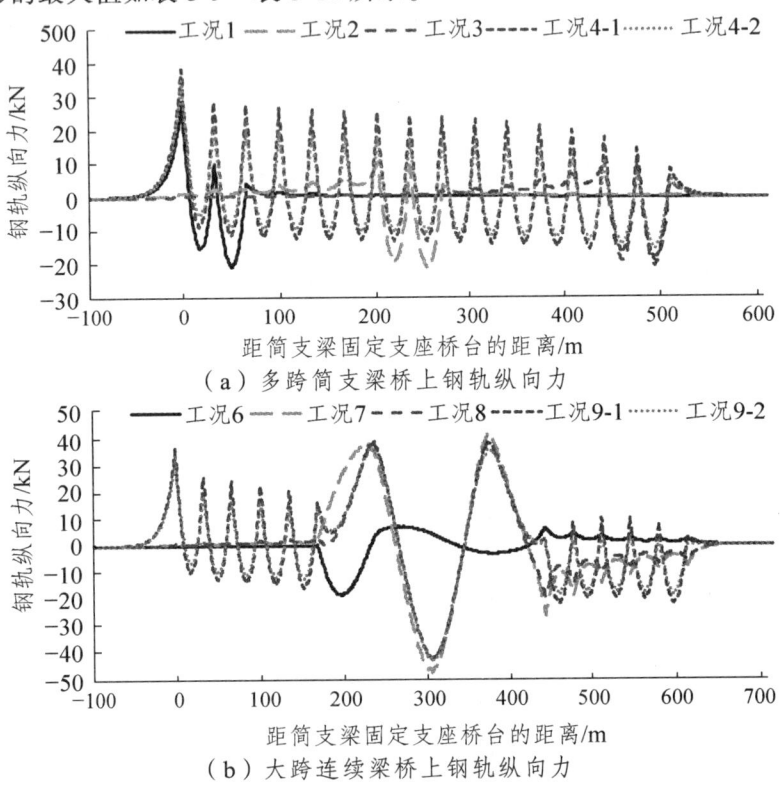

图 3-15 列车荷载作用下钢轨纵向力

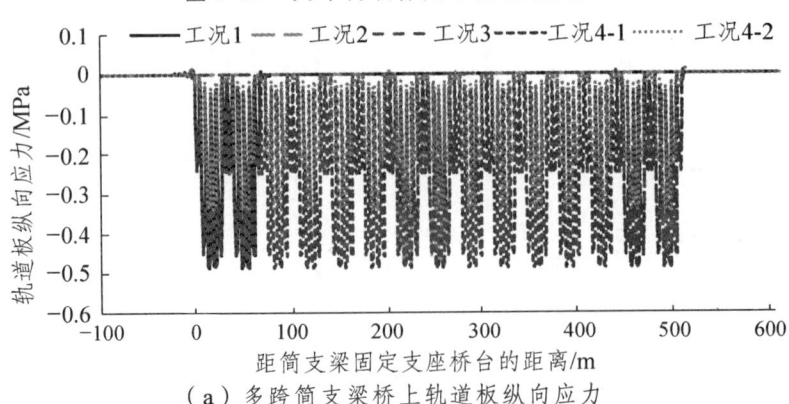

（a）多跨简支梁桥上轨道板纵向应力

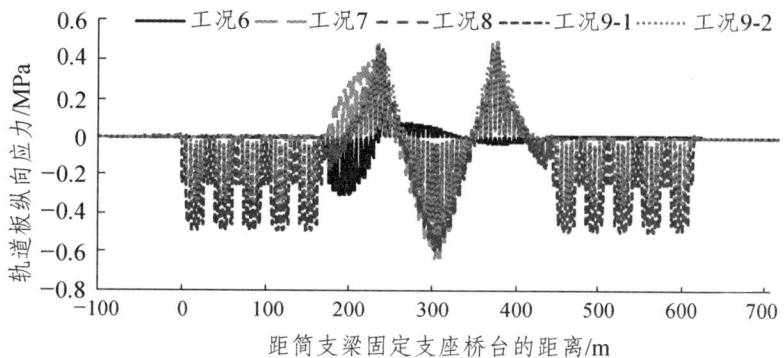

（b）大跨连续梁桥上轨道板纵向应力

图 3-16　列车荷载作用下轨道板纵向应力

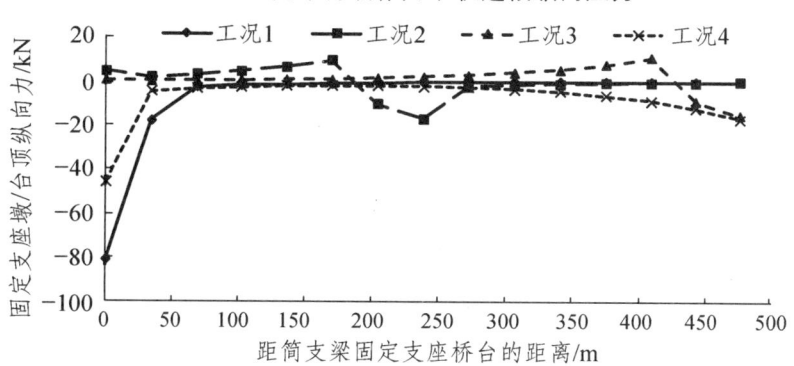

（a）多跨简支梁桥固定支座墩/台顶纵向力

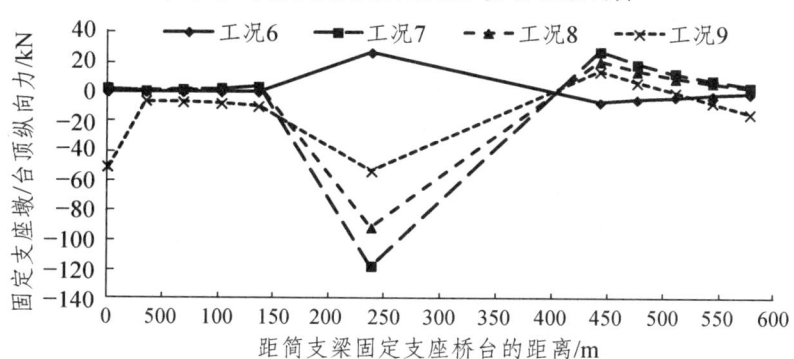

（b）大跨连续梁桥固定支座墩/台顶纵向力

图 3-17　列车荷载作用下固定支座墩/台顶纵向力

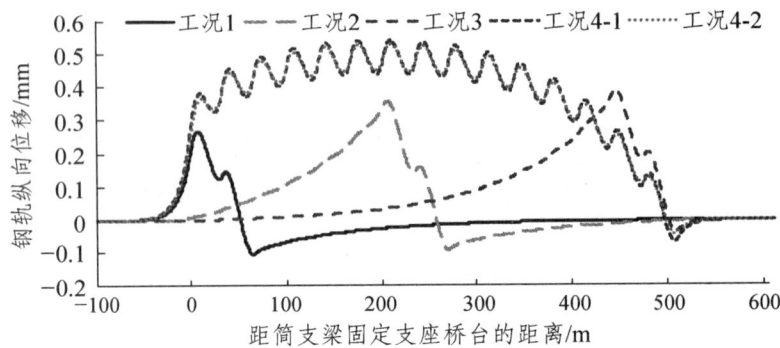

（a）多跨简支梁桥上钢轨纵向位移

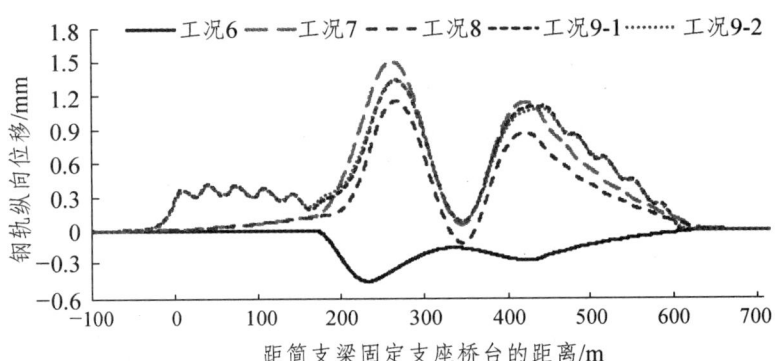

（b）大跨连续梁桥上钢轨纵向位移

图 3-18 列车荷载作用下钢轨纵向位移

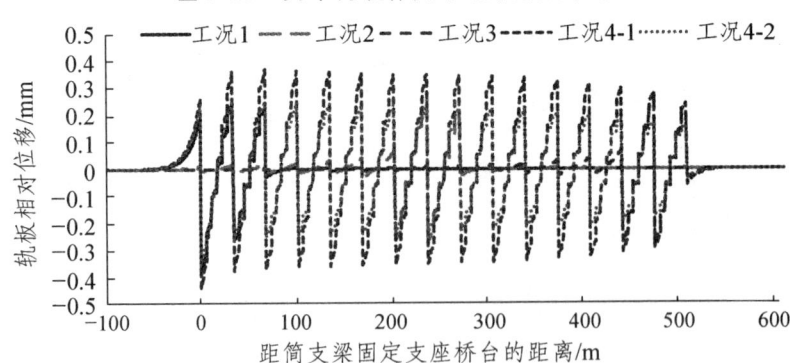

（a）多跨简支梁桥上钢轨轨道板纵向相对位移

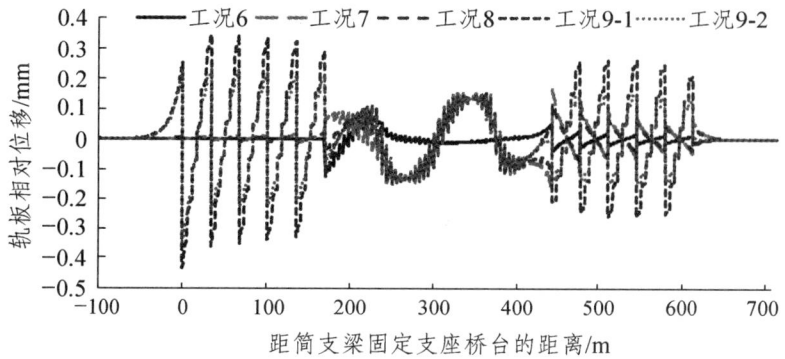

(b)大跨连续梁桥上钢轨轨道板纵向相对位移

图 3-19 列车荷载作用下钢轨轨道板纵向相对位移

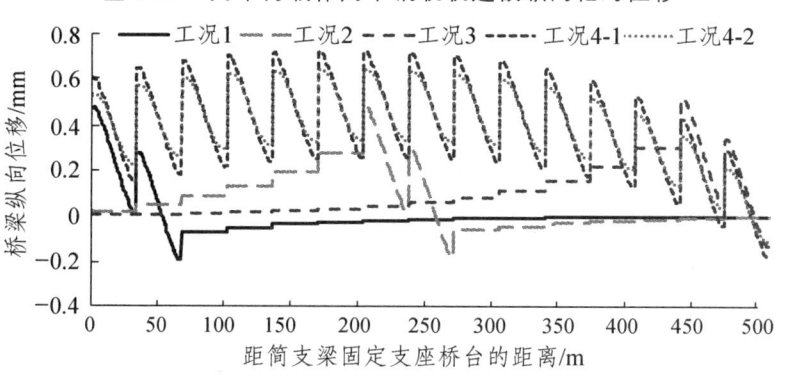

(a)多跨简支梁桥梁体纵向位移

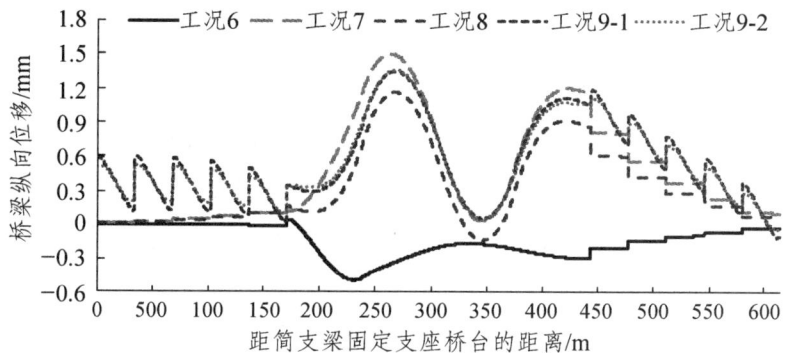

(b)大跨连续梁桥梁体纵向位移

图 3-20 列车荷载作用下桥梁纵向位移

表 3-9 列车荷载作用下轨道结构纵向（应）力的最大值

桥梁类型及轨道板温差荷载工况		F_r/kN	S_{ts}/MPa	S_{scc}/MPa	S_{bp}/MPa	S_{cp}/MPa	S_{el}/MPa
多跨简支梁桥	工况 1	−21.149/28.548	−0.490	−0.290	−0.774	−0.960	−0.033
	工况 2	−21.310/10.599	−0.490	−0.290	−0.774	−0.960	−0.033
	工况 3	−20.886/11.116	−0.490	−0.290	−0.774	−0.959	−0.033
	工况 4 有载侧	−19.236/38.357	−0.489	−0.289	−0.773	−0.957	−0.033
	工况 4 无载侧	−16.035/35.134	−0.346	−0.241	−0.669	−0.824	−0.028
大跨连续梁桥	工况 6	−18.628/7.131	−0.304	−0.214	−0.441	−0.597	−0.019
	工况 7	−47.640/41.671	−0.638	−0.482	1.208	−1.458	0.047
	工况 8	−43.297/38.710	−0.589	0.452	1.143	1.374	0.044
	工况 9 有载侧	−43.256/38.895	−0.589	0.451	1.147	1.379	0.044
	工况 9 无载侧	−43.536/38.832	−0.510	−0.421	−1.007	−1.315	−0.041

表 3-10 列车荷载作用下轨道结构纵向位移的最大值　　　　单位：mm

桥梁类型及轨道板温差荷载工况		D_r	ΔD_{rts}	D_{ts}	ΔD_{sccbp}	D_{bp}	Δ_{el}
多跨简支梁桥	工况 1	−0.101/0.269	−0.385	−0.316/0.59	−0.032	−0.250/0.535	−0.013
	工况 2	−0.089/0.359	−0.262	−0.302/0.611	−0.032	−0.236/0.545	−0.013
	工况 3	−0.037/0.392	−0.266	−0.256/0.646	−0.032	−0.190/0.580	−0.013
	工况 4 有载侧	−0.067/0.542	−0.438	−0.302/0.849	−0.032	−0.236/0.784	−0.013
	工况 4 无载侧	−0.042/0.529	−0.353	−0.194/0.730	−0.032	−0.143/0.682	−0.011
大跨连续梁桥	工况 6	−0.461/—	−0.106	−0.524/0.093	−0.016	−0.504/0.067	−0.008
	工况 7	—/1.506	−0.176	−0.093/1.641	−0.038	−0.017/1.563	0.019
	工况 8	−0.115/1.151	−0.151	−0.348/1.284	−0.034	−0.180/1.216	0.018
	工况 9 有载侧	−0.021/1.337	−0.431	−0.229/1.470	−0.034	−0.163/1.402	0.018
	工况 9 无载侧	—/1.344	−0.345	−0.121/1.479	−0.033	−0.069/1.411	−0.017

表 3-11 列车荷载作用下桥梁结构纵向力与位移的最大值

桥梁类型及轨道板温差荷载工况		D_b/mm	Δ_{bj}/mm	D_a/mm	D_p/mm	F_a/kN	F_p/kN
多跨简支梁桥	工况 1	-0.193/0.480	0.260	0.270	0.503	81.042	17.598
	工况 2	-0.179/0.489	0.268	0.015	0.489	4.548	17.111
	工况 3	-0.133/0.524	0.279	0.002	0.444	0.472	15.525
	工况 4 有载侧	-0.179/0.727	0.502	0.153	0.490	45.941	17.136
	工况 4 无载侧	-0.108/0.647	0.348				
大跨连续梁桥	工况 6	-0.488/0.046	0.093	0.000	0.199	0.093	26.516
	工况 7	—/1.509	-0.035	0.008	0.796	2.504	118.184
	工况 8	-0.132/1.168	0.061	0.008	0.597	2.412	90.668
	工况 9 有载侧	-0.106/1.354	0.467	0.170	0.416	51.074	53.482
	工况 9 无载侧	-0.034/1.365	0.312				

由图 3-15~图 3-20 和表 3-9~表 3-11 可知：在全桥列车荷载作用下，多跨简支梁桥上钢轨挠曲力在支座处表现为拉力，在跨中处表现为压力，且其最大值分别出现在固定支座桥台和最后一跨跨中处；大跨连续梁桥上钢轨挠曲力在主桥两侧边跨表现为拉力，在主跨表现为压力，且其最大值分别出现在主桥边跨和主跨跨中处；梁体发生挠曲变形，其上表面受压、下表面受拉，使得桥上轨道板、自密实混凝土层、凸台及底座板纵向应力多表现为压应力，仅在简支梁梁端或连续梁主桥两侧边跨上表现为拉应力；由于 CRTS Ⅲ 型板式无砟轨道中底座板、自密实混凝土层及轨道板结构的纵向不连续性，以及板缝和凸台的存在，结构纵向应力呈波动曲线；固定支座桥台与连续梁主桥桥墩顶部纵向力较大，其他处较小；各轨道及梁体纵向位移大多表现为拉伸变形，仅在简支梁最后一跨和连续梁主桥主跨跨中出现压缩变形；弹性垫层的压缩/拉伸变形量均在合理范围内；轨板相对位移最大值均出现在第一跨固定支座桥台顶部，在跨中处较小；对于各桥梁及轨道结构纵向力与位移而言，单线全桥加载时，有载侧较无载侧稍大，因此，在设计、检算、对比、分析时应以有载侧的计算数据为准。

对于多跨简支梁桥而言，不同列车荷载作用下桥上轨道结构纵向力相差不大，纵向位移及层间相对位移均在全桥加载（工况 4）时达到最大。相较于前两跨加载（工况 1）、中间两跨加载（工况 2）和最后两跨加载（工况 3），全桥列车荷载（工况 4）作用下的钢轨最大纵向压力/拉力分别增大了-9.1%/34.4%、-9.7%/261.9%和-7.9%/245.1%，钢轨最大纵向位移分别增大了 190.0%、-11.2%和 16.2%，轨板最大相对位移分别增大了 13.8%、67.2%和 64.7%，梁缝最大增量分别增大了 93.1%、87.3%和 79.9%。对于大跨连续梁桥而言，除连续梁主桥左侧一跨加载（工况 6）时轨道结构纵向力较小外，其他三种工况（工况 7、工况 8 和工况 9）条件下轨道结构纵向力相差不大，但不同列车荷载作用下轨道及桥梁结构纵向位移和层间相对位移存在较大差别。相较于连续梁主桥左侧一跨加载（工况 6）、连续梁主桥右侧两跨加载（工况 7）和连续梁主桥全桥加载（工况 8），全桥列车荷载（工况 9）作用下的钢轨最大纵向压力/拉力分别增大了 133.7%/445.4%、-9.2%/-6.7%和-0.1%/0.5%，钢轨最大纵向位移分别增大了 101.5%、51.0%和 38.3%，轨板最大相对位移分别增大了 306.6%、144.9%和 185.4%，桥梁最大纵向位移分别增大了 177.5%、-10.3%和 15.9%，梁缝最大增量分别增大了 8.2 倍、13.2 倍和 6.7 倍。

综上所述，在计算列车荷载下多跨简支梁桥和大跨连续梁桥上 CRTS Ⅲ 型板式无砟轨道受力和变形时，需要根据不同的检算部件选取最不利的列车荷载工况，其中：多跨简支梁桥上轨道结构检算可采用全桥加载（工况 4）作为最不利工况，桥梁墩/台检算可采用邻近固定支座桥台的前两跨加载（工况 1）作为最不利工况；大跨连续梁桥上轨道结构及连续梁固定支座墩顶纵向力检算可采用连续梁主桥固定支座右侧两跨加载（工况 7）作为最不利工况，桥梁及轨道结构纵向位移和层间相对位移检算可采用全桥加载（工况 9）作为最不利工况。

3.3 桥上 CRTS Ⅲ 型板式无砟轨道无缝线路制动力计算

3.3.1 列车制动荷载

根据《铁路无缝线路设计规范》[153]，制动（牵引）力集度 q 按式（3-3

计算。

$$q = \mu \cdot Q_d \qquad (3\text{-}3)$$

式中 μ——轮轨黏着系数，采用 0.164；

Q_d——设计活载，采用 ZK 活载，以均布荷载的形式加载在钢轨顶面，加载长度一般取 400 m。

本节采用大小为 64 kN/(m·线)的均布荷载，则制动力集度 q=0.164×64=10.5（kN/m），本书模型中桥长分别为 510 m 和 612 m，除 3.3.2 节外，制动荷载均采用全桥制动的加载工况，如图 3-21 中工况 4 和工况 8 所示。

3.3.2 列车制动荷载条件下桥上 CRTSⅢ型板式无砟轨道无缝线路制动力

本节采用大小为 10.5 kN/(m·线)的单线均布荷载作为列车制动荷载，并考虑如图 3-21 所示的多种列车制动荷载工况，其中：工况 1 和工况 2 制动荷载长度均为 400 m，工况 1 制动荷载起点为多跨简支梁左侧路基 50 m 处，工况 2 制动荷载布置在多跨简支梁桥梁段正中间；工况 3 和工况 4 为多跨简支梁不同方向的单线全桥加载，并将工况 4 的有载侧记为工况 4-1，无载侧记为工况 4-2；工况 6 和工况 7 制动荷载长度均为 400 m，工况 6 制动荷载起点为一联三跨连续梁桥左侧路基 50 m 处，工况 7 制动荷载布置在一联三跨连续梁桥梁段正中间；工况 8 和工况 9 为一联三跨连续梁桥不同方向的单线全桥加载，并将工况 9 有载侧记为工况 9-1，无载侧记为工况 9-2。

不同列车制动荷载条件下各轨道及桥梁结构纵向力分布分别如图 3-22～图 3-24 所示，结构纵向位移分布分别如图 3-25～图 3-27 所示，各结构纵向力与位移的最大值如表 3-12～表 3-14 所示。

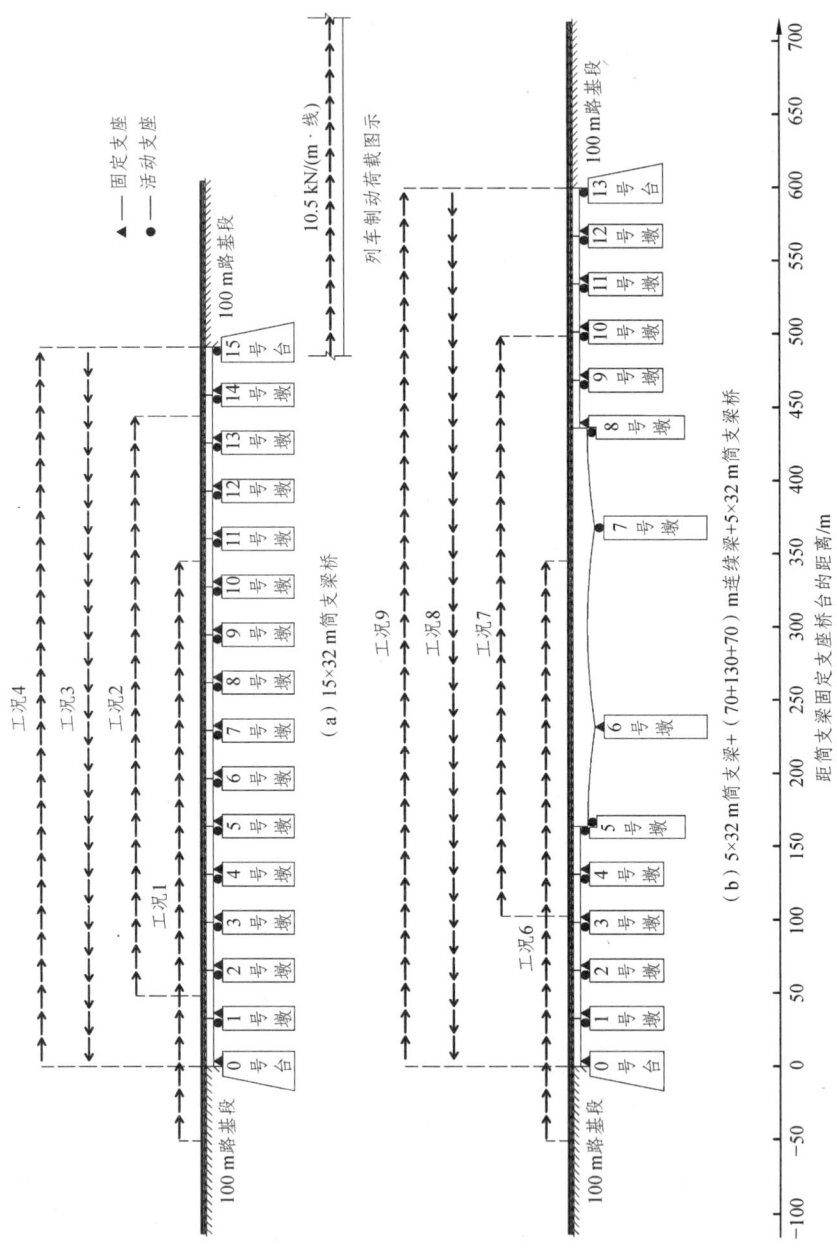

图 3-21 列车制动荷载工况

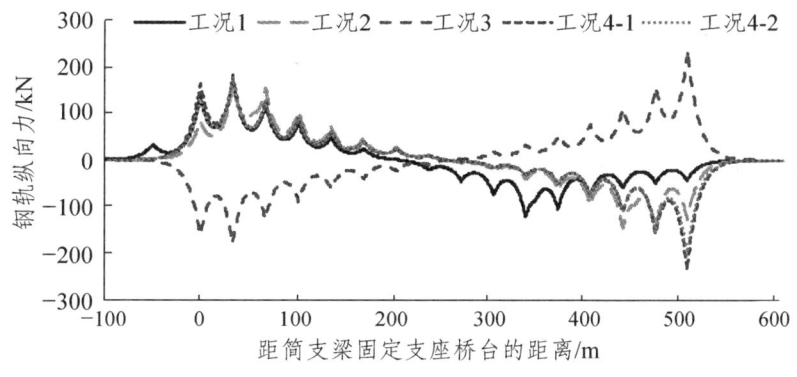

（a）多跨简支梁桥上钢轨纵向力

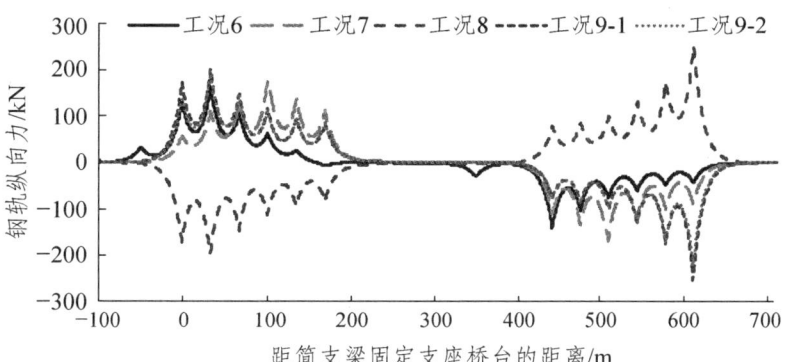

（b）大跨连续梁桥上钢轨纵向力

图 3-22　列车制动荷载作用下钢轨纵向力

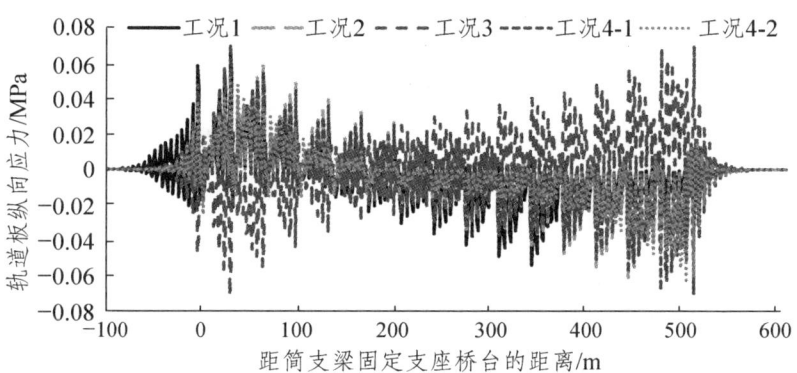

（a）多跨简支梁桥上轨道板纵向应力

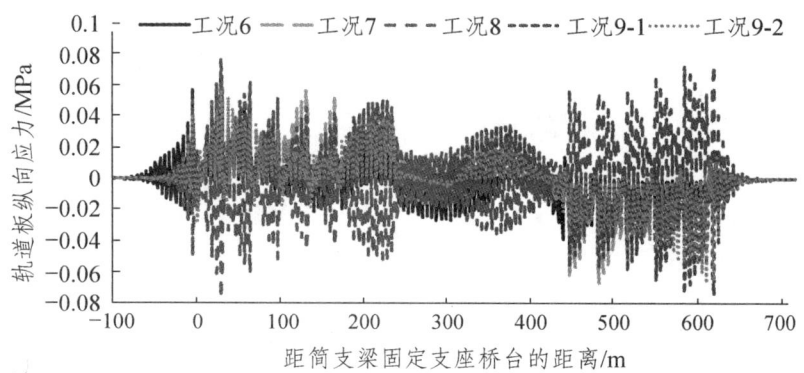

(b) 大跨连续梁桥上轨道板纵向应力

图 3-23 列车制动荷载作用下轨道板纵向应力

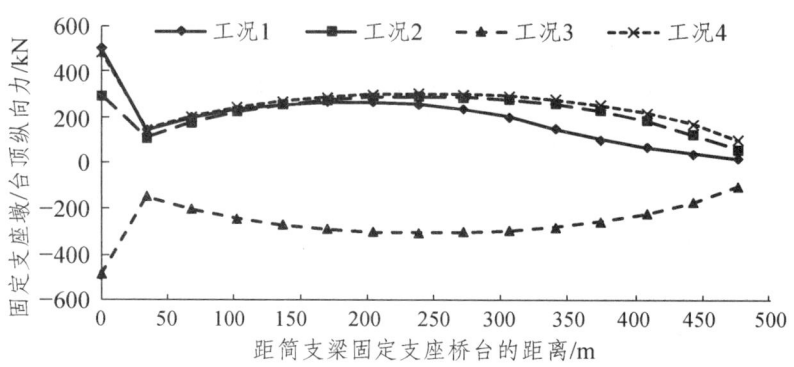

(a) 多跨简支梁桥固定支座墩/台顶纵向力

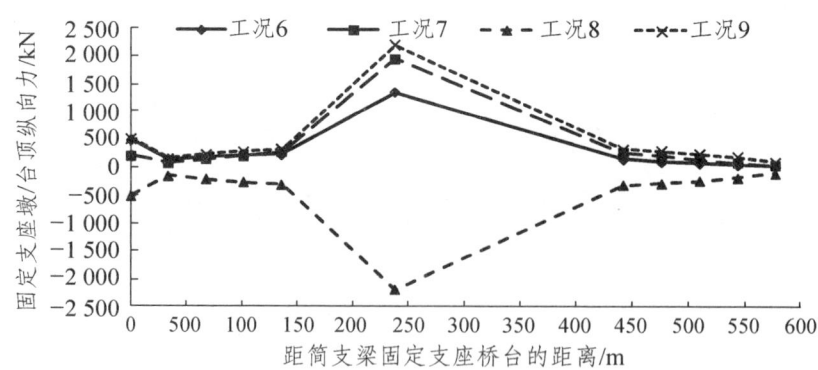

(b) 大跨连续梁桥固定支座墩/台顶纵向力

图 3-24 列车制动荷载作用下固定支座墩/台顶纵向力

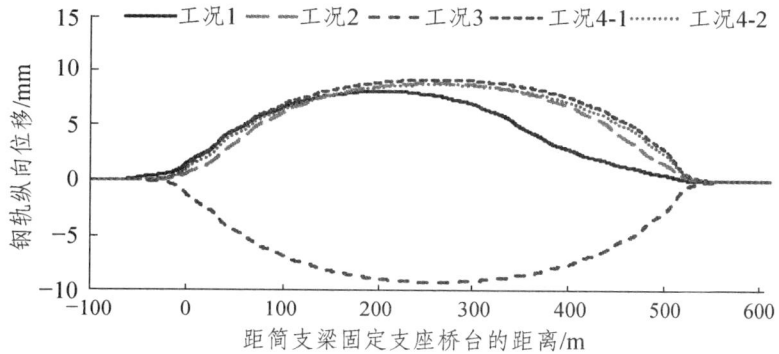

（a）多跨简支梁桥上钢轨纵向位移

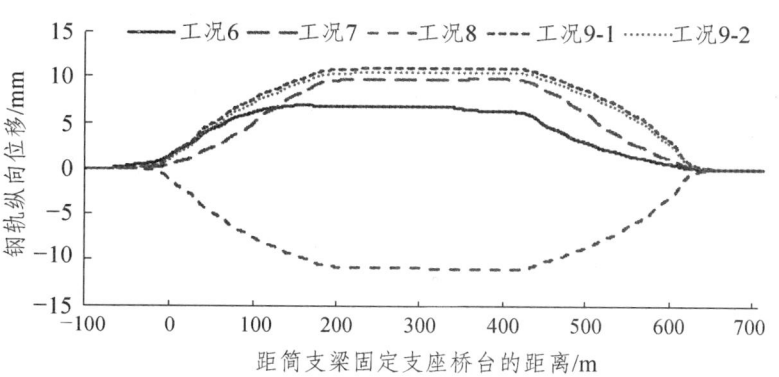

（b）大跨连续梁桥上钢轨纵向位移

图 3-25 列车制动荷载作用下钢轨纵向位移

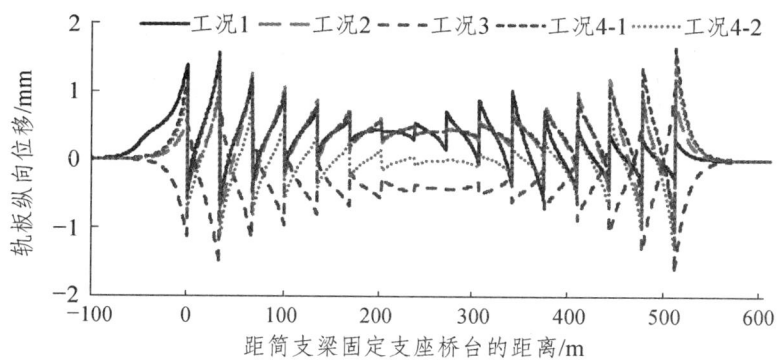

（a）多跨简支梁桥上钢轨轨道板纵向相对位移

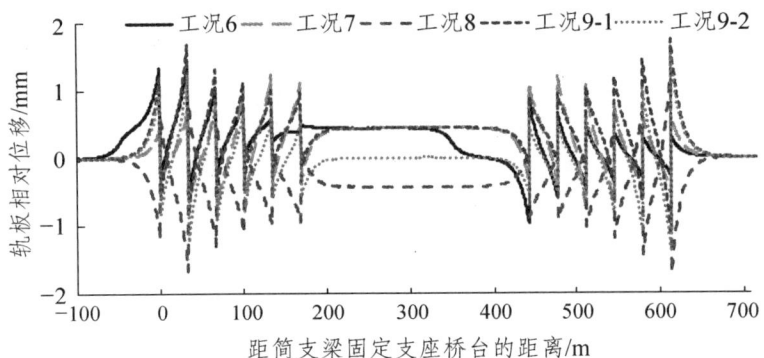

(b) 大跨连续梁桥上钢轨轨道板纵向相对位移

图 3-26　列车制动荷载作用下钢轨轨道板纵向相对位移

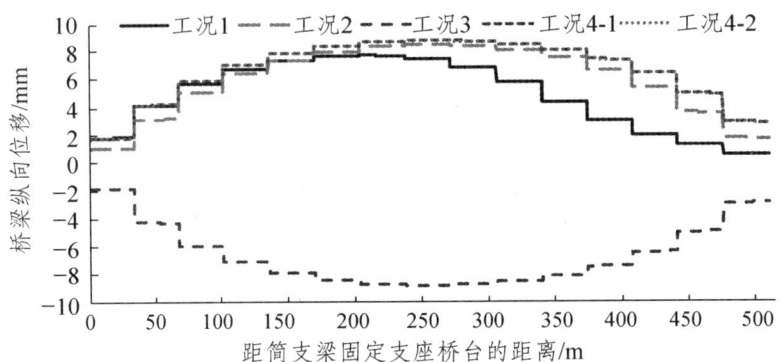

(a) 多跨简支梁桥梁体纵向位移

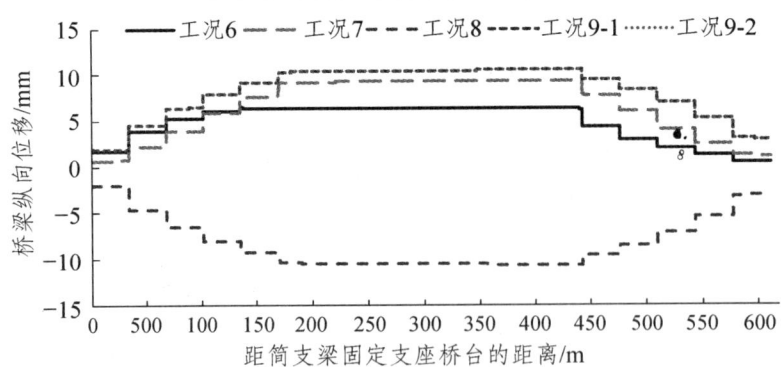

(b) 大跨连续梁桥梁体纵向位移

图 3-27　列车制动荷载作用下桥梁纵向位移

表 3-12　列车制动荷载作用下轨道结构纵向（应）力的最大值

桥梁类型及列车制动荷载工况		F_r/kN	S_{ts}/MPa	S_{scc}/MPa	S_{bp}/MPa	S_{cp}/MPa	S_{el}/MPa
多跨简支梁桥	工况 1	−121.482/172.704	0.069	0.096	0.075	0.185	−0.011
	工况 2	−145.531/160.050	−0.061	0.070	−0.086	−0.147	0.007
	工况 3	−181.747/237.388	−0.071	0.112	0.097	0.207	−0.012
	工况 4 有载侧	−237.388/181.747	0.071	−0.112	−0.097	−0.207	0.012
	工况 4 无载侧	−206.428/180.025	−0.062	−0.098	−0.092	−0.180	0.011
大跨连续梁桥	工况 6	−140.758/161.258	0.066	0.093	0.073	0.179	−0.011
	工况 7	−168.764/174.133	−0.066	−0.072	−0.090	−0.152	0.008
	工况 8	−198.354/251.430	−0.076	0.117	0.108	0.219	−0.013
	工况 9 有载侧	−251.430/198.354	0.076	−0.117	−0.108	−0.219	0.013
	工况 9 无载侧	−220.470/196.633	−0.066	−0.103	−0.096	−0.192	0.012

表 3-13　列车制动荷载作用下轨道结构纵向位移的最大值　　单位：mm

桥梁类型及列车制动荷载工况		D_r	ΔD_{rts}	D_{ts}	ΔD_{sccbp}	D_{bp}	Δ_{el}
多跨简支梁桥	工况 1	—/8.165	1.537	—/7.756	0.014	—/7.749	−0.005
	工况 2	—/8.915	1.252	—/8.513	0.010	—/8.506	0.003
	工况 3	−9.247/—	−1.650	−8.839/—	−0.016	−8.832/—	−0.005
	工况 4 有载侧	—/9.247	1.650	—/8.839	0.016	—/8.832	0.005
	工况 4 无载侧	—/8.796	1.434	—/8.828	0.014	—/8.828	0.004
大跨连续梁桥	工况 6	—/6.893	1.462	—/6.508	0.014	—/6.503	−0.004
	工况 7	—/9.834	1.231	—/9.413	0.010	—/9.409	0.003
	工况 8	−11.013/—	1.747	−10.595/—	−0.017	−10.591/—	−0.005
	工况 9 有载侧	—/11.013	1.747	—/10.595	0.017	—/10.591	0.005
	工况 9 无载侧	—/10.565	1.532	—/10.589	0.015	—/10.589	0.005

表 3-14　列车制动荷载作用下桥梁结构纵向力与位移的最大值

桥梁类型及列车制动荷载工况		D_b/mm	Δ_{bj}/mm	D_a/mm	D_p/mm	F_a/kN	F_p/kN
多跨简支梁桥	工况 1	—/7.746	2.294	1.678	7.637	503.402	267.285
	工况 2	—/8.850	2.057	0.991	8.386	297.278	293.514
	工况 3	−8.829/—	−2.396	−1.629	−8.707	−488.802	−304.761
	工况 4 有载侧	—/8.829	2.396	1.629	8.707	488.802	304.761
	工况 4 无载侧	—/8.823	2.396				
大跨连续梁桥	工况 6	—/6.501	2.144	1.606	6.412	481.785	1 354.532
	工况 7	—/9.409	1.986	0.691	8.920	207.261	1 962.364
	工况 8	−10.591/—	−2.614	−1.734	−10.035	−520.166	−2 207.777
	工况 9 有载侧	—/10.591	2.614	1.734	10.035	520.166	2 207.777
	工况 9 无载侧	—/10.589	2.614				

由图 3-22～图 3-27 和表 3-12～表 3-14 可知：在全桥列车制动荷载作用下，钢轨制动力沿着制动方向由拉力逐渐变为压力，纵向位移均呈现先增后减的趋势并在桥梁中间到达最大值，且拉/压力峰值分别出现在梁端及制动荷载的前/后端点；轨道板、自密实混凝土层、凸台、弹性垫层、底座板纵向应力均较小，当列车朝着桥梁活动（固定）端制动时，各轨道及梁体纵向位移大多表现为拉伸/压缩变形，并沿线路方向呈现阶梯状，在桥梁中间达到最大值，并与桥梁纵向位移变化趋势基本一致，弹性垫层的压缩/拉伸变形量均在合理范围内；轨板相对位移与自密实混凝土层底座板相对位移变化趋势基本一致，其值在跨中处均较小，最大值均出现在最后一跨活动支座桥台顶部；多跨简支梁桥固定支座桥台顶部纵向力较大，桥墩顶部较小，大跨连续梁桥固定支座桥台和桥墩顶部纵向力均较大；对于各桥梁及轨道结构纵向力与位移而言，单线全桥制动时，有载侧较无载侧稍大，因此，在设计、检算、对比、分析时应以有载侧的计算数据为准。

对于多跨简支梁桥而言，在不同列车制动荷载作用下，桥上轨道结构纵向力、纵向位移及层间相对位移均存在较大差别，且均在全桥列车制动加载（工况 4）时达到最大。相较于路基+桥梁 400 m 制动加载（工况 1）

和桥梁中间 400 m 制动加载（工况 2），全桥列车制动荷载（工况 4）作用下的钢轨最大纵向压力/拉力分别增大了 95.4%/5.2% 和 63.1%/13.6%，钢轨最大纵向位移分别增大了 13.3% 和 3.7%，轨道板、自密实混凝土层、凸台、弹性垫层及底座板纵向应力也有不同程度的增大，轨板最大相对位移分别增大了 7.4% 和 31.8%，梁缝最大增量分别增大了 4.5% 和 16.5%。对于大跨连续梁桥而言，在不同列车制动荷载作用下，桥上轨道结构纵向力、纵向位移及层间相对位移均存在较大差别，且均在全桥列车制动加载（工况 9）时达到最大。相较于路基+桥梁 400 m 制动加载（工况 6）和桥梁中间 400 m 制动加载（工况 7），全桥列车制动荷载（工况 9）作用下的钢轨最大纵向压力/拉力分别增大了 78.6%/23.0% 和 49.0%/13.9%，轨道板、自密实混凝土层、凸台、弹性垫层及底座板纵向应力也有不同程度的增大，钢轨最大纵向位移分别增大了 59.8% 和 12.0%，轨板最大相对位移分别增大了 19.5% 和 41.9%，梁缝最大增量分别增大了 21.9% 和 31.6%。

综上所述，在计算列车制动荷载下多跨简支梁桥和大跨连续梁桥上 CRTSⅢ型板式无砟轨道受力和变形时，列车制动荷载作用长度应不小于 400 m，必要时可采用全桥列车制动加载作为最不利工况。

3.4 桥上 CRTSⅢ型板式无砟轨道无缝线路断缝值计算

极端低温条件下，桥上钢轨在温度拉力最大处，受力最不利位置或焊接接头等薄弱环节存在断轨风险。折断后的钢轨在断裂处急剧收缩并形成断缝，断缝处钢轨温度力得到瞬间释放，并对固定支座桥墩/台顶产生附加纵向力（即为断轨力），而且钢轨断缝值过大时，将引发巨大的轮轨冲击力，甚至可能引发脱轨事故，严重影响结构的稳定性和高速列车行车的安全性。

根据《铁路无缝线路设计规范》[153]，作用在桥墩/台上的断轨力 T_3 可根据式（3-4）计算，固定区钢轨温度应力 σ_t 可按式（3-5）计算，当计算值大于固定区钢轨温度应力时，断轨力采用固定区钢轨温度应力。

$$T_3 = r \cdot L \tag{3-4}$$

$$\sigma_t = E \cdot \alpha \cdot \Delta T_{d\max} \tag{3-5}$$

式中　r——线路纵向阻力，取无载时平直段阻力值；

　　　L——一跨（联）梁梁长（m）；

　　　E——钢轨钢弹性模量；

　　　α——钢轨钢线膨胀系数；

　　　$\Delta T_{d\max}$——钢轨最大降温幅度。

根据式（3-4）和式（3-5），在钢轨降温 60 ℃ 条件下，对于 32 m 简支梁，$T_3=24\times32=768$（kN），小于钢轨温度应力；对于（70+130+70）m 连续梁，$T_3=24\times270=6\,480$（kN），大于钢轨温度应力 $\sigma_t=2.1\times1.18\times60=148.68$ MPa，取 $T_3=148.68\times7\,745\times10^{-3}=1\,151.5$（kN），即对于多跨简支梁桥和大跨连续梁桥，作用在墩顶的断轨力理论计算结果分别为 768.0 kN 和 1 151.5 kN。

本节分析断轨条件下桥上 CRTSⅢ型板式无砟轨道无缝线路纵向静力特性及其影响因素，由于双线铁路四根钢轨同时折断的概率很小，本书仅考虑一根钢轨折断的工况，将折断钢轨记为 1 号钢轨，同线非折断钢轨记为 2 号钢轨，另一线两根非折断钢轨分别记为 3 号和 4 号钢轨。由本书 3.1 节可知，多跨简支梁桥和大跨连续梁桥上无缝线路伸缩力最大值分别出现在活动支座桥台顶和主桥右侧活动支座墩顶处，这两处钢轨折断的可能性较大，故将该两处分别作为多跨简支梁桥和大跨连续梁桥上钢轨断缝位置（本书 3.4.2 节除外），即图 3-28 中 D 位置和 F 位置所示。断轨条件下的温度荷载考虑降温工况，其中梁体降温 20 ℃，自密实混凝土层、底座板、弹性垫层均降温 25 ℃，轨道板竖向的负温度梯度大小为 45 ℃/m（即上表面降温 35 ℃，下表面降温 27 ℃），钢轨降温 60 ℃（本书 3.4.3 节除外）。

3.4.1　断轨条件下桥上 CRTSⅢ型板式无砟轨道无缝线路断缝值

断轨和未断轨条件下各轨道及桥梁结构纵向力分布分别如图 3-29～图 3-31 所示，结构纵向位移分布分别如图 3-32～图 3-34 所示，各结构纵向力与位移的最大值如表 3-15～表 3-17 所示。

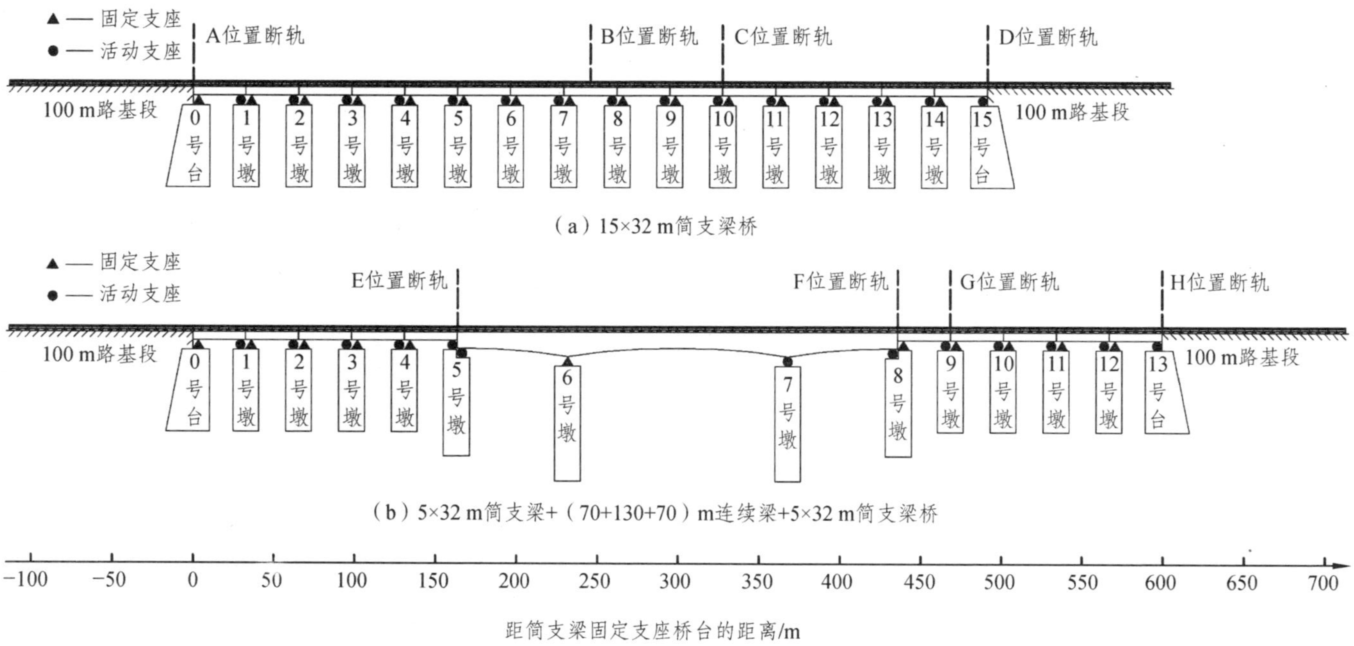
▲— 固定支座
●— 活动支座
A位置断轨
B位置断轨
C位置断轨
D位置断轨
100 m路基段
0号台
1号墩
2号墩
3号墩
4号墩
5号墩
6号墩
7号墩
8号墩
9号墩
10号墩
11号墩
12号墩
13号墩
14号墩
15号台
100 m路基段
（a）15×32 m简支梁桥
▲— 固定支座
●— 活动支座
E位置断轨
F位置断轨
G位置断轨
H位置断轨
100 m路基段
0号台
1号墩
2号墩
3号墩
4号墩
5号墩
6号墩
7号墩
8号墩
9号墩
10号墩
11号墩
12号墩
13号台
100 m路基段
（b）5×32 m简支梁+（70+130+70）m连续梁+5×32 m简支梁桥
−100
−50
0
50
100
150
200
250
300
350
400
450
500
550
600
650
700
距简支梁固定支座桥台的距离/m

图 3-28　钢轨断缝位置

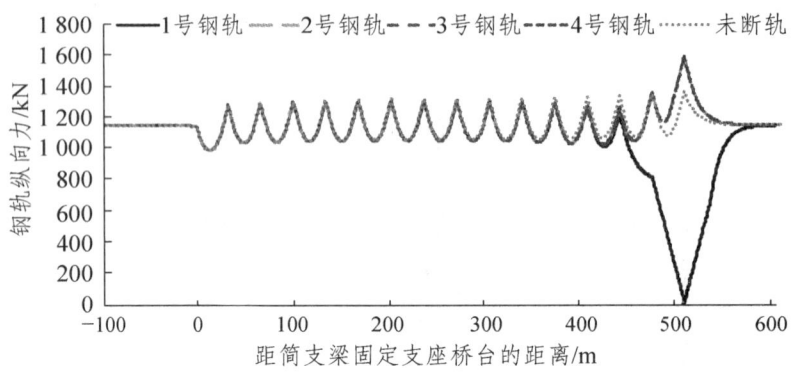

（a）多跨简支梁桥上钢轨纵向力

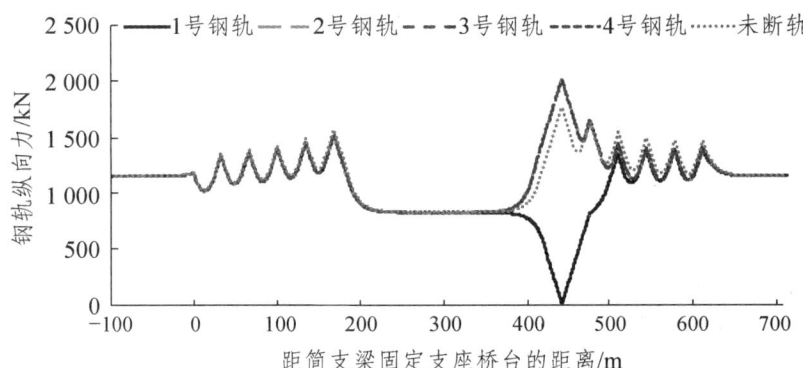

（b）大跨连续梁桥上钢轨纵向力

图 3-29　断轨条件下钢轨纵向力

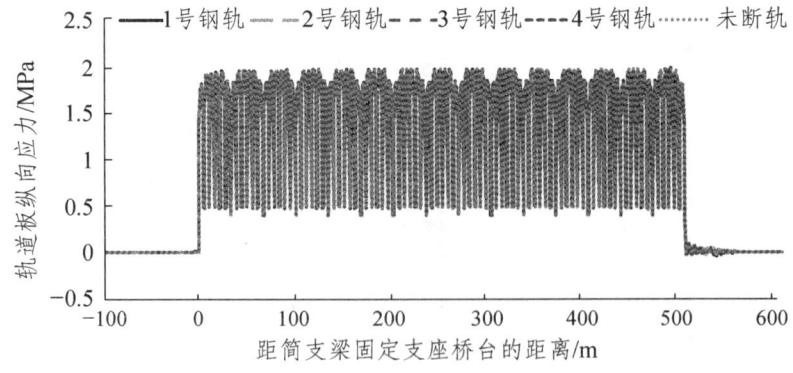

（a）多跨简支梁桥上轨道板纵向应力

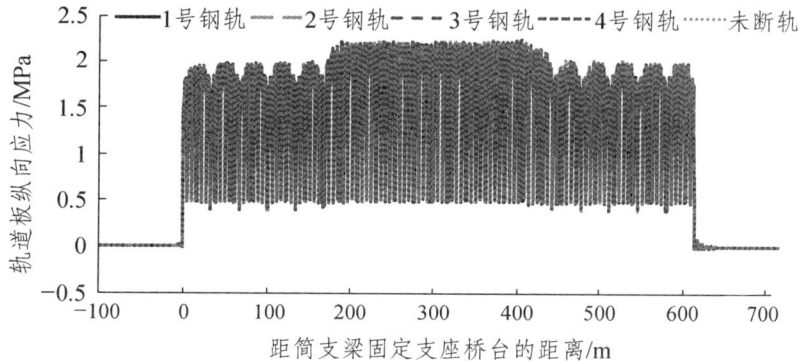

(b)大跨连续梁桥上轨道板纵向应力

图 3-30 断轨条件下轨道板纵向应力

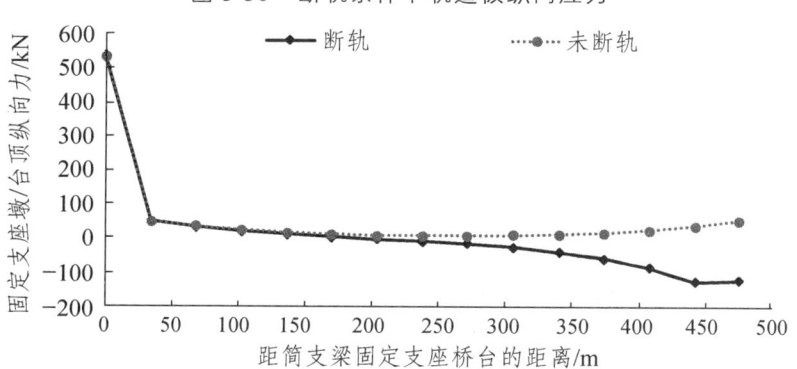

(a)多跨简支梁桥固定支座墩/台顶纵向力

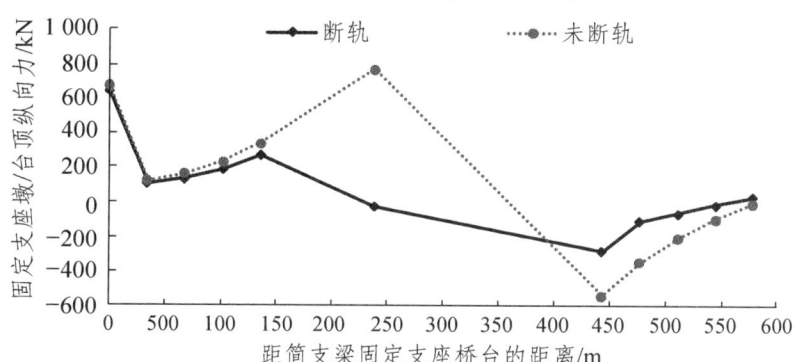

(b)大跨连续梁桥固定支座墩/台顶纵向力

图 3-31 断轨条件下固定支座墩/台顶纵向力

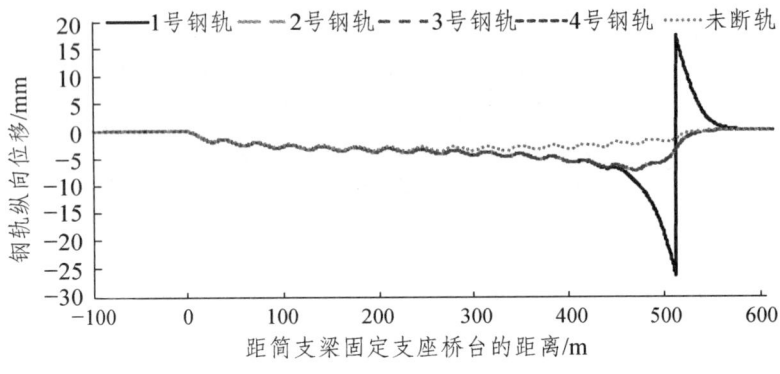

（a）多跨简支梁桥上钢轨纵向位移

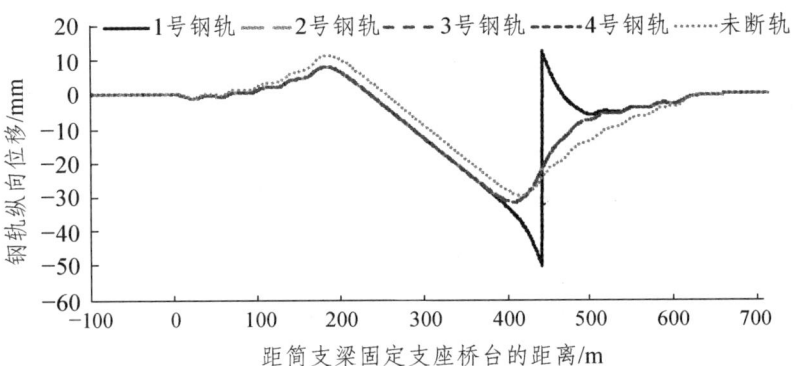

（b）大跨连续梁桥上钢轨纵向位移

图 3-32　断轨条件下钢轨纵向位移

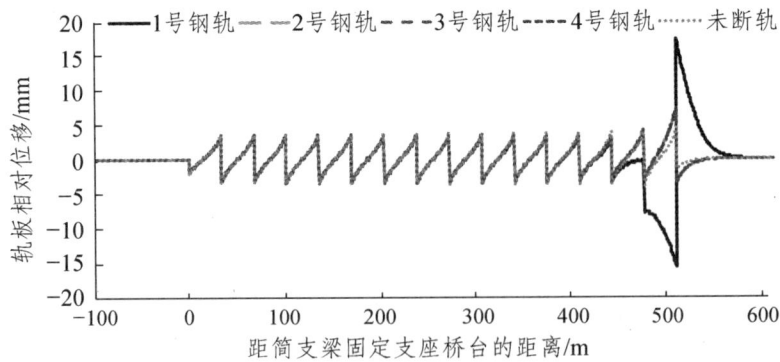

（a）多跨简支梁桥上钢轨轨道板纵向相对位移

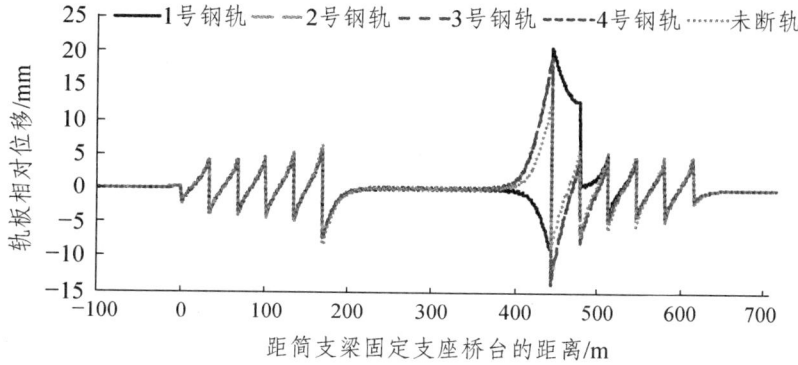

(b)大跨连续梁桥上钢轨轨道板纵向相对位移

图 3-33 断轨条件下钢轨轨道板纵向相对位移

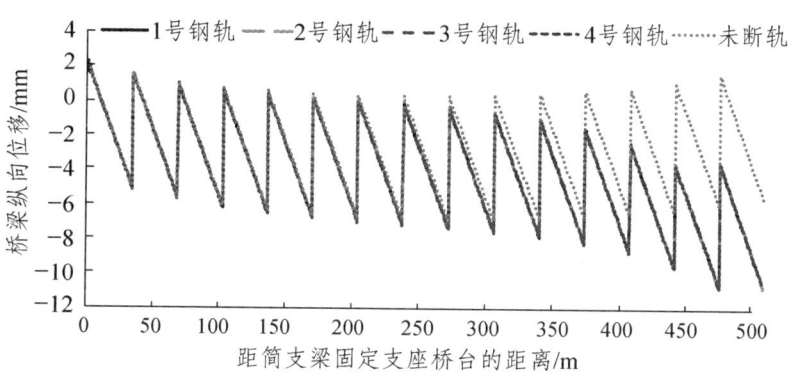

(a)多跨简支梁桥梁体纵向位移

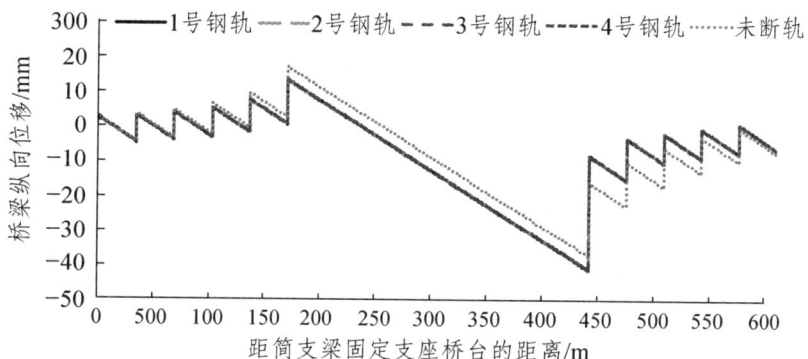

(b)大跨连续梁桥梁体纵向位移

图 3-34 断轨条件下桥梁纵向位移

表 3-15 断轨条件下轨道结构纵向（应）力的最大值

桥梁类型及断轨工况		F_r/kN	S_{ts}/MPa	S_{scc}/MPa	S_{bp}/MPa	S_{cp}/MPa	S_{el}/MPa
多跨简支梁桥	断轨 1号钢轨	1 304.897	1.973	-0.774	2.028	2.441	0.081
	2号钢轨	1 583.171	1.966	-0.751	2.083		
	3号钢轨	1 581.702	1.974	-0.717	2.086	2.458	0.082
	4号钢轨	1 581.632	1.988	-0.774	2.047		
	未断轨	1 358.000	1.980	-0.777	2.040	2.466	0.082
大跨连续梁桥	断轨 1号钢轨	1 512.573	2.192	-0.780	2.198	2.728	0.092
	2号钢轨	2 007.572	2.229	-0.748	2.411		
	3号钢轨	2 008.426	2.243	-0.720	2.415	2.749	0.093
	4号钢轨	2 008.399	2.207	-0.780	2.215		
	未断轨	1 761.266	2.226	-0.781	2.236	2.767	0.095

表 3-16 断轨条件下轨道结构纵向位移的最大值　　　　　　单位：mm

桥梁类型及断轨工况		D_r	ΔD_{rts}	D_{ts}	ΔD_{sccbp}	D_{bp}	Δ_{el}
多跨简支梁桥	断轨 1号钢轨	-26.444/17.267	17.258	-10.881/2.130	-0.090	-10.828/2.082	0.032
	2号钢轨	-7.235/0	7.251	-10.874/2.137	-0.079	-10.837/2.095	
	3号钢轨	-7.226/0	7.212	-10.852/2.137	-0.079	-10.820/2.095	0.033
	4号钢轨	-7.224/0	7.198	-10.839/2.130	-0.088	-10.803/2.082	
	未断轨	-3.665/0	4.078	-6.983/2.147	-0.089	-6.947/2.099	0.033
大跨连续梁桥	断轨 1号钢轨	-50.346/12.736	20.680	-41.351/13.794	-0.094	-41.298/13.771	0.037
	2号钢轨	-31.594/8.151	19.169	-41.315/13.790	-0.094	-41.278/13.763	
	3号钢轨	-31.630/8.151	19.096	-41.274/13.789	0.097	-41.245/13.762	0.037
	4号钢轨	-31.631/8.151	19.088	-41.268/13.792	0.098	-41.242/13.769	
	未断轨	-29.557/11.438	12.536	-37.290/17.521	0.098	-37.267/17.499	0.038

表 3-17 断轨条件下桥梁结构纵向力与位移的最大值

桥梁类型及断轨工况		D_b/mm	Δ_{bj}/mm	D_a/mm	D_p/mm	F_a/kN	F_p/kN
多跨简支梁桥	断轨 1号钢轨	-10.776/2.026	7.296	1.766	3.565	529.803	124.778
	2号钢轨	-10.777/2.030	7.301				
	3号钢轨	-10.763/2.030	7.286				
	4号钢轨	-10.754/2.026	7.272				
	未断轨	-6.898/2.043	7.677	1.781	1.547	534.210	54.155

续表

桥梁类型及断轨工况		D_b/mm	Δ_{bj}/mm	D_a/mm	D_p/mm	F_a/kN	F_p/kN
大跨连续梁桥	断轨 1号钢轨	-41.258/13.734	33.196	2.151	8.056	645.235	281.976
	2号钢轨	-41.232/13.720	33.167				
	3号钢轨	-41.201/13.719	33.109				
	4号钢轨	-41.205/13.733	33.101				
	未断轨	-37.231/17.464	21.513	2.250	15.541	675.146	769.295

由图 3-29～图 3-34 和表 3-15～表 3-17 可知：钢轨在低温条件下折断后，折断钢轨纵向力在断缝处急剧减小至 0，折断钢轨的纵向位移和轨板相对位移均在断缝处突增至最大值后急剧降低至反向最大值。这说明低温条件下折断钢轨在断口处急剧收缩形成断缝，断缝处轨板相对位移的突变大大增加了该处轨下胶垫滑出的风险。由于双线轨道与桥梁间的相互作用，同线和另一线非折断钢轨在一定程度上约束了折断钢轨在断口处的收缩，并在该处产生附加拉力增量。这表明折断钢轨纵向力与位移的突变同样会对同线非折断钢轨和另一线钢轨产生一定影响。轨道板、自密实混凝土层、底座板、凸台及弹性垫层纵向应力均在断缝处发生突变，且其变化幅度在断轨侧较大，在非断轨侧较小。钢轨折断使得梁体伸缩量发生变化，固定支座墩顶部纵向力与位移也随之改变。多跨简支梁桥和大跨连续梁桥上钢轨断缝值分别达到了 43.7 mm 和 63.1 mm，但均未超过 70 mm 的限值；两种桥上最大轨板相对位移分别达到了 17.3 mm 和 20.7 mm。由于轨道板、底座板及桥梁结构的整体性，断轨条件下两侧轨道及桥梁结构纵向位移基本一致，但与未断轨时相差较大，梁缝增量的变化随着梁体跨度的增加而增大。

相比于未断轨，多跨简支梁桥上折断钢轨、同线非折断钢轨及另一线钢轨最大纵向拉力分别增大了-3.9%、16.6%和 16.5%，钢轨纵向最大压缩变形分别增大了 7.2 倍、2.0 倍和 2.0 倍，轨板最大相对位移分别增大了 4.2 倍、1.8 倍和 1.8 倍，梁缝最大增量分别减小了 5.0%、4.9%和 5.3%；大跨连续梁桥上折断钢轨、同线非折断钢轨及另一线钢轨最大纵向拉力分别增大了-14.1%、14.0%和 14.0%，钢轨纵向最大压缩/拉伸变形分别增大了 70.3%/11.4%、6.9%/-28.7%和 7.0%/-28.7%，轨板最大相对位移分别增大了 65.0%、52.9%和 52.3%，梁缝最大增量分别减小了 54.3%、54.2%和 53.9%。

钢轨折断后，固定支座桥墩/台顶部纵向力明显发生变化，其中：多跨简支梁桥固定支座桥台（0号台）顶部纵向力变化量较小，仅为 4.4 kN，而距离断缝位置较近的简支梁固定支座桥墩（14号墩）顶部纵向力变化量为 176.4 kN；大跨连续梁桥固定支座桥台（0号台）顶部纵向力变化量为 29.9 kN，距离断缝位置较近的连续梁固定支座桥墩（6号墩）顶部纵向力变化量达到 795.1 kN，简支梁固定支座桥墩（8号墩）顶部纵向力变化量为 262.0 kN。也就是说，多跨简支梁桥和大跨连续梁桥作用在桥墩顶的断轨力分别为 176.4 kN 和 795.1 kN，与理论公式计算所得的 768.0 kN 和 1 151.5 kN 分别相差 4.4 倍和 1.4 倍。造成这种计算差别较大的主要原因是理论公式并未考虑钢轨折断后同线非折断钢轨及另一线钢轨的约束作用，此时相当于双线 4 股钢轨同时在该处折断（这种情况出现的概率很小）。一股钢轨折断后会使得相邻几股未折断钢轨应力重新分布，这些未折断钢轨在一定程度上分担了一部分断轨力，另一部分则传递至相邻几跨固定支座墩顶，因此，墩顶断轨力实际上较理论值要小很多。

综上所述，钢轨在低温条件下出现断轨时，折断钢轨的纵向力、纵向位移及轨板相对位移均在断缝处发生突变，需对钢轨断缝值、轨板相对位移及作用在桥墩/台顶部的断轨力进行检算。对于桥上 CRTSⅢ型板式无砟轨道无缝线路，采用理论公式法会使得断轨力的计算结果大很多，计算误差无法满足工程需求，建议采用梁-板-轨相互作用法建立的空间耦合模型进行精确计算。

3.4.2 钢轨断缝位置对桥上 CRTSⅢ型板式无砟轨道无缝线路断缝值的影响

本节对比分析不同钢轨断缝位置条件下桥上 CRTSⅢ型板式无砟轨道无缝线路纵向力与位移特性，如图 3-28 所示，其中：多跨简支梁桥分别考虑 A 位置（左侧固定支座桥台顶部）断轨、B 位置（第八跨跨中）断轨、C 位置（第十跨活动支座桥墩顶部）断轨和 D 位置（右侧活动支座桥台顶部）断轨 4 种工况；大跨连续梁桥分别考虑 E 位置（主桥左侧活动支座桥墩顶部）断轨、F 位置（主桥右侧活动支座桥墩顶部）、G 位置（主桥右侧一跨简支梁活动支座桥墩顶部）和 H 位置（右侧活动支座桥台顶部）断轨 4 种工况。

不同钢轨断缝位置条件下钢轨和固定支座墩/台顶部纵向力分别如图 3-35 和图 3-36 所示，各结构纵向力与位移的最大值如表 3-18 所示。

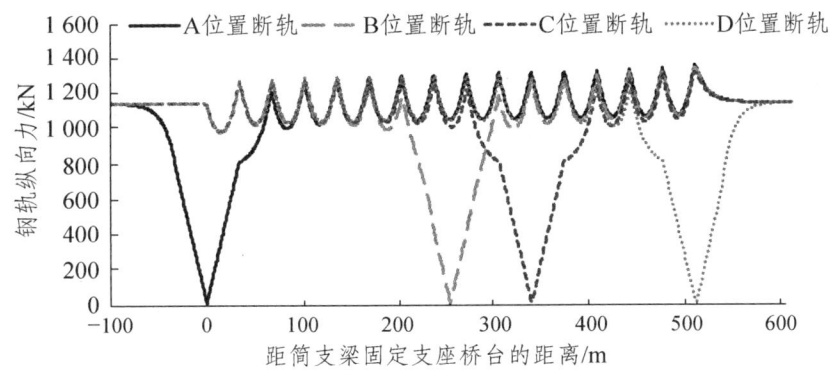

(a) 多跨简支梁桥上钢轨纵向力

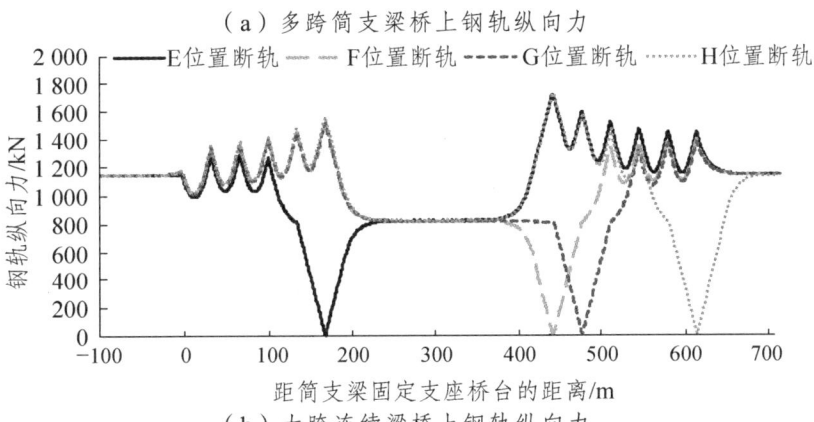

(b) 大跨连续梁桥上钢轨纵向力

图 3-35　不同钢轨断缝位置条件下钢轨纵向力

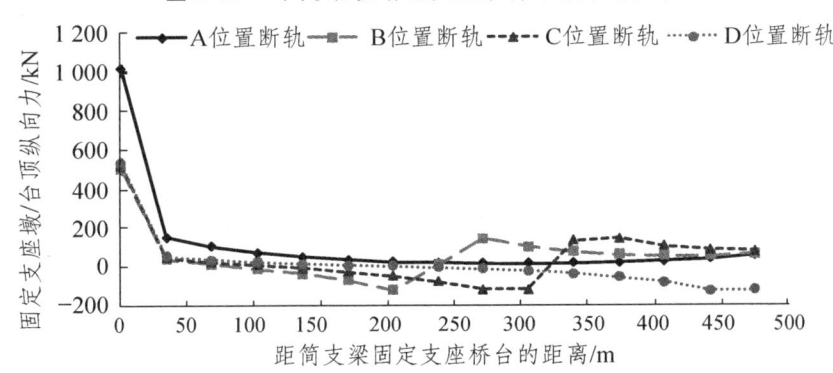

(a) 多跨简支梁桥固定支座墩/台顶纵向力

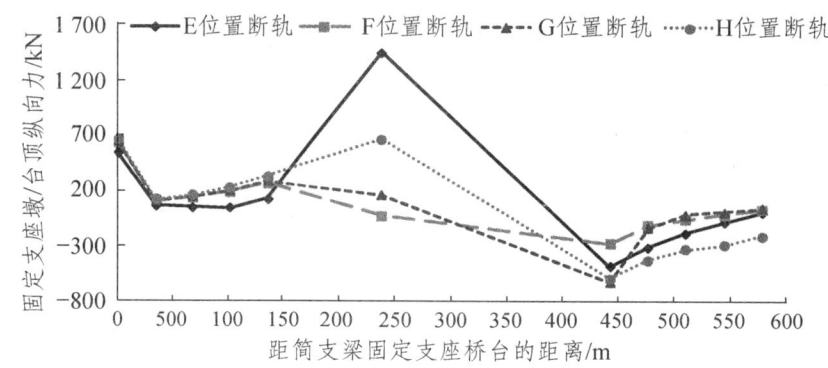

（b）大跨连续梁桥固定支座墩/台顶纵向力

图 3-36　不同钢轨断缝位置条件下固定支座墩/台顶纵向力

表 3-18　不同钢轨断缝位置条件下结构纵向力与位移的最大值

桥梁类型及钢轨断缝位置		F_r/kN	S_{ts}/MPa	D_r/mm	ΔD_{rts}/mm	Δ_{bj}/mm	F_a/kN	F_p/kN
多跨简支梁桥	A 位置断轨	1 356.696	1.979	−17.687/20.047	17.664	7.795	1 014.553	149.217
	B 位置断轨	1 345.851	1.994	−23.620/17.404	20.652	11.100	504.651	140.346
	C 位置断轨	1 320.980	1.973	−26.294/19.819	15.804	14.480	519.407	140.588
	D 位置断轨	1 304.897	1.973	−26.444/17.267	17.258	7.296	529.803	124.778
大跨连续梁桥	E 位置断轨	1 717.385	2.220	−26.681/30.123	18.002	24.359	547.906	1 458.604
	F 位置断轨	1 512.573	2.192	−50.346/12.736	20.680	33.196	645.235	281.976
	G 位置断轨	1 525.044	2.193	−55.648/15.393	30.107	22.090	651.812	630.869
	H 位置断轨	1 728.373	2.221	−31.561/17.778	18.278	20.465	671.010	669.720

由图 3-35、图 3-36 和表 3-18 可知：不同钢轨断缝位置工况下，折断钢轨的纵向力与位移、轨板相对位移的分布规律沿线路纵向的变化趋势均一致，在断缝处发生突变并向两侧逐渐递减；轨道板、自密实混凝土层、凸台、弹性垫层及底座板纵向应力最大值相差不大；各桥梁及轨道结构纵向位移相差较大；固定支座桥墩/台顶部纵向力与位移均在断缝所在梁跨处发生突变，且变化幅度明显。

对于多跨简支梁桥，左侧固定支座桥台顶部（A 位置）在断轨前后，固定支座桥台（0 号台）和桥墩（1 号墩）顶纵向力变化量分别为 480.3 kN 和 97.9 kN，钢轨断缝值为 37.7 mm；第八跨跨中（B 位置）在断轨前后，固定支座 7 号桥墩和 8 号桥墩顶纵向力变化量分别为 1.6 kN 和 131.6 kN，钢轨断缝值为 41.0 mm；第十跨活动支座桥墩顶部（C 位置）在断轨前后，固定支座 9 号桥墩、10 号桥墩和 11 号桥墩顶纵向力变化量分别为 128.1 kN、117.9 kN 和 122.5 kN，钢轨断缝值为 46.1 mm；右侧桥台活动端（D 位置）在断轨前后，固定支座 13 号桥墩和 14 号桥墩顶纵向力变化量分别为 161.9 kN 和 176.4 kN，钢轨断缝值为 43.7 mm。相比于右侧活动支座桥台顶活动端（D 位置）处发生断轨，左侧固定支座桥台顶部（A 位置）断轨、第八跨跨中（B 位置）断轨、第十跨活动支座桥墩顶部（C 位置）断轨时的钢轨最大纵向力分别增大了 4.0%、3.1%和 1.2%，钢轨断缝值分别减小了 13.7%、6.2%和-5.5%，梁缝最大增量分别增大了 6.8%、52.1%和 98.5%，固定支座桥台顶部最大纵向力分别增大了 91.5%、-4.8%和-2.0%，固定支座桥墩顶部最大纵向力分别增大了 19.6%、12.5%和 12.7%。

对于大跨连续梁桥，主桥左侧活动支座桥墩顶部（E 位置）在断轨前后，固定支座 4 号墩和 6 号墩顶纵向力变化量分别为 215.3 kN 和 689.3 kN，钢轨断缝值为 56.8 mm；主桥右侧活动支座桥墩顶部（F 位置）在断轨前后，固定支座 6 号墩和 8 号墩顶纵向力变化量分别为 795.1 kN 和 262.0 kN，钢轨断缝值为 63.1 mm；主桥右侧一跨简支梁活动支座桥墩顶部（G 位置）在断轨前后，固定支座 9 号墩和 10 号墩顶纵向力变化量分别为 206.7 kN 和 189.4 kN，钢轨断缝值为 71.0 mm；右侧活动支座桥台顶部（H 位置）在断轨前后，固定支座 11 号墩和 12 号墩顶纵向力变化量分别为 196.9 kN 和 202.3 kN，钢轨断缝值为 49.3 mm。相比于主桥右侧活动支座桥墩顶部（F 位置）处发生断轨，主桥左侧活动支座桥墩顶部（E 位置）断轨、主桥右侧一跨简支梁活动支座桥墩顶部（G 位置）断轨和右侧活动支座桥台顶部（H 位置）断轨时的钢轨最大纵向力分别增大了 13.5%、0.8%和 14.3%，钢轨断缝值分别减小了 10.0%、-12.6%和 21.8%，梁缝最大增量分别减小了 26.6%、33.5%和 38.4%，固定支座桥台顶最大纵向力分别增大了-15.1%、1.0%和 4.0%，固定支座桥墩顶最大纵向力分别增大了 4.2 倍、1.2 倍和 1.4 倍。

综上所述，在计算桥上 CRTSⅢ型板式无砟轨道无缝线路断缝值和断轨力时，可根据不同的检算部件选择最不利断轨位置。对于多跨简支梁桥，右侧桥台活动端（D 位置）断轨和第十跨活动支座桥墩顶部（C 位置）断轨为最不利断轨工况；对于大跨连续梁桥，主桥右侧活动支座桥墩顶部（F

位置）断轨和主桥右侧相邻一跨简支梁活动支座桥墩顶部（G 位置）为最不利断轨工况。综合考虑钢轨伸缩力峰值位置，在进行断轨条件下结构安全性检算时，多跨简支梁桥可采用右侧活动支座桥台顶部断轨工况，大跨连续梁桥可采用主桥右侧活动支座桥墩顶部断轨工况。

3.4.3　钢轨温度荷载对桥上 CRTSⅢ型板式无砟轨道无缝线路断缝值的影响

本节分别考虑钢轨在降温 40 ℃、50 ℃、60 ℃ 和 70 ℃ 四种工况下发生断轨，不同钢轨温度荷载条件下钢轨和固定支座墩/台顶部纵向力分别如图 3-37 和图 3-38 所示，各结构纵向力与位移的最大值如表 3-19 所示。

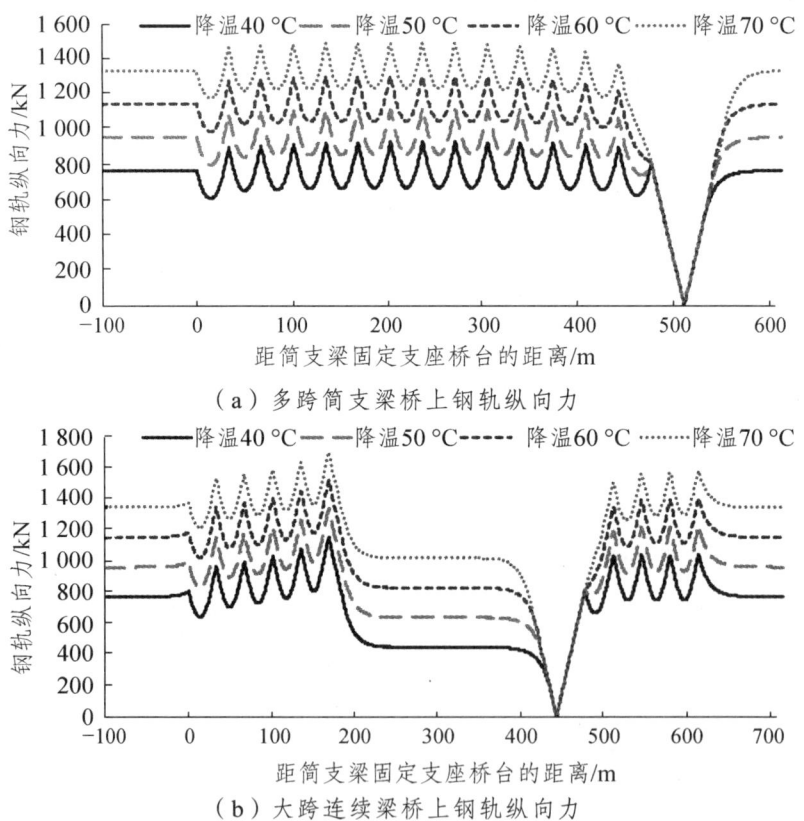

（a）多跨简支梁桥上钢轨纵向力

（b）大跨连续梁桥上钢轨纵向力

图 3-37　不同钢轨温度荷载条件下钢轨纵向力

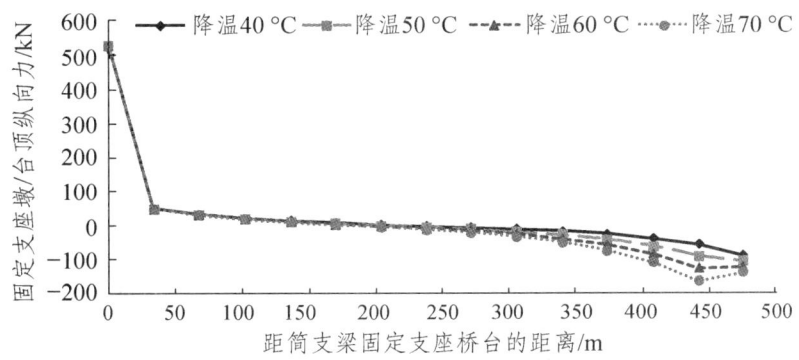

(a) 多跨简支梁桥墩/台顶纵向力

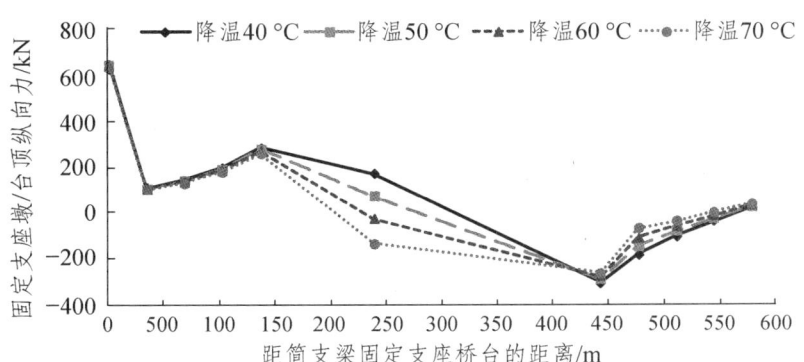

(b) 大跨连续梁桥墩/台顶纵向力

图 3-38 不同钢轨温度荷载条件下墩/台顶纵向力

表 3-19 不同钢轨温度荷载条件下结构纵向力与位移的最大值

桥梁类型及钢轨温度荷载		F_r/kN	S_{ts}/MPa	D_r/mm	ΔD_{rts}/mm	Δ_{bj}/mm	F_a/kN	F_p/kN
多跨简支梁桥	降温 40 ℃	926.461	1.973	-13.759/8.399	8.389	7.068	530.779	87.462
	降温 50 ℃	1 115.569	1.973	-20.199/12.508	12.499	7.037	530.295	104.890
	降温 60 ℃	1 304.897	1.973	-26.444/17.267	17.258	7.296	529.803	124.778
	降温 70 ℃	1 494.424	1.973	-32.881/23.810	23.801	7.948	529.260	162.523
大跨连续梁桥	降温 40 ℃	1 144.892	2.195	-43.483/8.963	8.706	31.416	652.518	309.280
	降温 50 ℃	1 328.829	2.194	-46.486/8.561	14.635	32.341	648.931	294.649
	降温 60 ℃	1 512.573	2.192	-50.346/12.736	20.680	33.196	645.235	281.976
	降温 70 ℃	1 695.071	2.190	-55.561/19.242	26.698	34.228	640.644	265.176

由图 3-37、图 3-38 和表 3-19 可知：在不同降温幅度条件下钢轨发生断轨时，折断钢轨的纵向力、纵向位移、轨板相对位移及梁缝增量均随之增大；轨道板、自密实混凝土层、凸台、弹性垫层及底座板纵向应力，以及各桥梁及轨道结构纵向位移最大值均相差不大；梁缝增量及断缝所在梁跨固定支座墩顶纵向力变化较大。相比于钢轨降温 40 ℃，钢轨降温 70 ℃ 时两种桥上钢轨最大纵向拉力分别增大了 61.3%和 48.1%，钢轨最大纵向压缩/拉伸变形分别增大了 139.0%/183.5%和 27.8%/114.7%，轨板最大相对位移分别增大了 183.7%和 206.7%。钢轨降温 40 ℃、50 ℃、60 ℃ 和 70 ℃ 时，多跨简支梁桥上钢轨断缝值分别达到 22.2 mm、32.7 mm、43.7 mm 和 56.7 mm，大跨连续梁桥上钢轨断缝值分别达到 52.4 mm、55.0 mm、63.1 mm 和 74.8 mm（已超出 70 mm 限值）。

综上所述，随着钢轨降温幅度的增大，钢轨折断的风险随之增大，对桥上无砟轨道无缝线路结构稳定及高速列车行车安全造成的威胁也越大，因此在进行断轨条件下结构安全性检算时钢轨降温幅度应根据实际锁定轨温及最低轨温确定，其中采用钢轨降温 60 ℃ 的可涵盖我国大部分地区线路状况。

3.5 桥上 CRTS Ⅲ 型板式无砟轨道无缝线路检算

在设计桥上无缝线路时，需进行结构强度与变形检算，本节根据《铁路无缝线路设计规范》[153]，以及本书第 3.1 ~ 3.4 节的计算结果，分别对钢轨强度、弹性垫层变形量及轨道层间纵向相对位移进行检算。

3.5.1 钢轨强度检算

钢轨强度允许温降按式（3-6）计算。

$$[\Delta T_\mathrm{d}] = \frac{[\sigma] - \sigma_\mathrm{d} - \sigma_\mathrm{f} - \sigma_\mathrm{z}}{E \cdot \alpha} \qquad (3\text{-}6)$$

$$[\sigma] = \sigma_\mathrm{s} / K \qquad (3\text{-}7)$$

$$\sigma_\mathrm{t} = E \cdot \alpha \cdot \Delta T_\mathrm{d\,max} \qquad (3\text{-}8)$$

$$\sigma_f = P_f / F \tag{3-9}$$

式中 $[\sigma]$——钢轨容许应力（MPa）；

σ_d——钢轨动弯应力（MPa）；

σ_f——钢轨最大附加应力（MPa）；

σ_z——钢轨牵引（制动）应力（MPa）；

E——钢轨钢弹性模量，取 2.058×10^5 MPa；

α——钢轨钢线膨胀系数，取 1.18×10^{-5}/℃；

σ_s——钢轨钢屈服强度（MPa），CHN60（U71Mnk）钢轨屈服强度为 457 MPa；

K——安全系数，取 1.3；

σ_t——钢轨最大温度应力（MPa）；

$\Delta T_{d\max}$——无缝线路最大降温幅度（℃）；

P_f——桥上无缝线路钢轨附加纵向力（N）；

F——钢轨断面面积（mm^2），CHN60 钢轨断面面积为 77.45 cm^2。

根据式（3-6）~式（3-9），钢轨强度应满足式（3-10）。

$$\sigma_d + \sigma_t + \sigma_f + \sigma_z \leq [\sigma] = \sigma_s / K \tag{3-10}$$

钢轨基础弹性模量（表示单位长度钢轨基础的弹性特征），按式（3-11）计算。

$$u = D / a \tag{3-11}$$

式中 u——钢轨基础弹性模量；

D——钢轨支点刚度，对于无砟轨道主要取决于轨下胶垫刚度，计算时可取轨下垫板刚度，WJ-8 型扣件轨下垫板刚度取 35 kN/mm；

a——扣件节点间距，取 0.63 m。

在静轮系作用下，钢轨静弯矩 M_0 按式（3-12）计算。

$$M_0 = \frac{1}{4k} \sum P_i \cdot \mu_i \tag{3-12}$$

其中 $k = \sqrt[4]{u / (4EI_x)}$

式中 M_0——钢轨静弯矩；

k——钢轨基础与钢轨的刚比系数；

EI_x——钢轨钢的弹性模量（取 $2.058×10^5$ MPa）和钢轨截面对其水平中性轴的惯性矩（CHN60 钢轨取 32 170 000 mm^4）的乘积，则 $k=0.001\ 204$ (mm^{-1})；

μ_i——均匀连续弹性基础上无限长梁的弯矩影响系数，

$$\mu_i = e^{-kx_i}(\cos kx_i - \sin kx_i)。$$

以 CRH_2 型动车组为例，最大轴重为 14 t，单个转向架固定轴距为 2 500 mm，选取单个转向架一侧车轮最为计算轮系，计算得钢轨静弯矩为

$$M_0 = \frac{1}{4k}\sum P_i \cdot \mu_i = \frac{1}{4×1.204}×(70×1+70×0.060\ 4) = 15.413(kN \cdot m)$$

钢轨动弯矩 M_d 按式（3-13）计算。

$$M_d = M_0(1+\alpha+\beta) \quad (3-13)$$

式中 M_d——钢轨动弯矩（$kN \cdot m$）；

α——速度系数，速度大于 160 km/h 时取 1.0；

β——偏载系数，直线段取 0。

钢轨边缘的最大动弯应力和按式（3-14）和式（3-15）计算。

$$\sigma_{头d} = \frac{M_d}{W_头} \cdot f \quad (3-14)$$

$$\sigma_{底d} = \frac{M_d}{W_底} \cdot f \quad (3-15)$$

式中 $\sigma_{头d}$，$\sigma_{底d}$——轨头外缘最大动压应力和轨底外缘最大动拉应力（MPa）；

$W_头$，$W_底$——钢轨头部和底部对其水平中和轴的截面系数（mm^3），CHN60 钢轨的 $W_头$，$W_底$ 分别为 339 400 mm^3 和 396 000 mm^3；

f——轨道横向水平力系数，直线段取 1.25。

根据上式，计算得轨头压应力和轨底拉应力分别为 113.53 MPa 和 97.30 MPa。

根据本章 3.1 节~3.3 节计算结果，桥上 CRTSⅢ型板式无砟轨道无缝线路最大纵向力如表 3-20 所示。

表 3-20 钢轨纵向力最大值

桥梁类型	钢轨最大伸缩力/kN	钢轨最大挠曲力/kN	钢轨最大制动力/kN
多跨简支梁桥	−214.403/161.840	−19.236/38.357	−237.388/181.747
大跨连续梁桥	−620.940/325.607	−43.256/38.895	−251.430/198.354

由表 3-20 可知：相比于伸缩力与制动力，钢轨附加挠曲力很小，因此，在检算过程中可不考虑钢轨挠曲力；钢轨伸缩力和钢轨制动力分别是在升温荷载和全桥列车朝向活动端制动荷载条件下计算的，且降温荷载与升温荷载作用下的钢轨最大纵向力大小相等、方向相反，全桥列车朝向活动端和朝向固定端制动荷载作用下的钢轨最大纵向力也是大小相等、方向相反。因此，在检算时钢轨伸缩力与制动力的大小可分别取绝对最大值，即多跨简支梁桥上钢轨最大附加（伸缩+制动）压力/拉力均为 451.79 kN，大跨连续梁桥上钢轨最大附加（伸缩+制动）压力/拉力均为 872.37 kN。

因为无砟轨道横向阻力较大，横向稳定性较好，所以无砟轨道无缝线路钢轨强度检算一般以抗拉强度作为检算标准。将上述计算结果分别依次代入式（3-6）~式（3-10）可知：全桥采用 WJ-8 型常阻力扣件的铺设方案条件下依据钢轨强度所确定的轨温变化允许值如表 3-21 所示；钢轨降温幅度分别为 30 °C、40 °C、50 °C 和 60 °C 条件下，依据钢轨强度所确定的钢轨最大伸缩力和制动力之和的允许值如表 3-22 所示。

表 3-21 轨温变化允许值

桥梁类型	钢轨容许应力/MPa	轨底动拉应力/MPa	钢轨最大（伸缩+制动）力/kN	基本温度应力限值/MPa	轨温变化限值/°C
多跨简支梁桥	351.54	97.30	451.79	195.91	80.67（降温）
大跨连续梁桥	351.54	97.30	872.37	141.60	58.31（降温）

表 3-22 钢轨（伸缩+制动）力允许值

钢轨降温幅度/°C	钢轨容许应力/MPa	轨底动拉应力/MPa	基本温度应力/MPa	钢轨最大纵向（伸缩+制动）力限值/kN
30	351.54	97.30	72.85	1 404.87（拉力）
40	351.54	97.30	97.14	1 216.74（拉力）
50	351.54	97.30	121.42	1 028.69（拉力）
60	351.54	97.30	145.71	817.33（拉力）

由表 3-21 和表 3-22 可知，对于桥上 CRTSⅢ型板式无砟轨道无缝线路，混凝土梁年温差为 20 °C 条件下，就本书所建立的模型而言，多跨简支梁桥和大跨连续梁桥上全桥采用 WJ-8 型常阻力扣件的铺设方案分别适用于钢轨降温幅度小于 80.67 °C 和 58.31 °C 的地区；在轨温降温幅度分别为

30 °C、40 °C、50 °C 和 60 °C 的地区，钢轨最大（伸缩+制动）力绝对值分别不得高于 1 404.87 kN、1 216.74 kN、1 028.69 kN 和 817.33 kN，并应以该值作为控制指标来选取无缝线路最优铺设方案。

3.5.2 钢轨断缝值检算

钢轨断缝可按式（3-16）检算。

$$\lambda = EF(\alpha \Delta T_{d\max})^2 / r \leqslant [\lambda] \quad (3\text{-}16)$$

式中　λ——钢轨断缝（mm）；

$\Delta T_{d\max}$——最大降温幅度（°C），$\Delta T_{d\max}=T_u - T_{\min}$；

r——线路纵向阻力[kN/（m·轨）]；

$[\lambda]$——钢轨断缝容许值（mm），取 70 mm。

根据式（3-16），分别计算钢轨降温 40 °C、50 °C、60 °C 和 70 °C 条件下的断缝值，并将理论计算结果与本书计算结果进行对比，如表 3-23 所示。

表 3-23　钢轨断缝值计算结果

桥梁类型及钢轨降温幅度		钢轨断缝值/mm		
		理论计算结果		本书计算结果
		方法一	方法二	
多跨简支梁桥	40 °C	15.098（31.86%）	25.531（15.22%）	22.158
	50 °C	23.590（27.87%）	34.024（4.03%）	32.707
	60 °C	33.970（22.29%）	44.403（1.58%）	43.711
	70 °C	46.237（18.44%）	56.670（0.04%）	56.691
大跨连续梁桥	40 °C	15.098（71.21%）	42.470（19.02%）	52.446
	50 °C	23.590（57.15%）	50.963（7.42%）	55.047
	60 °C	33.970（46.15%）	61.343（2.76%）	63.082
	70 °C	46.237（38.19%）	73.609（1.60%）	74.803

注：1. 表中，"（ ）"内百分比为理论计算结果与本书计算结果的相对误差。

　　2. 结合本书 3.1 节计算结果，多跨简支梁桥和大跨连续梁桥上钢轨最大伸缩力分别为 214.40 kN 和 620.94 kN，方法一不考虑桥上无缝线路伸缩力的影响，线路阻力取无载条件下扣件纵向阻力最大值；方法二考虑桥上无缝线路伸缩力的影响，线路阻力取无载条件下扣件纵向阻力，并考虑其纵向阻力非线性的变化。

由表 3-23 可知，钢轨在降温 60 ℃ 条件下发生断轨时，采用理论公式（方法一）计算得多跨简支梁桥和大跨连续梁桥上钢轨断缝值平均值都是 34.0 mm，分别仅为本书有限元模型计算结果的 77.7%和 53.9%，这是由于公式法未考虑伸缩附加力的影响，从而大大低估了断缝扩展程度。在充分考虑桥上无缝线路伸缩力的影响及扣件纵向阻力的非线性变化后（方法二），钢轨断缝值的计算结果与本书计算结果更为接近。就本书所建立的模型而言，多跨简支梁桥上钢轨断缝值未超出限值，且有很大的安全冗余，大跨连续梁桥上钢轨断缝值在钢轨降温幅度小于或等于 60 ℃ 范围内未超出安全限值。

对于桥上 CRTS Ⅲ 型板式无砟轨道无缝线路，采用理论公式法计算钢轨断缝值会大大低估断缝的扩展程度，无法满足工程需求，因此，需要充分考虑桥上无缝线路伸缩力的影响，并建议考虑扣件纵向阻力的非线性变化，采用梁-板-轨相互作用法建立的空间耦合模型进行精确计算。

3.5.3 弹性垫层变形量检算

自密实混凝土层凸台周围的弹性垫层在自密实混凝土层及底座板纵向力作用下可能发生压裂或与凸台离缝，但关于 CRTS Ⅲ 型板式无砟轨道伤损形式及伤损等级判定标准尚未完善，考虑到弹性垫层材料与 CRTS Ⅰ 型板式无砟轨道中的树脂材料结构相似，因此在检算时可借鉴 CRTS Ⅰ 型板式无砟轨道的伤损标准。CRTS Ⅰ 型板式无砟轨道凸形挡台周围填充树脂离缝宽度为 1.0 mm、2.0 mm 和 3.0 mm 时伤损等级分别判定为 Ⅰ、Ⅱ、Ⅲ 级，凸形挡台周围填充树脂裂缝宽度为 0.2 mm、0.5 mm 和 1.0 mm 时伤损等级分别判定为 Ⅰ、Ⅱ、Ⅲ 级[159]。

根据本书 3.1~3.4 节的计算结果，多跨简支梁桥/大跨连续梁桥上弹性垫层在温度荷载、列车荷载及列车制动荷载作用下变形量仅为-0.072 mm/-0.138 mm、-0.013 mm/0.019 mm、-0.005 mm/0.005 mm（正值代表拉伸变形量，负值代表压缩变形量），因此，自密实混凝土层凸台周围的弹性垫层在纵向力作用下不会出现伤损，且具有较大安全余量。

3.5.4　轨道层间相对位移检算

桥上 CRTSⅢ型板式无砟轨道在伸缩力、挠曲力和制动力作用下，桥上钢轨与轨道板、自密实混凝土层与底座板会发生纵向相对位移。由于轨底与轨下胶垫之间的摩阻力较大，会使得钢轨带动轨下胶垫一起移动，而复位时胶垫纵向摩擦力减小，胶垫不能随钢轨完全复位，从而导致胶垫部分滑出。长此以往，胶垫的滑出长度越来越长，当轨下胶垫滑出后，其支撑弹性降低，甚至导致轨底脱空、线路不平顺，严重影响高速列车运行时的平稳性及轨道结构的安全性。自密实混凝土层与底座板相对位移过大还会导致土工布隔离层失效。因此，轨道部件之间的相对位移也应作为结构检算的控制指标之一。

在列车制动荷载作用下，UIC 规范中轨板快速相对位移限值为 4 mm；在列车荷载作用下的轨板相对位移一般很小，可不作考虑；在温度荷载作用下的轨板相对位移，尚未有相关规范作出明确规定。与列车制动荷载不同，温度变化是一个缓慢的过程，因此可认为温度荷载作用下轨板相对位移的变化也是缓慢的，研究表明伸缩力工况下的轨板相对位移限值在一般条件下取 55 mm，在困难条件下取 70 mm[160]。CRTSⅢ型板式无砟轨道自密实混凝土层与底座板相对位移过大将会使得土工布隔离层失效，但尚未有规范明确规定其限值。考虑到桥上 CRTSⅡ型板式无砟轨道中的"两布一膜"（滑动薄膜上下两层土工布）滑动层结构与之类似，其相对位移限值为 0.5 mm，因此，本书将 CRTSⅡ型板式无砟轨道中"两布一膜"相对位移限值作为 CRTSⅢ型板式无砟轨道土工布隔离层相对位移限值，以供参考。

根据本书 3.1~3.3 节计算结果，在伸缩力、挠曲力、制动力作用下，简支梁/连续梁桥上轨板最大相对位移分别为 4.147 mm/12.455 mm、0.438 mm/0.431 mm、1.650 mm/1.747 mm，均未超过规范限值，且安全余量较多；简支梁/连续梁桥上自密实混凝土层底座板最大相对位移分别为 0.184 mm/0.323 mm、0.032 mm/0.034 mm、0.016 mm/0.017 mm（其中，在伸缩力作用下隔离层相对位移最大，是由于轨道板温度梯度荷载所致），均未超过其限值，且有一定的安全余量。

3.6 本章小结

本章针对多跨简支梁桥和大跨连续梁桥，分析了多种工况的复杂温度荷载、列车荷载、列车制动荷载及断轨条件下桥上 CRTS Ⅲ 型板式无砟轨道无缝线路纵向静力特性，并基于纵向力计算结果对桥上无缝线路进行检算，主要结论如下：

（1）梁体升温条件下，钢轨纵向力在梁端表现为压力，在跨中表现为拉力；单元底座板、自密实混凝土层及轨道板纵向应力因其纵向不连续性而呈波动曲线；桥梁两侧桥台及大跨连续梁端处为无缝线路的薄弱环节，需要加强对该处轨道结构的监测、养护与维修；桥上钢轨及固定支座墩/台顶部纵向力、钢轨纵向位移及轨板相对位移的大小受梁体温差的影响较大，而轨道板、自密实混凝土层、凸台、弹性垫层及底座板纵向应力则受自身温差的影响较大；计算伸缩力时，桥梁梁体采用整体年温差荷载，轨道板采用 70~90 ℃/m 的竖向正温度梯度荷载时的计算结果是相对安全的，且具有一般性。

（2）全桥列车荷载作用下，两种桥上钢轨挠曲力分布规律及其最大值位置均存在较大不同：梁体发生挠曲变形，其上表面受压，下表面受拉，使得桥上轨道板、自密实混凝土层、凸台及底座板纵向应力多表现为压应力，仅在简支梁梁端或连续梁主桥两侧边跨上表现为拉应力；挠曲力计算时，多跨简支梁桥上轨道结构检算可采用全桥加载作为最不利工况，桥梁墩台检算可采用邻近固定支座桥台的前两跨加载作为最不利工况；大跨连续梁桥上轨道结构及连续梁固定支座墩顶部纵向力检算可采用连续梁主桥固定支座一侧两跨加载作为最不利工况；各桥梁及轨道结构纵向位移及层间相对位移检算可采用全桥加载作为最不利工况；由于列车荷载作用下各桥梁及轨道结构纵向受力与变形均较小，挠曲力一般不作为桥上无缝线路设计检算时的主要荷载之一。

（3）列车制动荷载作用下，钢轨纵向力沿着制动方向由拉力逐渐变为压力，纵向位移均呈现先增后减的趋势并在桥梁中间到达最大值，且拉力/压力峰值分别出现在梁端及荷载的前/后端点处；在计算多跨简支梁桥和大跨连续梁桥上 CRTS Ⅲ 型板式无砟轨道制动受力和变形时，列车制动荷载作用长度应不小于 400 m，必要时可采用全桥列车制动加载作为最不利工况，且计算结果是相对安全的。

（4）钢轨在低温条件下折断，断缝处折断钢轨纵向力急剧减小至 0，非折断钢轨在该处的拉力增幅为 14%左右；折断钢轨在断口急剧向两侧收缩，使得其纵向位移及轨板相对位移均在该处发生急剧的变化，并对所在梁跨固定支座墩顶部产生断轨力；轨板相对位移、钢轨断缝值、梁缝增量及断轨力应作为关键检算指标，多跨简支梁桥可采用右侧活动支座桥台顶部断轨，大跨连续梁桥可采用主桥右侧活动支座桥墩顶部断轨工况；钢轨温度荷载需据当地气候条件、实际锁定轨温及最低轨温选取，其中钢轨降温 60 °C 的工况可涵盖我国大部分地区的线路状况。

（5）混凝土梁年温差为 20 °C 条件下，多跨简支梁桥和大跨连续梁桥上全桥采用 WJ-8 型常阻力扣件的铺设方案分别适用于钢轨降温幅度小于 80.7 °C 和 58.3 °C 的地区；对于轨温变化幅度分别为 30 °C、40 °C、50 °C 和 60 °C 的地区，钢轨最大伸缩力+制动力绝对值之和需分别小于 1 404.9 kN、1 216.7 kN、1 028.7 kN 和 817.3 kN，并以该值作为控制指标来选取无缝线路的最优铺设方案。

（6）钢轨断缝值理论计算公式未考虑伸缩附加力的影响，从而大大低估了断缝扩展程度；断轨力理论计算公式未考虑钢轨折断后同线非折断钢轨及另一线钢轨的约束作用，从而使得计算结果偏大。相比于传统的理论计算公式，本书采用梁-板-轨相互作用法建立的空间耦合模型能更好地满足桥上 CRTSⅢ型板式无砟轨道无缝线路断缝值、轨板相对位移及断轨力的精确计算。

（7）伸缩力、挠曲力和制动力作用下，多跨简支梁/大跨连续梁桥上弹性垫层变形量仅为-0.072 mm/-0.138 mm、-0.013 mm/0.019 mm、-0.005 mm/0.005 mm，轨板最大相对位移分别为 4.147 mm/12.455 mm、0.438 mm/0.431 mm、1.650 mm/1.747 mm，自密实混凝土层底座板最大相对位移分别为 0.184 mm/0.323 mm、0.032 mm/0.034 mm、0.016 mm/0.017 mm，均未超过规范限值，且有较大安全余量，表明弹性垫层、扣件及隔离层结构的适应性较好，在运营过程中的稳定性能得以保证。

4 桥上CRTSⅢ型板式无砟轨道无缝线路纵向静力影响因素分析

  本章利用本书第 2 章所编制的计算程序，分析多种因素对多跨简支梁桥和大跨连续梁桥桥上 CRTSⅢ型板式无砟轨道无缝线路伸缩力、挠曲力和制动力的影响，从减小结构纵向静力的角度出发，对各因素的合理取值及方案的合理选择提出建议，为桥上 CRTSⅢ型板式无砟轨道无缝线路设计改进及工程建设提供理论依据。

  由于本书所提取的结构计算数据较多，本章各小节图表中仅分别针对具有代表性或存在明显差异的计算数据进行论述。在进行伸缩力、挠曲力和制动力计算时，温度荷载工况同本书 3.1.2 节中的工况 5，列车荷载工况同本书 3.2.2 节中的工况 4 和工况 9，列车制动荷载工况同本书 3.3.2 节中的工况 4 和工况 9。

4.1 扣件纵向阻力的影响

在本节计算中，桥上分别采用纵向阻力为 15 kN/组（WJ-8 型常阻力扣件）、10 kN/组（常阻力扣件）、5 kN/组（弹条 V 型小阻力扣件）及 4 kN/组（WJ-8 型小阻力扣件）的扣件。无载条件下单位长度的扣件纵向阻力大小按式（4-1）~式（4-4）计算取值，计算并对比分析在温度荷载、列车荷载及列车制动荷载作用下桥梁及各轨道结构的纵向力与位移。

WJ-8 型常阻力扣件（15 kN/组）：$r = \begin{cases} 12.0x & x \leqslant 2.0 \text{ mm} \\ 24.0 & x > 2.0 \text{ mm} \end{cases}$ （4-1）

10 kN/组常阻力扣件（10 kN/组）：$r = \begin{cases} 8.0x & x \leqslant 2.0 \text{ mm} \\ 16.0 & x > 2.0 \text{ mm} \end{cases}$ （4-2）

弹条 V 形小阻力扣件（5 kN/组）：$r = \begin{cases} 16.0x & x \leqslant 0.5 \text{ mm} \\ 8.0 & x > 0.5 \text{ mm} \end{cases}$ （4-3）

WJ-8 型小阻力扣件（4 kN/组）：$r = \begin{cases} 13.0x & x \leqslant 0.5 \text{ mm} \\ 6.5 & x > 0.5 \text{ mm} \end{cases}$ （4-4）

式中　r——扣件纵向阻力［kN/（m·轨）］；

x——钢轨相对扣件的纵向位移（mm），即轨板相对位移。

由式（4-1）~式（4-4）计算可知，单组扣件在有载时车辆下或无载条件下所提供的纵向阻力大小与轨板相对位移的大小直接相关：

（1）当轨板相对位移大小在 0~0.591 mm 时，5 kN/组扣件＞4 kN/组扣件＞15 kN/组扣件＞10 kN/组扣件；

（2）当轨板相对位移大小在 0.591~0.799 mm 时，5 kN/组扣件＞15 kN/组扣件＞4 kN/组扣件＞10 kN/组扣件；

（3）当轨板相对位移大小在 0.799~1 mm 时，5 kN/组扣件＞15 kN/组扣件＞10 kN/组扣件＞4 kN/组扣件；

（4）当轨板相对位移大小在 1~3.532 mm 时，15 kN/组扣件＞5 kN/组扣件＞10 kN/组扣件＞4 kN/组扣件；

（5）当轨板相对位移大于 3.532 mm 时，15 kN/组扣件＞10 kN/组扣件＞5 kN/组扣件＞4 kN/组扣件。

4.1.1 扣件纵向阻力对伸缩力的影响

温度荷载和不同扣件纵向阻力条件下的钢轨纵向力如图 4-1 所示，结构纵向力与位移的最大值如表 4-1 所示。

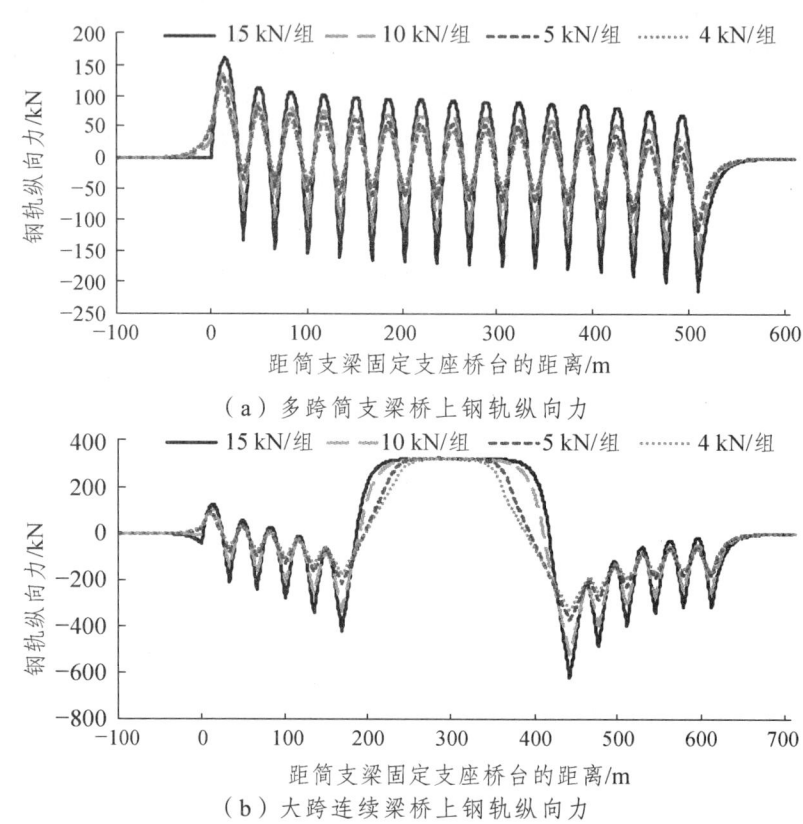

(a) 多跨简支梁桥上钢轨纵向力

(b) 大跨连续梁桥上钢轨纵向力

图 4-1 温度荷载和不同扣件纵向阻力条件下钢轨纵向力

表 4-1 温度荷载和不同扣件纵向阻力条件下结构纵向力与位移的最大值

桥梁类型及扣件纵向阻力		F_r/kN	D_r/mm	ΔD_{rts}/mm	Δ_{bj}/mm	F_a/kN	F_p/kN
多跨简支梁桥	15 kN/组	−214.403/161.840	−0.008/3.651	4.147	−7.809	528.365	54.885
	10 kN/组	−165.081/136.858	—/3.533	4.307	−7.937	451.631	62.793
	5 kN/组	−116.854/131.029	—/3.414	4.563	−8.031	344.882	67.108
	4 kN/组	−104.218/115.488	—/3.364	4.669	−8.034	311.789	66.856

续表

桥梁类型及扣件纵向阻力		F_r/kN	D_r/mm	ΔD_{rts}/mm	Δ_{bj}/mm	F_a/kN	F_p/kN
大跨连续梁桥	15 kN/组	−620.940/325.607	−11.467/29.817	12.455	−21.514	667.946	789.211
	10 kN/组	−518.863/324.967	−9.909/28.255	14.682	−23.749	560.147	742.054
	5 kN/组	−372.566/326.062	−6.740/24.458	19.469	−28.274	403.183	628.913
	4 kN/组	−328.410/324.808	−5.361/22.816	21.175	−29.789	356.822	598.997

由图 4-1 和表 4-1 可知，在温度荷载作用下，不同扣件纵向阻力条件下桥上轨板最大相对位移均大于 5 mm，该范围内单组扣件所能提供的纵向阻力由大到小为：15 kN/组扣件＞10 kN/组扣件＞5 kN/组扣件＞4 kN/组扣件。随着该范围内单组扣件纵向阻力的减小，两种桥上钢轨纵向力与位移均明显减小，但轨板相对位移均明显增大。轨道板、自密实混凝土层、凸台、弹性垫层及底座板纵向应力变化不大。自密实混凝土层底座板相对位移减幅较小，轨道板、底座板及桥梁纵向位移变化不大，但梁缝增量的变化较大。固定支座桥台顶部纵向力均明显减小，多跨简支梁桥固定支座桥墩顶部纵向力随之增大，大跨连续梁主桥固定支座墩顶部纵向力随之减小。

相比于 WJ-8 型常阻力扣件（15 kN/组扣件），当桥上采用 WJ-8 型小阻力扣件（4 kN/组扣件）时，在温度荷载作用下两种桥上钢轨最大压力/拉力分别减小了 51.4%/28.6% 和 47.1%/0.3%，钢轨最大压缩/拉伸变形量分别减小了—/7.9% 和 53.3%/23.4%，轨板最大相对位移分别增大了 12.6% 和 70.0%，梁缝最大增量分别增大了 2.9% 和 38.5%，固定支座桥台顶部纵向力分别减小了 41.0% 和 46.6%，固定支座桥墩顶部纵向力分别减小了-21.8% 和 24.1%。

4.1.2 扣件纵向阻力对挠曲力的影响

列车荷载和不同扣件纵向阻力条件下的钢轨纵向力如图 4-2 所示，结构纵向力与位移的最大值如表 4-2 所示。

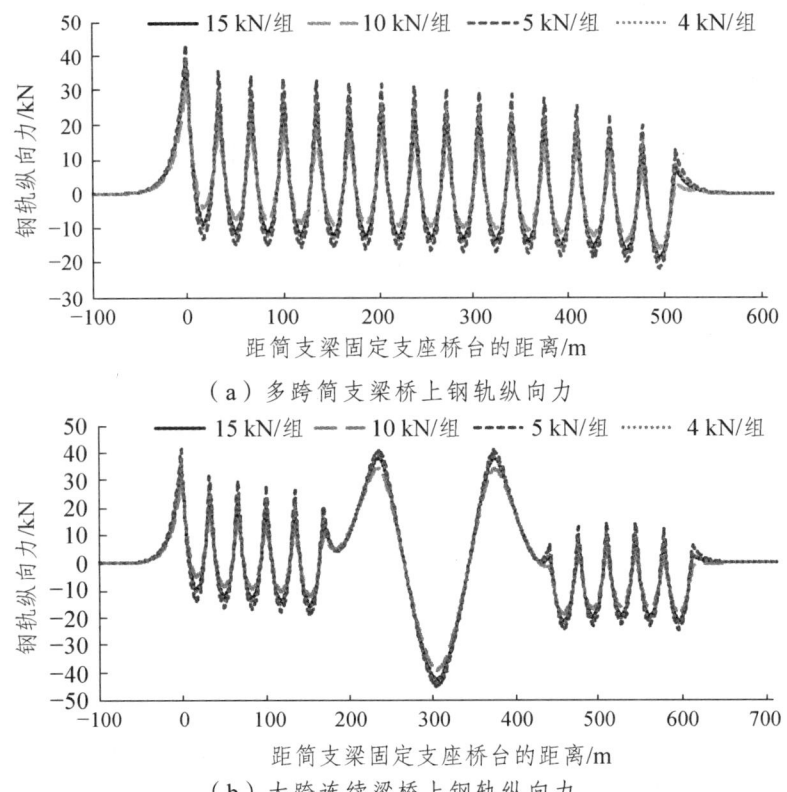

（a）多跨简支梁桥上钢轨纵向力

（b）大跨连续梁桥上钢轨纵向力

图 4-2 列车荷载和不同扣件纵向阻力条件下钢轨纵向力

表 4-2 列车荷载和不同扣件纵向阻力条件下结构纵向力与位移的最大值

桥梁类型及扣件纵向阻力		F_r/kN	D_r/mm	ΔD_{rts}/mm	Δ_{bj}/mm	F_a/kN	F_p/kN
多跨简支梁桥	15 kN/组	−19.236/38.357	−0.067/0.542	0.438	0.502	45.941	17.136
	10 kN/组	−16.078/32.536	−0.024/0.535	0.478	0.507	48.798	15.894
	5 kN/组	−21.918/43.239	−0.106/0.549	0.410	0.494	42.207	18.201
	4 kN/组	−19.807/39.396	−0.075/0.543	0.432	0.501	45.230	17.361
大跨连续梁桥	15 kN/组	−43.256/38.895	−0.021/1.337	0.431	0.467	51.074	53.482
	10 kN/组	−39.392/34.631	—/1.305	0.472	0.478	52.510	49.398
	5 kN/组	−45.623/41.756	−0.050/1.350	0.401	0.454	48.562	56.933
	4 kN/组	−43.813/39.549	−0.027/1.340	0.424	0.464	50.620	54.215

由图 4-2 和表 4-2 可知，在列车荷载作用下，不同扣件纵向阻力条件下桥上轨板最大相对位移均未超过 0.5 mm，该范围内单组扣件所能提供的最大纵向阻力由大到小为：5 kN/组扣件＞4 kN/组扣件＞15 kN/组扣件＞10 kN/组扣件。随着该范围内单组扣件纵向阻力的减小，两种钢轨纵向力与位移均随之减小，轨板相对位移均随之增大。轨道板、自密实混凝土层、底座板、凸台及弹性垫层纵向应力随之增大，轨道板、底座板、桥梁位移及梁缝增量也随之增大，自密实混凝土层底座板相对位移基本不变。固定支座桥台顶部纵向力随之增大，桥墩顶部纵向力随之减小。

相比于采用 WJ-8 型常阻力扣件（15 kN/组扣件），当桥上采用 WJ-8 型小阻力扣件（4 kN/组扣件）时，列车荷载作用下两种桥上钢轨最大压力/拉力分别增大了 3.0%/2.7% 和 1.3%/1.7%，钢轨最大压缩/拉伸变形量分别增大了 10.7%/0.2% 和 28.6%/0.2%，轨板最大相对位移分别减小了 1.4% 和 1.6%，梁缝最大增量分别减小了 0.2% 和 0.6%，固定支座桥台顶纵向力分别减小了 1.6% 和 2.0%，固定支座桥墩顶纵向力均增大了 1.3%。

4.1.3 扣件纵向阻力对制动力的影响

列车制动荷载和不同扣件纵向阻力条件下的钢轨纵向力如图 4-3 所示，各结构纵向力与位移的最大值如表 4-3 所示。

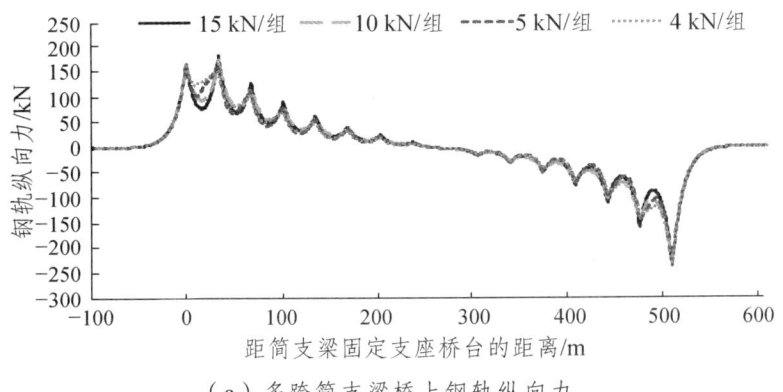

（a）多跨简支梁桥上钢轨纵向力

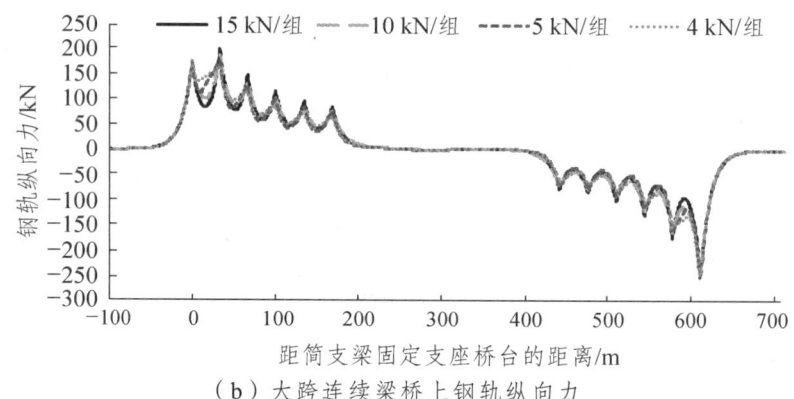

(b）大跨连续梁桥上钢轨纵向力

图 4-3 列车制动荷载和不同扣件纵向阻力条件下钢轨纵向力

表 4-3 列车制动荷载和不同扣件纵向阻力条件下结构纵向力与位移的最大值

桥梁类型及扣件纵向阻力		F_r/kN	D_r/mm	ΔD_{rts}/mm	Δ_{bj}/mm	F_a/kN	F_p/kN
多跨简支梁桥	15 kN/组	−237.388/181.747	—/9.247	1.650	2.396	488.802	304.761
	10 kN/组	−233.681/172.053	—/9.643	1.890	2.613	466.050	311.170
	5 kN/组	−239.285/165.285	—/9.141	2.155	2.778	459.486	304.703
	4 kN/组	−236.593/167.449	—/9.388	2.466	2.975	433.554	310.465
大跨连续梁桥	15 kN/组	−251.430/198.354	—/11.013	1.747	2.614	520.166	2 207.777
	10 kN/组	−245.859/186.414	—/11.483	2.002	2.830	493.197	2 262.756
	5 kN/组	−252.229/174.519	—/10.972	2.378	3.064	480.448	2 221.042
	4 kN/组	−248.659/175.938	—/11.285	2.695	3.247	450.997	2 270.142

由图 4-3 和表 4-3 可知，在列车制动荷载作用下，不同扣件纵向阻力条件下桥上最大轨板相对位移均处于 1.5～2.7 mm，该范围内单组扣件所能提供的最大纵向阻力由大到小为：15 kN/组扣件＞5 kN/组扣件＞10 kN/组扣件＞4 kN/组扣件。随着该范围内单组扣件纵向阻力的减小，两种桥上钢轨纵向拉力和压力趋势有所不同，这是由于制动力是自上而下传递的，且桥上采用 WJ-8 型小阻力扣件（4 kN/组扣件），两侧路基段采用 WJ-8 型常阻力扣件（15 kN/组扣件）时，路基段的轨下综合阻力远大于桥梁段，使得钢轨制动力在两侧桥台达到最大值。轨道板、自密实混凝土层、底座板、凸台及弹性垫层纵向应力基本不变；当桥上扣件纵向阻力为 4 kN/组时，轨板相对位移达到最

大，固定支座桥台顶部纵向力达到最小，固定支座桥墩顶部纵向力达到最大。

相比于采用WJ-8型常阻力扣件（15 kN/组扣件），当桥上采用WJ-8型小阻力扣件（4 kN/组扣件）时，列车制动荷载作用下两种桥上钢轨最大压力/拉力分别增大了-0.3%/-7.9%和-1.1%/-11.3%，钢轨最大拉伸变形量分别增大了1.5%和2.5%，轨板最大相对位移分别增大了49.5%和54.3%，梁缝最大增量分别增大了24.2%和24.2%，固定支座桥台顶部纵向力分别减小了11.3%和13.3%，固定支座桥墩顶部纵向力分别增大了1.9%和2.8%。

综上所述，不同扣件所产生的纵向阻力不仅与其最大值有关，还与轨板相对位移的大小直接相关。在铺设桥上无缝线路时选用扣件要先计算轨板相对位移最大值，并在该范围内选择最优扣件。桥上采用小阻力扣件可明显减弱钢轨与其下部结构的相互作用，有利于温度荷载及列车制动荷载作用下的钢轨受力，但同时会使得轨板相对位移增加。特别是制动荷载下轨板快速相对位移的剧增，极易带动轨下胶垫滑出，甚至导致轨底脱空现象，使得线路不平顺，严重影响高速列车运行时的平稳性及轨道结构的安全性。因此，桥上采用小阻力扣件时需要对轨板快速相对位移进行检算，以保证轨道及桥梁结构的稳定性和行车的安全性。就本书所建立的模型而言，桥上采用WJ-8型小阻力扣件时，两种桥上CRTSⅢ型板式无砟轨道无缝线路在温度荷载作用下的轨板相对位移分别为4.7 mm和21.2 mm（规范值55 mm），在列车荷载作用下的轨板相对位移均仅为0.4 mm，在列车制动荷载作用下的轨板快速相对位移仅为2.5 mm/2.7 mm（规范值30 mm），均未超出规范值且有较大的安全储备。

4.2 小阻力扣件铺设方案的影响

由于长大桥上无砟轨道无缝线路的梁-板-轨相互作用，钢轨会受到巨大的附加纵向力作用，对钢轨强度、无缝线路稳定性及墩顶受力产生不利影响。为了减小梁、板、轨之间巨大的相互作用力，通常采用小阻力扣件和设置钢轨伸缩调节器（不适用于无砟轨道）等两种工程措施。本节分别采用图4-4和表4-4所示的8种桥上无缝线路小阻力扣件铺设方案，计算并对比分析在温度荷载、列车荷载或列车制动荷载作用下各桥梁及轨道结构的纵向力与位移。

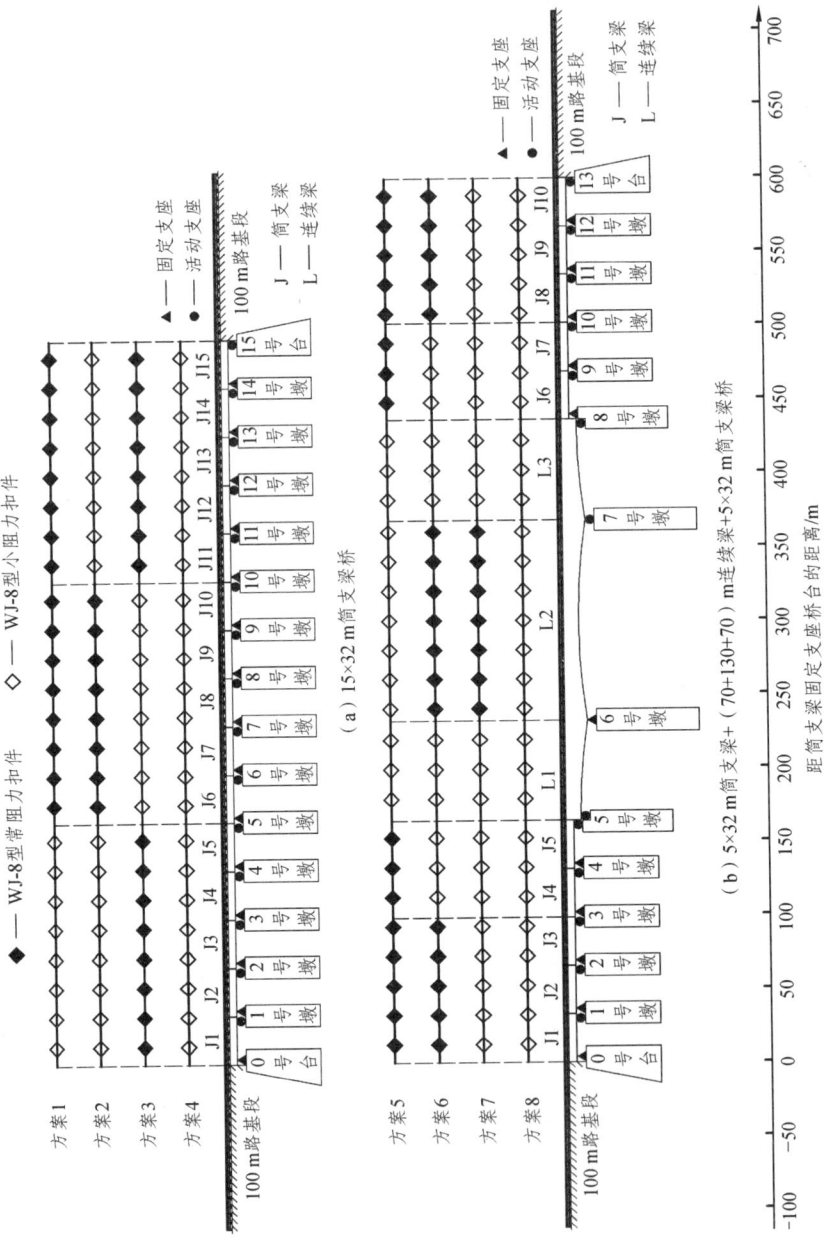

图 4-4 桥上 CRTS Ⅲ 型板式无砟轨道无缝线路小阻力扣件铺设方案

表 4-4　桥上 CRTSⅢ型板式无砟轨道无缝线路小阻力扣件铺设方案

桥梁类型及小阻力铺设方案		WJ-8 型小阻力扣件铺设范围	WJ-8 型常阻力扣件铺设范围
多跨简支梁桥	方案 1	第 1~5 跨简支梁（J1~J5）	第 6~15 跨简支梁（J6~J15）
	方案 2	第 1~5 跨简支梁和第 11~15 跨简支梁（J1~J5，J11~J15）	第 6~10 跨简支梁（J6~J10）
	方案 3	第 6~10 跨简支梁（J6~J10）	第 1~5 跨简支梁和第 11~15 跨简支梁（J1~J5，J11~J15）
	方案 4	全桥（J1~J15）	无
大跨连续梁桥	方案 5	连续梁（L1、L2、L3）	连续梁两侧 5 跨简支梁（J1~J5，J6~J10）
	方案 6	连续梁两侧边跨及相邻 2 跨简支梁（J4、J5、L1、L3、J6、J7）	连续梁主跨和连续梁两侧 3~5 跨简支梁（J1~J3，J8~J10）
	方案 7	连续梁两侧边跨及相邻 5 跨简支梁（J1~J15、L1、L3、J6~J10）	连续梁主跨（L2）
	方案 8	全桥(J1~J5,L1~L3,J6~J10)	无

各铺设方案中，小阻力扣件均采用 WJ-8 型小阻力扣件（4 kN/组），常阻力扣件均采用 WJ-8 型常阻力扣件（15 kN/组）；路基段均采用 WJ-8 型常阻力扣件（15 kN/组）。全线铺设 WJ-8 型常阻力扣件（15 kN/组）的铺设方案同本书第 3 章；全线铺设 WJ-8 型小阻力扣件（4 kN/组）的铺设方案参考本书 4.1 节。

4.2.1　小阻力扣件铺设方案对伸缩力的影响

在温度荷载和不同小阻力扣件铺设方案条件下的钢轨纵向力如图 4-5 所示，各结构纵向力与位移的最大值如表 4-5 所示。

由图 4-5 和表 4-5 可知，在温度荷载作用及不同小阻力扣件铺设方案条件下，各桥梁及轨道结构纵向力与位移变化趋势及其最大值均有较大差别。相比于全线采用 WJ-8 型常阻力扣件，多跨简支梁桥分别采用方案 1、方案 2、方案 3 和方案 4 时,钢轨最大压力分别减小了 2.2%、42.1%、7.5%和 51.4%，钢轨最大拉力分别减小了19.8%、15.9%、-4.0%和28.6%，钢轨最大拉伸变形分别减小了12.9%、-55.5%、26.7%和7.9%，轨板最大相对位移分别增大了14.3%、14.8%、17.1%和12.6%，固定支座桥台顶最大纵向力分别减小了37.2%、37.8%、6.6%和41.0%，固定支座桥墩顶最大纵向力分别增大了64.3%、33.0%、50.3%和21.8%；大跨连续梁桥分别采用方案5、方案6、方案7和方案8时，钢轨最大压力分别减小了36.6%、42.0%、46.2%和47.1%，钢轨最大拉力减幅很小，钢轨最大压缩变形分别减小了70.5%、59.2%、52.7%和53.3%，钢轨最大拉伸变形分别减小了29.3%、23.3%、21.8%和23.5%，轨板最大相对位移分别增大了150.0%、147.8%、136.7%和139.2%，固定支座桥台顶最大纵向力分别减小了14.7%、20.8%、46.5%和46.6%，固定支座桥墩顶最大纵向力分别减小了23.3%、21.2%、21.6%和24.1%。

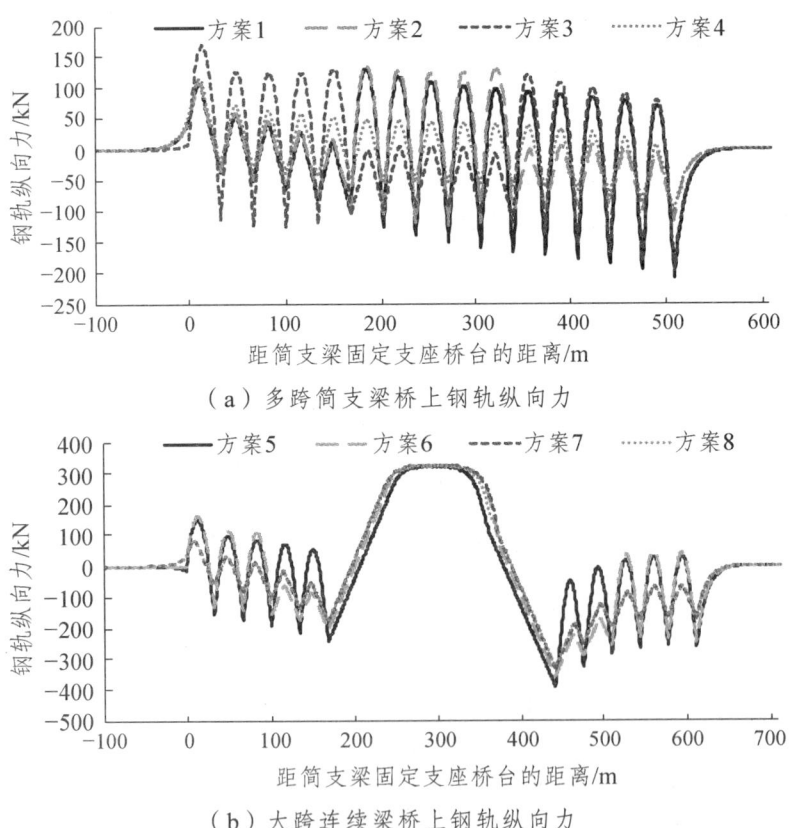

（a）多跨简支梁桥上钢轨纵向力

（b）大跨连续梁桥上钢轨纵向力

图4-5 温度荷载和不同小阻力扣件铺设方案条件下的钢轨纵向力

表 4-5 温度荷载和不同小阻力扣件铺设方案条件下结构纵向力与位移的最大值

桥梁类型及小阻力扣件铺设方案		F_r/kN	D_r/mm	ΔD_{rts}/mm	Δ_{bj}/mm	F_a/kN	F_p/kN
多跨简支梁桥	方案 1	−209.745/129.793	—/3.182	4.738	−7.895	332.054	90.161
	方案 2	−124.081/136.051	—/5.677	4.760	−8.290	328.530	73.015
	方案 3	−198.301/168.359	—/2.677	4.856	−8.273	493.741	82.508
	方案 4	−104.218/115.488	—/3.364	4.669	−8.034	311.789	66.856
大跨连续梁桥	方案 5	−393.528/323.042	−3.378/21.080	25.146	−31.141	569.866	605.274
	方案 6	−360.132/324.223	−4.676/22.882	22.043	−30.857	529.297	622.237
	方案 7	−333.915/324.725	−5.426/23.314	20.752	−29.477	357.164	619.127
	方案 8	−328.410/324.808	−5.361/22.816	21.175	−29.789	356.822	598.997

4.2.2 小阻力扣件铺设方案对挠曲力的影响

在列车荷载和不同小阻力扣件铺设方案条件下的钢轨纵向力如图 4-6 所示，结构纵向力与位移的最大值如表 4-6 所示。

由图 4-6 和表 4-6 可知，在列车荷载作用及不同小阻力扣件铺设方案条件下，各桥梁及轨道结构纵向力与位移变化趋势及其最大值均相差不大。相比于全线采用 WJ-8 型常阻力扣件，多跨简支梁桥分别采用方案 1、方案 2、方案 3 和方案 4 时，钢轨最大压力分别减小了 0.1%、-3.3%、0.4%和-3.0%，钢轨最大拉力分别增大了 2.4%、2.4%、-0.3%和 2.7%，钢轨最大拉伸变形分别减小了 2.8%、1.7%、-3.3%和-0.2%，轨板最大相对位移分别减小了 1.6%、1.4%、-0.2%和 1.4%，固定支座桥台顶最大纵向力分别减小了 0.6%、0.8%、0.8%和 1.6%，固定支座桥墩顶最大纵向力分别增大了 0.1%、0.9%、0.4%和 1.3%；大跨连续梁桥分别采用方案 5、方案 6、方案 7 和方案 8 时，钢轨最大压力分别减小了-0.03%、0.01%、0.01%和-1.3%，钢轨最大拉力分别增大了 1.0%、0.6%、0.6%和 1.7%，钢轨最大拉伸变形分别增大了 0.5%、-0.2%、-0.3%和 0.2%，轨板最大相对位移分别减小了 0、0、1.6%和 1.6%，固定支座桥台顶最大纵向力分别减小了 0.05%、1.1%、0.9%和 0.9%，固定支座桥墩顶最大纵向力分别增大了 0.3%、0.8%、1.4%和 1.4%。

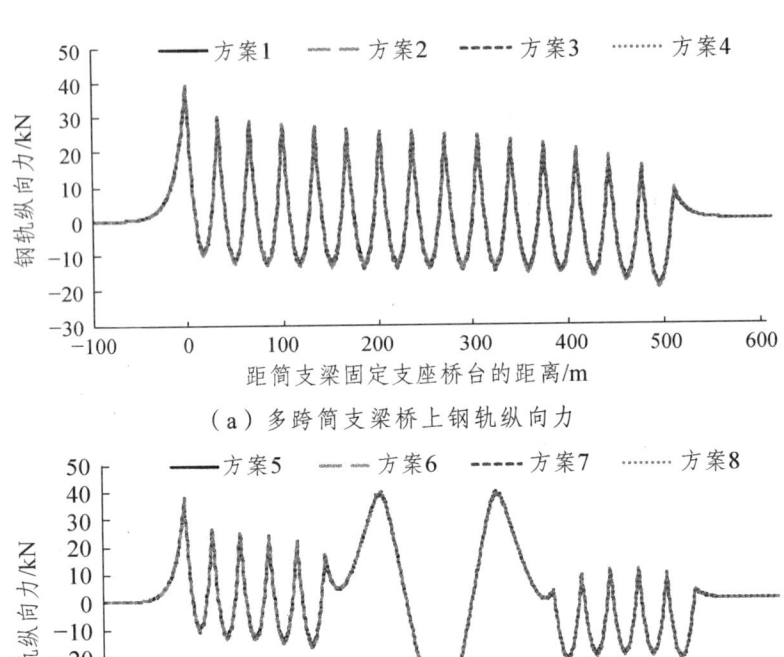

图 4-6 列车荷载和不同小阻力扣件铺设方案条件下钢轨纵向力

表 4-6 列车荷载和不同小阻力扣件铺设方案条件下结构纵向力与位移的最大值

桥梁类型及小阻力扣件铺设方案		F_r/kN	D_r/mm	ΔD_{rts}/mm	Δ_{bj}/mm	F_a/kN	F_p/kN
多跨简支梁桥	方案 1	-19.219/39.275	-0.067/0.527	0.431	0.498	45.661	17.152
	方案 2	-19.879/39.294	-0.074/0.533	0.432	0.498	45.592	17.288
	方案 3	-19.163/38.455	-0.068/0.560	0.439	0.505	45.589	17.208
	方案 4	-19.807/39.396	-0.075/0.543	0.432	0.501	45.230	17.361
大跨连续梁桥	方案 5	-43.815/39.541	-0.021/1.343	0.431	0.467	51.046	53.623
	方案 6	-43.253/39.115	-0.023/1.335	0.431	0.470	50.536	53.929
	方案 7	-43.251/39.118	-0.027/1.333	0.424	0.464	50.620	54.220
	方案 8	-43.813/39.549	-0.027/1.340	0.424	0.464	50.620	54.215

4.2.3 小阻力扣件铺设方案对制动力的影响

在列车制动荷载和不同小阻力扣件铺设方案条件下的钢轨纵向力如图 4-7 所示，结构纵向力与位移的最大值如表 4-7 所示。

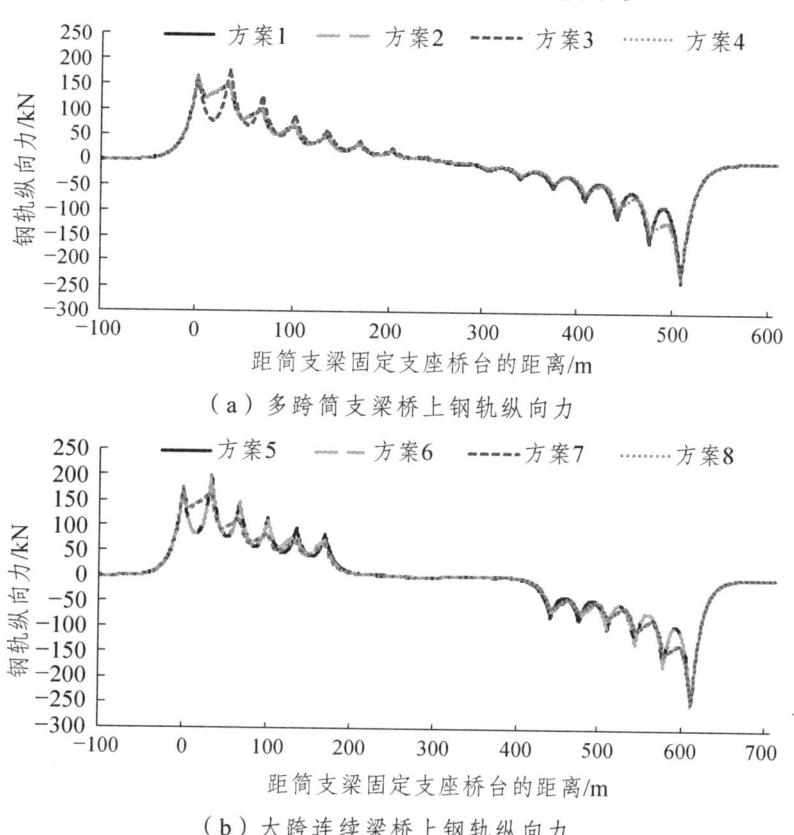

(a) 多跨简支梁桥上钢轨纵向力

(b) 大跨连续梁桥上钢轨纵向力

图 4-7 列车制动荷载和不同小阻力扣件铺设方案条件下钢轨纵向力

表 4-7 列车制动荷载和不同小阻力扣件铺设方案条件下结构纵向力与位移的最大值

桥梁类型及小阻力扣件铺设方案		F_r/kN	D_r/mm	ΔD_{rts}/mm	Δ_{bj}/mm	F_a/kN	F_p/kN
多跨简支梁桥	方案 1	−237.748/167.307	—/9.349	2.462	2.971	433.240	308.249
	方案 2	−236.608/167.453	—/9.415	2.466	2.975	433.562	310.499
	方案 3	−237.363/181.745	—/9.220	1.650	2.396	488.799	304.711
	方案 4	−236.593/167.449	—/9.388	2.466	2.975	433.554	310.465

续表

桥梁类型及小阻力扣件铺设方案		F_r/kN	D_r/mm	ΔD_{rts}/mm	Δ_{bj}/mm	F_a/kN	F_p/kN
大跨连续梁桥	方案 5	−251.443/198.378	—/10.985	1.748	2.614	520.212	2 207.358
	方案 6	−250.753/197.060	—/11.074	1.743	2.597	517.712	2 225.371
	方案 7	−248.659/175.939	—/11.287	1.695	2.247	450.997	2 270.137
	方案 8	−248.659/175.938	—/11.285	2.695	3.247	450.997	2 270.142

由图 4-7 和表 4-7 可知，在列车制动荷载作用及不同小阻力扣件铺设方案条件下，各桥梁及轨道结构纵向力与位移变化趋势及其最大值均有较大差别。相比于全线采用 WJ-8 型常阻力扣件，多跨简支梁桥分别采用方案 1、方案 2、方案 3 和方案 4 时，钢轨最大压力分别减小了-0.2%、0.3%、0.01% 和 0.3%，钢轨最大拉力分别减小了 8.0%、8.3%、0 和 7.9%，钢轨最大拉伸变形分别增大了 1.1%、1.8%、-0.3%和 1.5%，轨板最大相对位移分别增大了 49.2%、49.5%、0%和 49.5%，固定支座桥台顶部最大纵向力分别减小了 11.4%、11.3%、0%和 11.3%，固定支座桥墩顶部最大纵向力分别增大了 1.1%、1.9%、-0.02%和 1.9%；大跨连续梁桥分别采用方案 5、方案 6、方案 7 和方案 8 时，钢轨最大压力分别减小了-0.01%、0.3%、1.1%和 1.1%，钢轨最大拉力分别减小了-0.01%、0.7%、11.3%和 11.3%，钢轨最大拉伸变形分别增大了-0.3%、0.6%、2.5%和 2.5%，轨板最大相对位移分别增大了 0.06%、-0.2%、-3.0%54.3%，固定支座桥台顶部最大纵向力分别减小了-0.01%、0.5%、13.3%和 13.3%，固定支座桥墩顶部最大纵向力分别增大了-0.02%、0.8%、2.8%和 2.8%。

综上所述，不同的小阻力扣件铺设方案在不同程度上均可减弱钢轨与其下部结构的相互作用，并且对桥上无缝线路伸缩力与制动力的影响较大，对挠曲力的影响较小。对于本书所建立的模型而言，多跨简支梁桥采用方案 1、方案 2 和方案 4 均可明显减小在温度荷载及列车制动荷载作用下的钢轨纵向力，但会使得轨板相对位移随之增大；大跨连续梁桥采用方案 5、方案 6、方案 7 及方案 8 均可明显减小桥上无缝线路伸缩力与制动力，其中方案 8 会使得列车制动荷载作用下的轨板快速相对位移剧增，严重威胁扣件的安全使用，而方案 5、方案 6 及方案 7 可在保证轨板快速相对位移增幅不会过大的前提下减小钢轨受力。综合各桥梁及轨道结构纵向受力与变形，由于多跨简支梁桥上无缝线路纵向力较小,采用常阻力扣件即可;大跨连续梁桥可在主桥边跨及相邻两跨简支梁采用小阻力扣件(方案 6)。

4.3 固定支座墩/台顶部纵向刚度的影响

桥墩/台的高度和截面惯性矩决定了其顶部固定支座纵向水平线刚度大小,墩身低、截面惯性矩大的桥墩/台顶部固定支座能提供较大的纵向刚度,墩身高、截面惯性矩小的桥墩/台的柔度较大,其顶部固定支座能提供的纵向刚度较小。本节固定支座墩/台顶部纵向刚度分别取 0.5 倍、1.0 倍(规范最小限值)、1.5 倍及 2.0 倍 4 种工况,计算并对比分析在温度荷载、列车荷载或列车制动荷载作用下各桥梁及轨道结构的纵向力与位移。

4.3.1 固定支座墩/台顶部纵向刚度对伸缩力的影响

在温度荷载和不同固定支座墩/台顶部纵向刚度条件下的钢轨纵向力如图 4-8 所示,结构纵向力与位移的最大值如表 4-8 所示。

由图 4-8 和表 4-8 可知,在温度荷载作用下,随着固定支座墩/台顶部纵向刚度的增大,其墩/台顶部纵向力也随之明显增大,两种桥上钢轨纵向力、纵向位移及轨板相对位移均随之增大;轨道板、底座板、自密实混凝土层、凸台及弹性垫层纵向应力变化不大;自密实混凝土层底座板相对位移及弹性垫层变形量基本不变;轨道板、底座板、桥梁梁体纵向位移及梁缝增量的增幅较小。

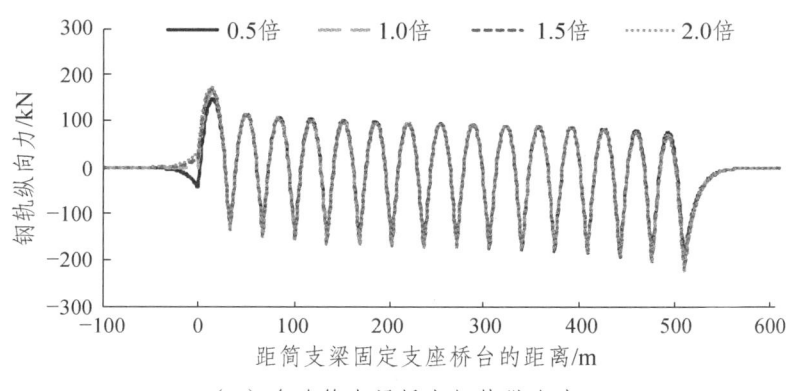

(a)多跨简支梁桥上钢轨纵向力

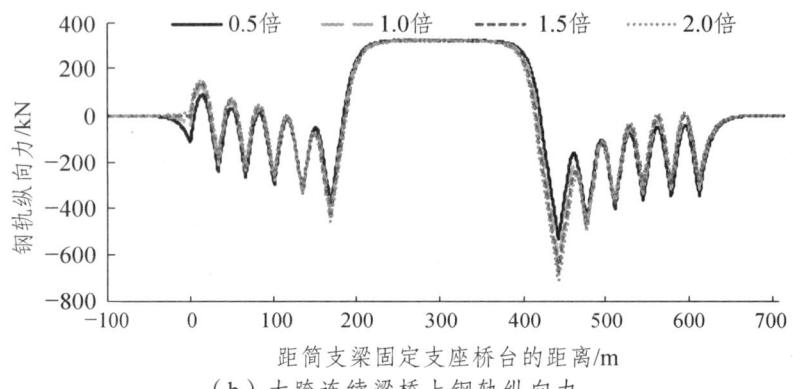

(b) 大跨连续梁桥上钢轨纵向力

图4-8 温度荷载和不同固定支座墩/台顶部纵向刚度条件下钢轨纵向力

表4-8 温度荷载和不同固定支座墩/台顶部纵向刚度条件下结构纵向力与位移的最大值

桥梁类型及墩/台顶部纵向刚度		F_r/kN	D_r/mm	ΔD_{rts}/mm	Δ_{bj}/mm	F_a/kN	F_p/kN
多跨简支梁桥	0.5倍	−202.484/147.622	−0.334/3.258	4.038	−7.704	371.758	36.530
	1.0倍	−214.403/161.840	−0.008/3.651	4.147	−7.809	528.365	54.885
	1.5倍	−222.071/169.058	—/3.777	4.220	−7.850	619.623	75.090
	2.0倍	−227.862/173.396	—/3.831	4.277	−7.869	680.254	92.699
大跨连续梁桥	0.5倍	−533.542/325.909	−13.291/28.909	10.639	−18.288	512.474	568.453
	1.0倍	−620.940/325.607	−11.467/29.817	12.455	−21.514	667.946	789.211
	1.5倍	−675.894/325.412	−10.523/30.067	13.840	−23.896	741.124	924.399
	2.0倍	−715.113/325.272	−9.937/30.195	14.851	−25.681	783.226	1 021.027

当墩/台顶部刚度由规范最小限值的0.5倍增大至2.0倍时，多跨简支梁桥和大跨连续梁桥的桥台顶部最大纵向力分别增大了83.0%和52.8%，桥墩顶部最大纵向力分别增大了153.8%和79.6%，桥上钢轨最大压力/拉力分别增大了12.5%/17.5%和34.0%/−0.2%，钢轨最大压缩/拉伸变形量分别增大了—/17.6%和−25.2%/4.5%，轨板最大相对位移分别增大了5.9%和39.6%。

4.3.2 固定支座墩/台顶部纵向刚度对挠曲力的影响

在列车荷载和不同固定支座墩/台顶部纵向刚度条件下的钢轨纵向力分

别如图 4-9 所示,结构纵向力与位移的最大值如表 4-9 所示。

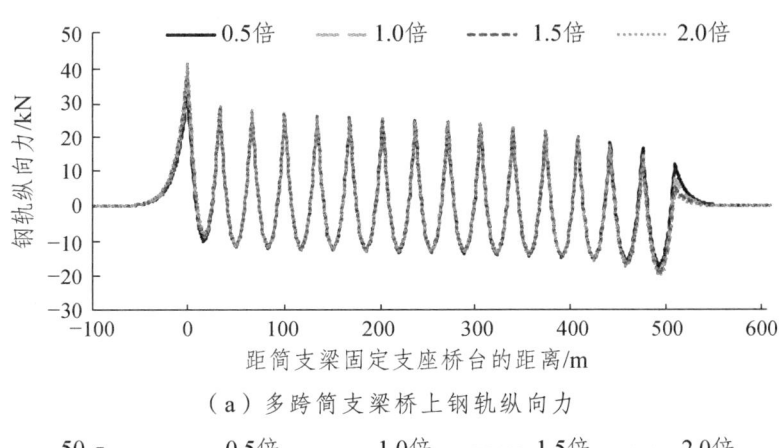

（a）多跨简支梁桥上钢轨纵向力

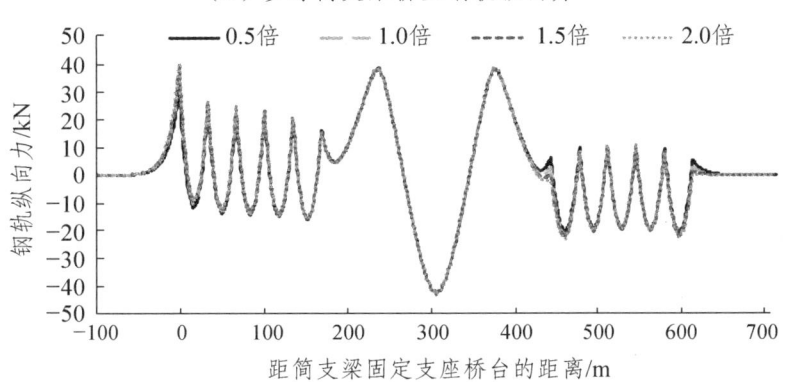

（b）大跨连续梁桥上钢轨纵向力

图 4-9　列车荷载和不同固定支座墩/台顶部纵向刚度条件下钢轨纵向力

表 4-9　列车荷载和不同固定支座墩/台顶部纵向刚度条件下结构纵向力与位移的最大值

桥梁类型及墩/台顶部纵向刚度		F_r/kN	D_r/mm	ΔD_{rts}/mm	Δ_{bj}/mm	F_a/kN	F_p/kN
多跨简支梁桥	0.5 倍	−17.874/34.391	−0.103/0.469	0.412	0.497	32.405	9.595
	1.0 倍	−19.236/38.357	−0.067/0.542	0.438	0.502	45.941	17.136
	1.5 倍	−20.063/40.437	−0.044/0.569	0.453	0.502	53.876	23.603
	2.0 倍	−20.649/41.745	−0.027/0.581	0.462	0.501	59.154	29.302

续表

桥梁类型及墩/台顶部纵向刚度		F_r/kN	D_r/mm	ΔD_{rts}/mm	Δ_{bj}/mm	F_a/kN	F_p/kN
大跨连续梁桥	0.5倍	-43.249/38.918	-0.048/1.215	0.397	0.448	37.336	40.510
	1.0倍	-43.256/38.895	-0.021/1.337	0.431	0.467	51.074	53.482
	1.5倍	-43.261/39.506	-0.009/1.390	0.448	0.475	58.533	62.077
	2.0倍	-43.265/41.090	—/1.420	0.458	0.479	63.246	68.908

由图4-9和表4-9可知，在列车荷载作用下，随着固定支座墩/台顶部纵向刚度的增大，其墩/台顶部纵向力也随之明显增大，桥上钢轨纵向力、纵向位移及轨板相对位移均随之增大；轨道板、底座板、自密实混凝土层、凸台及弹性垫层纵向应力，以及自密实混凝土层底座板相对位移、弹性垫层变形量基本不变；轨道板、底座板、桥梁梁体纵向位移及梁缝增量的增幅较小。

当墩/台顶部刚度由规范最小限值的0.5倍增大至2.0倍时，多跨简支梁桥和大跨连续梁桥的桥台顶部最大纵向力分别增大了82.6%和69.4%，桥墩顶部最大纵向力分别增大了205.4%和70.1%，桥上钢轨最大压力/拉力分别增大了15.5%/21.4%和0.04%/5.6%，钢轨最大拉伸变形量分别增大了23.9%和16.9%，轨板最大相对位移分别增大了12.1%和15.4%。

4.3.3 固定支座墩/台顶部纵向刚度对制动力的影响

在列车制动荷载和不同固定支座墩/台顶部纵向刚度条件下的钢轨纵向力如图4-10所示，结构纵向力与位移的最大值如表4-10所示。

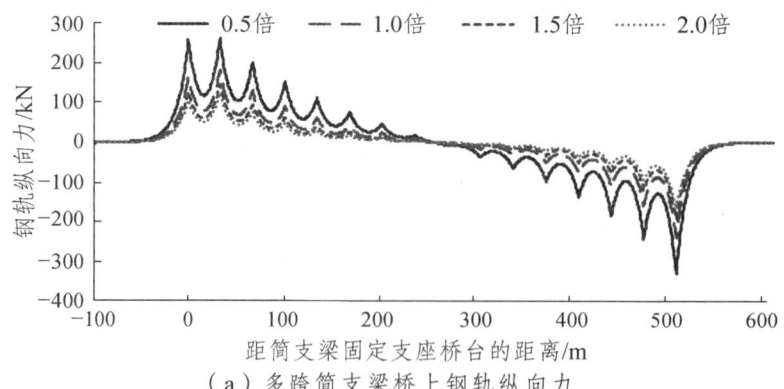

（a）多跨简支梁桥上钢轨纵向力

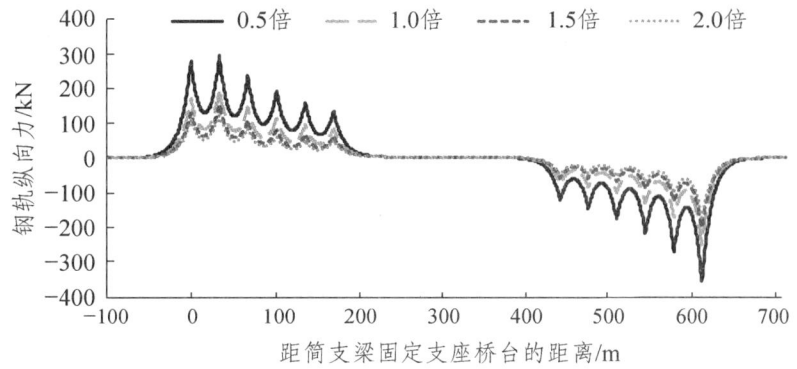

(b)大跨连续梁桥上钢轨纵向力

图 4-10 列车制动荷载和不同固定支座墩/台顶部纵向刚度条件下钢轨纵向力

表 4-10 列车制动荷载和不同固定支座墩/台顶部纵向刚度条件下结构纵向力与位移最大值

桥梁类型及墩/台顶部纵向刚度		F_r/kN	D_r/mm	ΔD_{rts}/mm	Δ_{bj}/mm	F_a/kN	F_p/kN
多跨简支梁桥	0.5 倍	−328.053/261.584	—/14.790	2.311	3.423	440.895	250.176
	1.0 倍	−237.388/181.747	—/9.247	1.650	2.396	488.802	304.761
	1.5 倍	−193.315/143.778	—/6.779	1.345	1.904	490.903	326.656
	2.0 倍	−166.775/120.973	—/5.389	1.203	1.607	482.941	337.647
大跨连续梁桥	0.5 倍	−356.041/293.534	—/17.453	2.552	3.864	483.434	1 822.628
	1.0 倍	−251.430/198.354	—/11.013	1.747	2.614	520.166	2 207.777
	1.5 倍	−201.852/154.118	—/8.196	1.413	2.040	513.885	2 368.987
	2.0 倍	−172.580/128.122	—/6.617	1.251	1.700	500.375	2 454.507

由图 4-10 和表 4-10 可知，在列车制动荷载作用下，随着固定支座墩/台顶部纵向刚度的增大，桥梁和无砟轨道结构纵向力与位移，以及轨道层间相对位移均随之明显减小；固定支座桥台顶部纵向力随着其纵向刚度的增大而呈现先增后减的趋势，固定支座桥墩顶部纵向力与位移随着其纵向刚度的增大而增大。

当墩/台顶部刚度由规范最小限值的 0.5 倍增大至 2.0 倍时，多跨简支梁桥和大跨连续梁桥的桥台顶最大纵向力分别增大了 9.5%和 3.5%，桥墩顶最大纵向力分别增大了 35.0%和 34.7%，桥上钢轨最大压力/拉力分别减小了 49.2%/54.0%和 51.5%/56.4%，钢轨最大拉伸变形量分别减小了 63.6%和

62.1%，轨板最大相对位移分别减小了 47.9%和 51.0%。

综上所述，固定支座墩/台顶部纵向刚度的增大会使得桥梁及轨道结构在温度荷载及列车荷载作用下的纵向力、纵向位移及层间相对位移随之增大，但增幅不大；轨道结构在列车制动荷载作用下的受力与变形随着固定支座墩/台顶部纵向刚度的增大而明显减小，其中轨板相对位移的大幅减小有利于扣件的长期使用。因此，对于低墩桥和高墩桥上 CRTSⅢ型板式无砟轨道无缝线路，需分别对温度荷载、列车荷载作用下的钢轨强度和列车制动荷载作用下的轨板快速相对位移进行检算。

4.4 支座布置形式的影响

本节考虑如图 4-11 所示的 8 种支座布置形式，其中多跨简支梁桥考虑布置形式 1~4，大跨连续梁桥考虑布置形式 5~8，计算并对比分析在温度荷载、列车荷载或列车制动荷载作用下各桥梁及轨道结构的纵向力与位移。

4.4.1 支座布置形式对伸缩力的影响

在温度荷载和不同支座布置形式条件下的钢轨纵向力如图 4-12 所示，结构纵向力与位移的最大值如表 4-11 所示。

由图 4-12 和表 4-11 可知，温度荷载作用下，不同的支座布置形式对桥梁及轨道结构纵向受力与变形的影响较大。当相邻两跨梁固定支座布置在同一桥墩时，两侧梁体伸缩对该墩顶产生的纵向力大小相近、方向相反；当相邻两跨梁活动支座布置在同一桥墩时，该处梁缝变化值达到最大，易出现顶梁等危害。

相比于布置形式 4，多跨简支梁桥采用布置形式 1、布置形式 2 和布置形式 3 时，钢轨最大压力分别减小了 0.8%、3.3%和-12.2%，钢轨最大拉力分别减小了 1.0%、19.1%和 1.9%，轨板最大相对位移分别增大了 1.8%、0.4%和 8.9%，固定支座桥墩顶部最大纵向力分别增大了-3.7%、32.4%、和 82.0%；相比于布置形式 8，大跨连续梁桥采用布置形式 5、布置形式 6 和布置形式 7 时，钢轨最大压力分别减小了 2.4%、-10.6%和-7.8%，钢轨最大拉力分别减小了-0.08%、0.06%和 0.02%，轨板最大相对位移分别增大了-2.4%、13.0%和 12.1%，固定支座桥墩顶部最大纵向力分别增大了 28.7%、26.1%、和 53.5%。

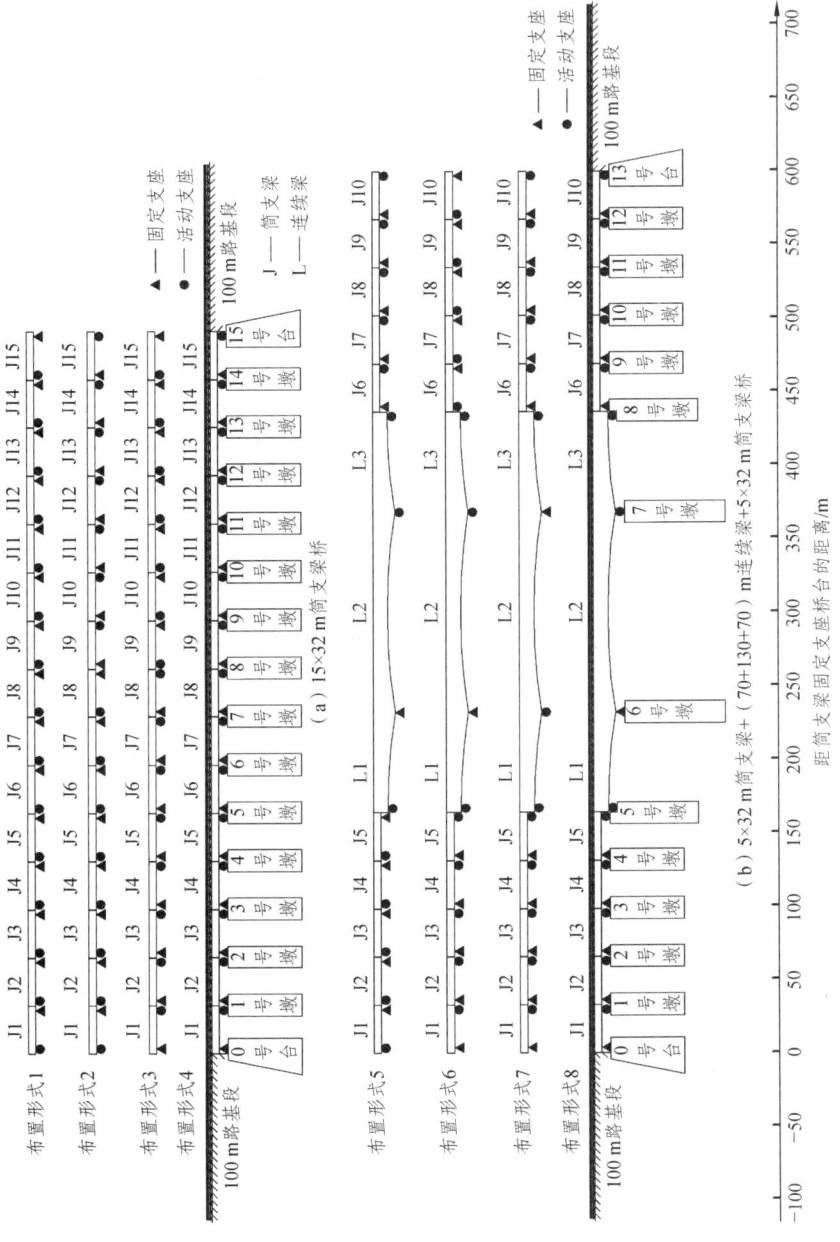

图 4-11 桥梁支座布置形式

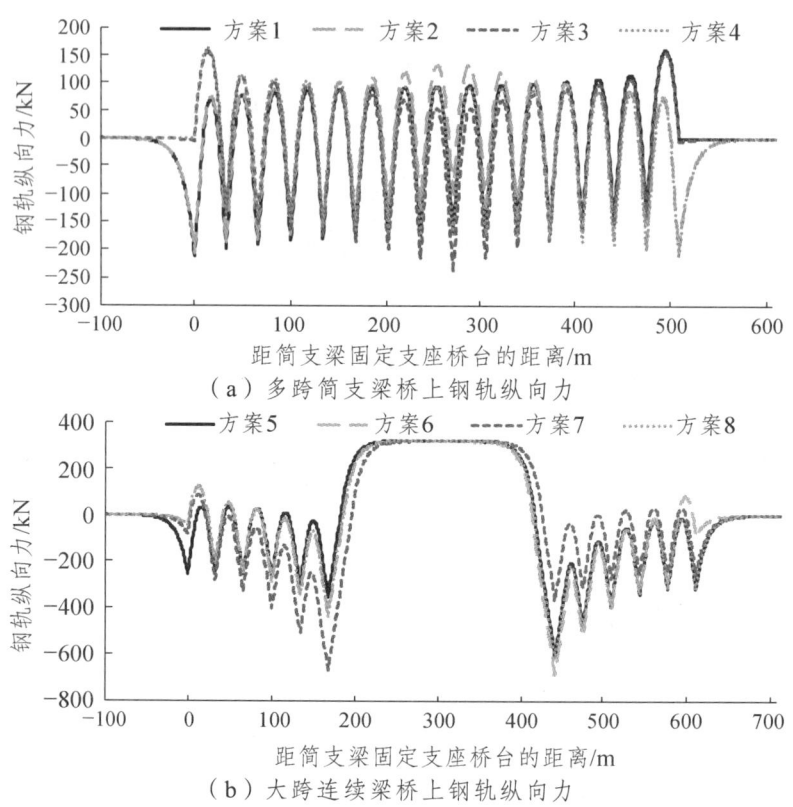

（a）多跨简支梁桥上钢轨纵向力

（b）大跨连续梁桥上钢轨纵向力

图 4-12　温度荷载和不同支座布置形式条件下钢轨纵向力

表 4-11　温度荷载和不同支座布置形式条件下结构纵向力与位移的最大值

桥梁类型及支座布置形式		F_r/kN	D_r/mm	ΔD_{rts}/mm	Δ_{bj}/mm	F_a/kN	F_p/kN
多跨简支梁桥	布置形式 1	−212.662/160.281	−3.630/0.004	4.221	−7.790	528.255	52.864
	布置形式 2	−207.435/130.974	−2.811/2.588	4.164	−7.684	—	72.642
	布置形式 3	−240.505/158.844	−2.381/2.676	4.516	−8.670	547.465	99.892
	布置形式 4	−214.403/161.840	−0.008/3.651	4.147	−7.809	528.365	54.885
大跨连续梁桥	布置形式 5	−606.034/325.865	−13.155/28.843	12.158	−21.008	—	1 015.464
	布置形式 6	−686.748/325.409	−12.320/28.268	14.072	−24.175	675.535	995.318
	布置形式 7	−669.508/325.666	−27.151/13.987	13.965	−23.798	797.504	1 211.609
	布置形式 8	−620.940/325.607	−11.467/29.817	12.455	−21.514	667.946	789.211

4.4.2 支座布置形式对挠曲力的影响

在列车荷载和不同支座布置形式条件下的钢轨纵向力分别如图 4-13 所示,结构纵向力与位移的最大值如表 4-12 所示。

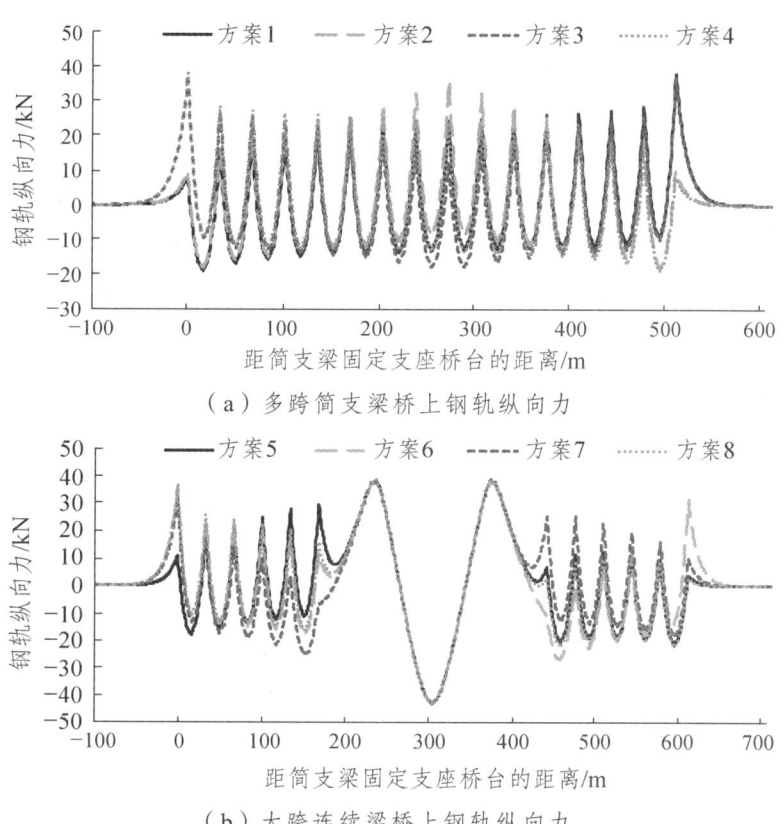

(a) 多跨简支梁桥上钢轨纵向力

(b) 大跨连续梁桥上钢轨纵向力

图 4-13 列车荷载和不同支座布置形式条件下钢轨纵向力

表 4-12 列车荷载和不同支座布置形式条件下结构纵向力与位移的最大值

桥梁类型及支座布置形式		F_r/kN	D_r/mm	ΔD_{rts}/mm	Δ_{bj}/mm	F_a/kN	F_p/kN
多跨简支梁桥	布置形式 1	−19.218/38.281	−0.540/0.067	0.438	0.502	45.862	17.117
	布置形式 2	−18.546/36.571	−0.316/0.268	0.426	0.616	—	18.094
	布置形式 3	−18.108/37.454	−0.421/0.438	0.433	0.480	50.565	16.009
	布置形式 4	−19.236/38.357	−0.067/0.542	0.438	0.502	45.941	17.136

续表

桥梁类型及支座布置形式		F_r/kN	D_r/mm	ΔD_{rts}/mm	Δ_{bj}/mm	F_a/kN	F_p/kN
大跨连续梁桥	布置形式 5	-43.227/38.975	-0.202/1.155	0.382	0.504	—	92.471
	布置形式 6	-43.288/38.790	-0.302/1.148	0.426	0.446	70.497	92.732
	布置形式 7	-43.259/38.870	-0.966/0.311	0.405	0.466	67.620	131.728
	布置形式 8	-43.256/38.895	-0.021/1.337	0.431	0.467	51.074	53.482

由图 4-13 和表 4-12 可知，在列车荷载作用下，不同的支座布置形式对桥梁及轨道结构纵向受力与变形的影响较大。当相邻两跨梁固定支座布置在同一桥墩时，两侧梁体挠曲变形对该墩顶产生的纵向力大小相近、方向相反。

相比于布置形式 4，多跨简支梁桥采用布置形式 1、布置形式 2 和布置形式 3 时，钢轨最大压力分别减小了 0.1%、3.6%和 5.9%，钢轨最大拉力分别减小了 0.2%、4.7%和 2.4%，轨板相对位移分别减小了 0、2.7%和 1.1%，固定支座桥墩顶部最大纵向力分别增大了-0.1%、5.6%、和-6.6%；相比于布置形式 8，大跨连续梁桥采用布置形式 5、布置形式 6 和布置形式 7 时，钢轨最大压力分别减小了 0.07%、-0.07%和-0.01%，钢轨最大拉力分别减小了-0.2%、0.3%和 0.06%，轨板最大相对位移分别减小了 11.4%、1.2%和 6.0%，固定支座桥墩顶部最大纵向力分别增大了 72.9%、73.4%、和 146.3%。

4.4.3 支座布置形式对制动力的影响

在列车制动荷载和不同支座布置形式条件下的钢轨纵向力如图 4-14 所示，结构纵向力与位移的最大值如表 4-13 所示。

由图 4-14 和表 4-13 可知，在列车制动作用下，不同的支座布置形式对桥梁及轨道结构纵向受力与变形的影响较大，当相邻两跨梁固定支座布置在同一桥墩时，两侧钢轨上制动荷载对该墩顶产生的纵向力大小相近、方向相同，故该墩顶部纵向力增幅明显。

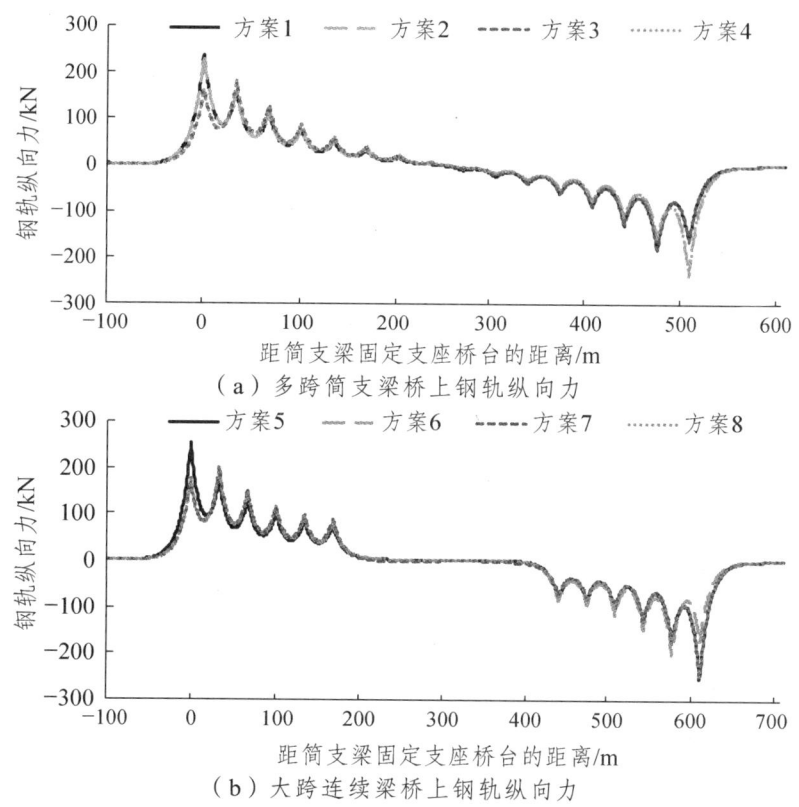

图 4-14 列车制动荷载和不同支座布置形式条件下钢轨纵向力

表 4-13 列车制动荷载和不同支座布置形式条件下结构纵向力与位移的最大值

桥梁类型及支座布置形式		F_r/kN	D_r/mm	ΔD_{rts}/mm	Δ_{bj}/mm	F_a/kN	F_p/kN
多跨简支梁桥	布置形式1	−181.745/237.380	—/9.246	1.650	0.502	489.005	304.766
	布置形式2	−237.830/237.798	—/9.365	1.653	0.616	—	614.814
	布置形式3	−181.207/181.236	—/9.127	1.574	0.480	487.987	300.717
	布置形式4	−237.388/181.747	—/9.247	1.650	0.502	488.802	304.761
大跨连续梁桥	布置形式5	−252.250/250.776	—/11.132	1.753	0.504	—	2 233.654
	布置形式6	−199.123/197.343	—/11.886	1.692	0.446	521.633	2 182.363
	布置形式7	−249.946/200.127	—/11.004	1.737	0.466	523.515	2 208.026
	布置形式8	−251.430/198.354	—/11.013	1.747	0.467	520.166	2 207.777

相比于布置形式 4，多跨简支梁桥采用布置形式 1、布置形式 2 和布置形式 3 时，钢轨最大压力分别减小了 23.4%、-0.2%和 23.7%，钢轨最大拉力分别增大了 30.6%、30.9%和-0.3%，轨板相对位移分别增大了 0%、0.2%和-4.6%，固定支座桥墩顶部最大纵向力分别增大了 0%、101.7%、和-1.3%；相比于布置形式 8，大跨连续梁桥采用布置形式 5、布置形式 6 和布置形式 7 时，钢轨最大压力分别减小了 0.3%、20.8%和 0.6%，钢轨最大拉力分别增大了 26.4%、-0.5%和 0.9%，轨板最大相对位移分别增大了 0.3%、-3.2%和-0.6%，固定支座桥墩顶最大纵向力分别增大了 1.2%、-1.2%和 0.01%。

综上所述，不同支座布置形式对桥上无缝线路伸缩力、挠曲力及制动力均有不同程度的影响，且随着温度跨度的增大而增大。因此，在对长大桥梁进行支座布置形式设计时，需遵循最小温度跨度的原则。就本书所建立的模型而言，多跨简支梁桥采用布置形式 4，大跨连续梁桥采用布置形式 8 较为合理。

4.5 弹性垫层弹性模量的影响

CRTSⅢ型板式无砟轨道中每块底座上部分设置有与自密实混凝土层下部分两个凸台互相咬合的两个凹槽，且凹槽四周设置了弹性垫层。本节研究不同材料的弹性垫层对桥上无缝线路纵向力的影响。弹性垫层的弹性模量分别取 0.54 MPa（弹性橡胶垫层）、3.7 MPa（微孔橡胶垫层）、25 MPa（树脂材料）和 200 MPa 四种工况，计算并对比分析在温度荷载、列车荷载或列车制动荷载作用下各桥梁及轨道结构的纵向力与位移。

4.5.1 弹性垫层弹性模量对伸缩力的影响

在温度荷载和不同弹性垫层弹性模量条件下结构纵向力与位移的最大值如表 4-14 所示。

表 4-14　温度荷载和不同弹性垫层弹性模量条件下结构纵向力与位移的最大值

桥梁类型及弹性垫层弹性模量		F_r/kN	S_{cp}/MPa	S_{el}/MPa	Δ_{el}/mm	F_a/kN	F_p/kN
多跨简支梁桥	0.54 MPa	−214.400/161.835	−2.830	−0.002	−0.042	528.379	54.889
	3.7 MPa	−214.400/161.836	−2.826	−0.016	−0.042	528.377	54.889
	25 MPa	−214.403/161.840	−2.801	−0.102	−0.041	528.365	54.885
	200 MPa	−214.420/161.874	−2.629	−0.674	−0.034	528.275	54.861
大跨连续梁桥	0.54 MPa	−620.930/325.606	−3.247	−0.003	−0.049	667.967	789.185
	3.7 MPa	−620.931/325.606	−3.243	−0.018	−0.049	667.966	789.188
	25 MPa	−620.940/325.607	−3.218	−0.119	−0.048	667.946	789.211
	200 MPa	−620.998/325.613	−3.049	−0.786	−0.039	667.812	789.373

由表 4-14 可知：在温度荷载作用下，随着弹性垫层弹性模量的增大，钢轨纵向力随之增大，但增幅很小；轨道板、自密实混凝层、凸台及底座板纵向应力与位移变化不大；弹性垫层纵向应力随着其弹性模量的增大而增大，变形量随之减小；桥梁纵向位移、梁缝增量随之增大，但变化幅度均很小，固定支座桥台/墩顶部纵向力与位移基本不变。

当弹性垫层弹性模量由 0.54 MPa 增大至 200 MPa 时，在温度荷载作用下两种桥上钢轨最大压力/拉力、钢轨最大压缩/拉伸变形量、轨板最大相对位移，以及固定支座桥台和桥墩顶部纵向力与位移的变化幅度均不足 1%；弹性垫层压缩量分别减小了 19.1% 和 20.4%。

4.5.2　弹性垫层弹性模量对挠曲力的影响

在列车荷载和不同弹性垫层弹性模量条件下结构纵向力与位移的最大值如表 4-15 所示。

表 4-15　列车荷载和不同弹性垫层弹性模量条件下结构纵向力与位移的最大值

桥梁类型及弹性垫层弹性模量		F_r/kN	S_{cp}/MPa	S_{el}/MPa	Δ_{el}/mm	F_a/kN	F_p/kN
多跨简支梁桥	0.54 MPa	−19.238/38.359	−0.963	−0.001	−0.014	45.941	17.137
	3.7 MPa	−19.238/38.359	−0.963	−0.005	−0.014	45.941	17.137
	25 MPa	−19.236/38.357	−0.957	−0.033	−0.013	45.941	17.136
	200 MPa	−19.223/38.344	−0.921	−0.224	−0.011	45.940	17.130

续表

桥梁类型及弹性垫层弹性模量		F_r/kN	S_{cp}/MPa	S_{el}/MPa	Δ_{el}/mm	F_a/kN	F_p/kN
大跨连续梁桥	0.54 MPa	−43.259/38.898	1.387	0.001	0.018	51.074	53.483
	3.7 MPa	−43.258/38.897	1.386	0.007	0.018	51.074	53.483
	25 MPa	−43.256/38.895	1.379	0.044	0.018	51.074	53.482
	200 MPa	−43.235/38.881	1.335	0.300	0.015	51.069	53.474

由表 4-15 可知，在列车荷载作用下，随着弹性垫层弹性模量的增大，钢轨纵向力随之减小，但减幅很小；轨道板、自密实混凝层、凸台及底座板纵向（应）力与位移变化不大；弹性垫层纵向应力随着其弹性模量的增大而增大，变形量随之减小；桥梁纵向位移、梁缝增量、固定支座桥台/墩顶部纵向力与位移稍有减小。

当弹性垫层弹性模量由 0.54 MPa 增大至 200 MPa 时，在列车荷载作用下两种桥上钢轨最大压力/拉力、钢轨最大压缩/拉伸变形量、轨板最大相对位移，以及固定支座桥台和桥墩顶部纵向力与位移的变化幅度均不足 1%；弹性垫层压缩量分别减小了 21.5% 和 16.7%。

4.5.3 弹性垫层弹性模量对制动力的影响

在列车制动荷载和不同弹性垫层弹性模量条件下结构纵向力与位移的最大值如表 4-16 所示。

表 4-16 列车制动荷载和不同弹性垫层弹性模量条件下结构纵向力与位移的最大值

桥梁类型及弹性垫层弹性模量		F_r/kN	S_{cp}/MPa	S_{el}/MPa	Δ_{el}/mm	F_a/kN	F_p/kN
多跨简支梁桥	0.54 MPa	−237.387/181.746	−0.210	0.000 2	0.005	488.802	304.762
	3.7 MPa	−237.387/181.746	−0.210	0.002	0.005	488.802	304.762
	25 MPa	−237.388/181.747	−0.207	0.012	0.005	488.802	304.761
	200 MPa	−237.395/181.752	−0.189	0.083	0.004	488.797	304.758
大跨连续梁桥	0.54 MPa	−251.428/198.353	−0.222	0.000 2	0.005	520.167	2 207.781
	3.7 MPa	−251.429/198.353	−0.222	0.002	0.005	520.167	2 207.781
	25 MPa	−251.430/198.354	−0.219	0.013	0.005	520.166	2 207.777
	200 MPa	−251.437/198.361	−0.200	0.089	0.004	520.163	2 207.749

由表 4-16 可知，在列车制动荷载作用下，随着弹性垫层弹性模量的增大，钢轨纵向力随之有小幅增大，钢轨纵向位移及轨板相对位移变化不大；轨道板、自密实混凝层、凸台及底座板纵向（应）力与位移基本不变；弹性垫层纵向应力随着其弹性模量的增大而增大，变形量随之减小；固定支座桥台/墩顶部纵向力的减幅较小。

当弹性垫层弹性模量由 0.54 MPa 增大至 200 MPa 时，在列车制动荷载作用下两种桥上钢轨最大压力/拉力、钢轨最大压缩/拉伸变形量、轨板最大相对位移，以及固定支座桥台和桥墩顶部纵向力与位移的变化幅度均不足 1%；弹性垫层压缩量均减小了 20.0%。

综上所述，随着弹性垫层弹性模量的增大，在温度荷载、列车荷载或列车制动荷载作用下弹性垫层应力随之增大，变形量随之减小，其他各轨道及桥梁结构纵向力与位移基本不变；弹性垫层的受力及其变形量均很小，且有很大的安全余量；因此，桥上 CRTS Ⅲ 型板式无砟轨道无缝线路纵向力可不作为弹性垫层选取的检算指标。

4.6 隔离层摩擦系数的影响

自密实混凝土层与底座板之间设置 4 mm 厚的土工布隔离层，隔离层覆盖自密实混凝土底层处凸台侧壁外的全部范围，以实现自密实混凝土层与底座板之间的良好隔离，便于后期维修。本节研究不同土工布隔离层摩擦系数对桥上无缝线路纵向力的影响。隔离层摩擦系数分别考虑 0（理想滑动状态）、0.7（滑动性能良好）、7（滑动性能差）和 7 000（基本丧失滑动性能）四种工况，计算并对比分析在温度荷载、列车荷载或列车制动荷载作用下各桥梁及轨道结构的纵向力与位移。

4.6.1 隔离层摩擦系数对伸缩力的影响

在温度荷载和不同隔离层摩擦系数条件下结构纵向力与位移的最大值如表 4-17 所示。

表 4-17 温度荷载和不同隔离层摩擦系数条件下结构纵向力与位移的最大值

桥梁类型及隔离层摩擦系数		F_r/kN	S_{cp}/MPa	S_{el}/MPa	Δ_{el}/mm	F_a/kN	F_p/kN
多跨简支梁桥	0	−214.398/161.833	−2.807	−0.102	−0.041	528.381	54.890
	0.7	−214.403/161.840	−2.801	−0.102	−0.041	528.365	54.885
	7	−214.444/161.912	−2.752	−0.099	−0.040	528.195	54.847
	7 000	−214.937/163.943	−1.251	−0.007	−0.003	522.315	53.614
大跨连续梁桥	0	−620.925/325.605	−3.222	−0.120	−0.048	667.971	789.174
	0.7	−620.940/325.607	−3.218	−0.119	−0.048	667.946	789.211
	7	−621.062/325.618	−3.185	−0.116	−0.046	667.722	789.523
	7 000	−623.878/326.291	−1.808	−0.009	−0.003	659.739	797.343

由表 4-17 可知，在温度荷载作用下，随着隔离层摩擦系数的增加，伸缩力工况下两种桥上钢轨纵向力及轨板相对位移均随之增大，钢轨纵向位移则随之减小，但变化幅度均很小。轨道板、自密实混凝土层与底座板层间均存在温度差，隔离层传递纵向力的能力随着其摩擦系数的增加而增大，因此，轨道板和底座板纵向应力均随着隔离层摩擦系数的增加而明显增大，自密实混凝土层、凸台及弹性垫层纵向应力明显减小。多跨简支梁桥固定支座桥台和桥墩顶部纵向力与位移随之减小；大跨连续梁桥固定支座桥台顶部纵向力随之减小、桥墩顶部纵向力随之增大，但变化幅度均很小。

当隔离层摩擦系数由 0 增加至 7 000 时，在温度荷载作用下，两种桥上钢轨最大压力/拉力、钢轨最大压缩/拉伸变形量、轨板最大相对位移，以及固定支座桥墩/台顶部纵向力的变化幅度均不足 1%；轨道板最大纵向应力分别增大了 39.3% 和 44.6%；自密实混凝土层最大纵向应力均减小了 41.2%；凸台最大纵向应力分别增大了 29.4% 和 32.2%；弹性垫层最大变形量分别减小了 92.7% 和 93.8%。

4.6.2 隔离层摩擦系数对挠曲力的影响

在列车荷载和不同隔离层摩擦系数条件下结构纵向力与位移的最大值如表 4-18 所示。

表 4-18　列车荷载和不同隔离层摩擦系数条件下结构纵向力与位移的最大值

桥梁类型及隔离层摩擦系数		F_r/kN	S_{cp}/MPa	S_{el}/MPa	Δ_{el}/mm	F_a/kN	F_p/kN
多跨简支梁桥	0	−19.238/38.357	−0.958	−0.033	−0.013	45.942	17.137
	0.7	−19.236/38.357	−0.957	−0.033	−0.013	45.941	17.136
	7	−19.223/38.355	−0.949	−0.033	−0.013	45.933	17.129
	7 000	−18.585/37.752	−0.640	−0.005	−0.002	45.741	16.824
大跨连续梁桥	0	−43.260/38.897	1.380	0.045	0.018	51.075	53.482
	0.7	−43.256/38.895	1.379	0.044	0.018	51.074	53.482
	7	−43.220/38.876	1.372	0.044	0.018	51.062	53.474
	7 000	−42.024/38.070	1.029	0.006	0.002	50.702	53.036

由表 4-18 可知，在列车荷载作用下，随着隔离层摩擦系数的增加，两种桥上钢轨纵向力、纵向位移及轨板相对位移均随之减小，但减幅均很小。隔离层传递纵向力的能力随着其摩擦系数的增加而增大，因此，轨道板、自密实混凝土层及底座板纵向应力均随着隔离层摩擦系数的增加而明显增大，凸台及弹性垫层纵向应力则随之明显减小；固定支座桥台和桥墩顶部纵向力与位移随之减小，但减幅均很小。

当隔离层摩擦系数由 0 增加至 7 000 时，在列车荷载作用下，两种桥上钢轨最大压力/拉力、钢轨最大压缩/拉伸变形量、轨板最大相对位移，以及固定支座桥台和桥墩顶部纵向力的变化幅度均不足 5%；轨道板最大纵向应力分别增大了 53.3% 和 59.0%；自密实混凝土层最大纵向应力分别增大了 91.7% 和 59.0%；凸台最大纵向应力分别减小了 33.2% 和 25.4%；弹性垫层最大变形量分别减小了 84.6% 和 88.9%。

4.6.3　隔离层摩擦系数对制动力的影响

在列车制动荷载和不同隔离层摩擦系数条件下结构纵向力与位移的最大值如表 4-19 所示。

表 4-19　列车制动荷载和不同隔离层摩擦系数条件下结构纵向力与位移的最大值

桥梁类型及隔离层摩擦系数		F_r/kN	S_{cp}/MPa	S_{el}/MPa	Δ_{el}/mm	F_a/kN	F_p/kN
多跨简支梁桥	0	−237.385/181.744	−0.209	0.012	0.005	488.804	304.763
	0.7	−237.388/181.747	−0.207	0.012	0.005	488.802	304.761
	7	−237.414/181.768	−0.187	0.011	0.004	488.781	304.748
	7 000	−237.699/182.019	−0.078	0.000 3	0.000 1	488.626	304.591
大跨连续梁桥	0	−251.426/198.351	−0.222	0.013	0.005	520.169	2 207.789
	0.7	−251.430/198.354	−0.219	0.013	0.005	520.166	2 207.777
	7	−251.460/198.380	−0.198	0.012	0.005	520.150	2 207.674
	7 000	−251.782/198.687	−0.085	0.000 4	0.000 2	520.057	2 206.495

由表 4-19 可知，在列车制动荷载作用下，随着隔离层摩擦系数的增加，两种桥上钢轨纵向力及轨板相对位移随之增大，钢轨纵向位移则随之减小，但变化幅度均很小。轨道板及自密实混凝土层纵向应力均随之明显减小，底座板纵向应力则明显增大，凸台及弹性垫层纵向应力减幅明显。这是由于隔离层向上、下层结构传递纵向力的能力随着其摩擦系数的增加而增强，向前、后凸台及弹性垫层结构传递纵向力的能力则随着其摩擦系数的增加而减弱。固定支座桥台和桥墩顶部纵向力随之减小，但减幅均很小。

当隔离层摩擦系数由 0 增加至 7 000 时，在列车制动荷载作用下，两种桥上钢轨最大压力/拉力、钢轨最大压缩/拉伸变形量、轨板最大相对位移，以及固定支座桥墩/台顶部纵向力与位移的变化幅度均不足 1%；轨道板最大纵向应力分别减小了 34.7%和 14.3%；自密实混凝土层最大纵向应力分别减小了 46.9%和 44.9%；底座板纵向应力分别增大了 12.4%和 13.0%；凸台最大纵向应力分别减小了 62.7%和 61.7%；弹性垫层最大变形量分别减小了 98.0%和 96.0%。

综上所述，随着隔离层摩擦系数的增加，隔离层向上、下层结构传递纵向力的能力随着其摩擦系数的增加而增强，向前、后凸台及弹性垫层结构传递纵向力的能力则随着其摩擦系数的增加而减弱。因此，在温度荷载、列车荷载或列车制动荷载作用下，钢轨、部分轨道和桥梁结构的纵向受力与变形都有一定的增幅。由此可见，需要保证土工布隔离层的滑动性能，以减弱轨道结构的层间相互作用，但从凸台及弹性垫层的受力与变形的角度考虑，又应将隔离层摩擦系数控制在合理范围内。值得注意的是，随着桥上CRTSⅢ型板式无砟轨道无缝线路的投入使用，隔离层的摩擦系数在反复摩擦及材料老化的影响下可能有所上升甚至丧失滑动性能，这一因素在设计、施工及运营维护过程中应予以考虑。

4.7 连续梁温度跨度的影响

本节针对大跨连续梁桥，分别考虑（48+80+48）m连续梁、（60+100+60）m连续梁、（70+130+70）m连续梁及（80+150+80）m连续梁四种一联三跨连续梁桥，连续梁两侧均分别建立5跨简支梁和100 m路基段，即连续梁温度跨度分别考虑为128 m、160 m、200 m及230 m四种工况，如图4-15所示，计算并对比分析在温度荷载、列车荷载或列车制动荷载作用下桥梁及各轨道结构的纵向力与位移。

4.7.1 连续梁温度跨度对伸缩力的影响

在温度荷载和不同连续梁温度跨度条件下的各结构纵向力、纵向位移及其最大值分别如图4-16、图4-17和表4-20所示。

由图4-16、图4-17和表4-20可知：在温度荷载作用下，随着连续梁温度跨度的增加，桥上钢轨纵向力、纵向位移及轨板相对位移均随之明显增大；梁缝增量、固定支座桥台和墩顶部纵向力随着连续梁温度跨度的增加而增大，且增幅较大。

当连续梁温度跨度由128 m增加至230 m时，大跨连续梁桥上钢轨最大压力/拉力增大了54.3%/-0.2%，钢轨最大压缩/拉伸变形量增大了124.8%/83.8%，轨板最大相对位移和梁缝最大增量分别增大了64.2%和58.4%，固定支座桥台和桥墩顶部最大纵向力分别增大了11.4%和95.1%。

4.7.2 连续梁温度跨度对挠曲力的影响

在列车荷载和不同连续梁温度跨度条件下的各结构纵向力、纵向位移及其最大值分别如图4-18、图4-19和表4-21所示。

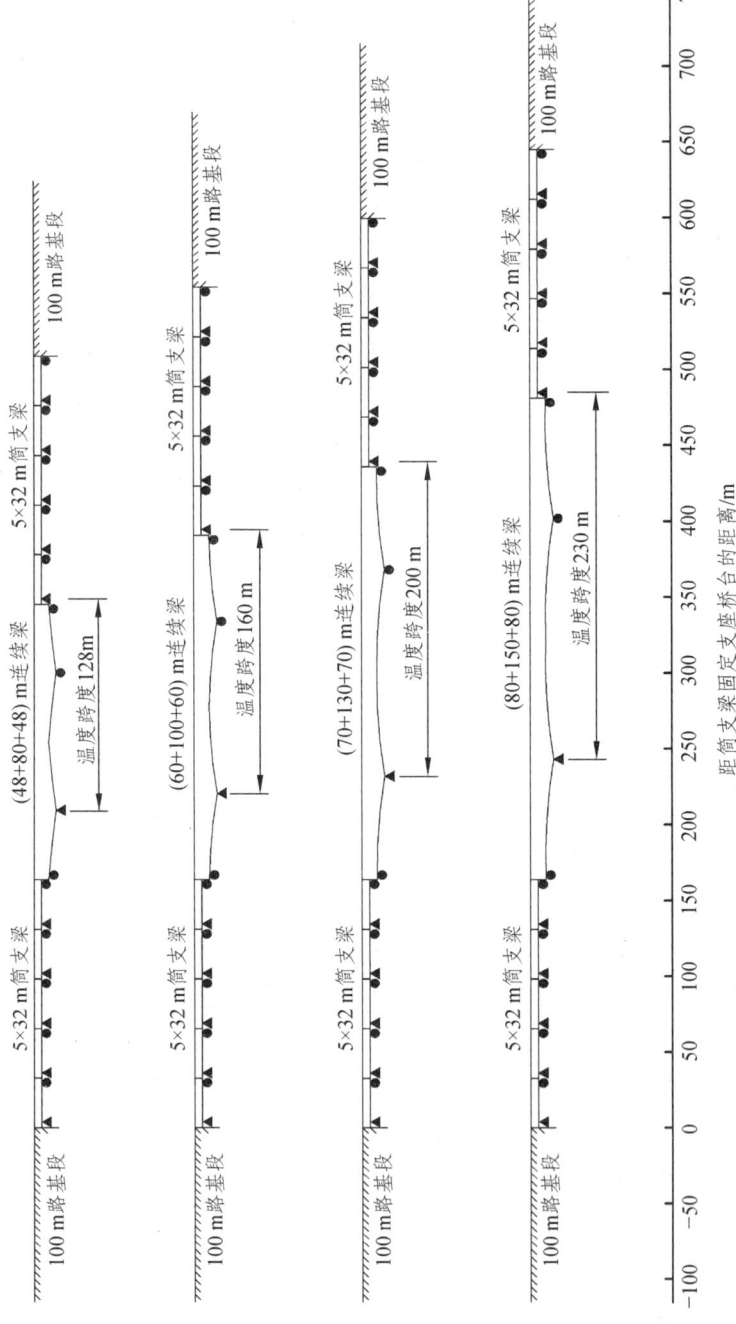

图 4-15 不同温度跨度的大跨连续梁桥

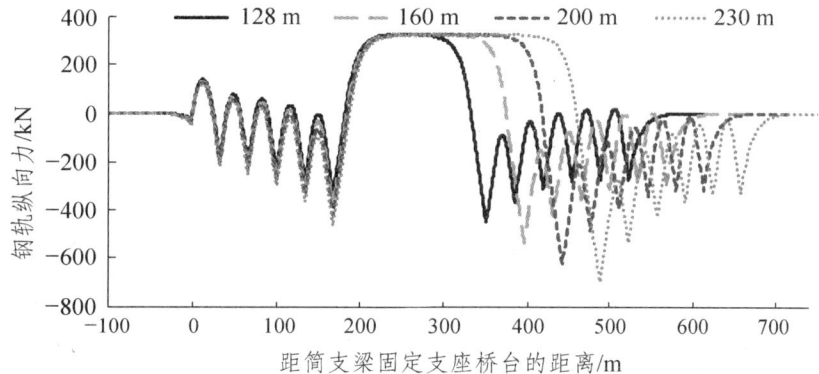

图 4-16 温度荷载和不同连续梁温度跨度条件下钢轨纵向力

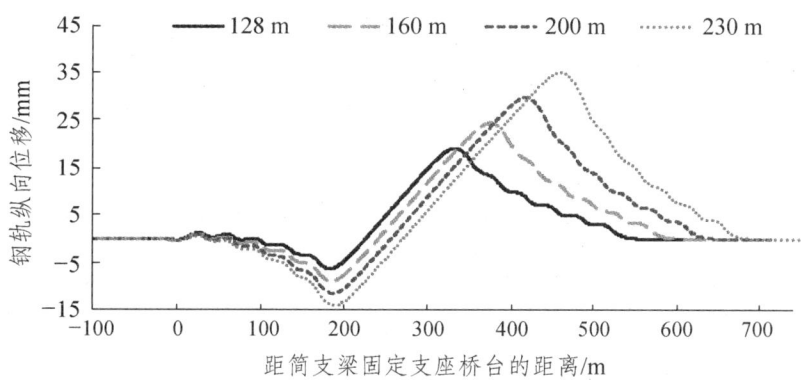

图 4-17 温度荷载和不同连续梁温度跨度条件下钢轨纵向位移

表 4-20 温度荷载和不同连续梁温度跨度条件下结构纵向力与位移的最大值

连续梁 温度跨度	F_r/kN	D_r/mm	ΔD_{rts}/mm	Δ_{bj}/mm	F_a/kN	F_p/kN
128 m	−450.980/325.930	−6.228/18.995	8.979	−15.712	619.317	471.776
160 m	−537.049/325.947	−8.844/24.372	10.709	−18.595	643.996	632.465
200 m	−620.940/325.607	−11.467/29.817	12.455	−21.514	667.946	789.211
230 m	−695.745/325.317	−13.998/34.977	14.743	−24.889	690.183	920.621

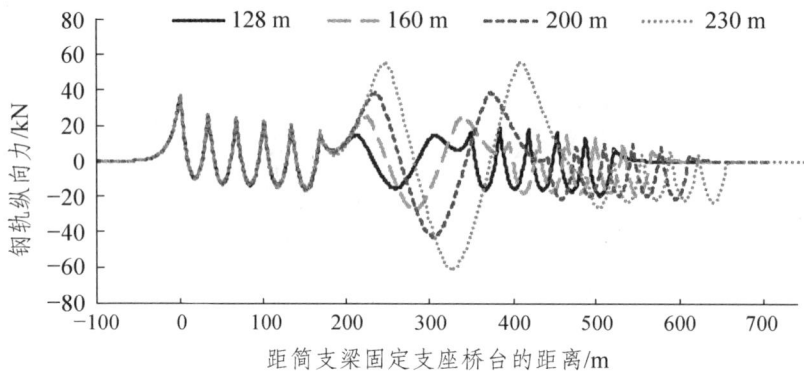

图 4-18　列车荷载和不同连续梁温度跨度条件下钢轨纵向力

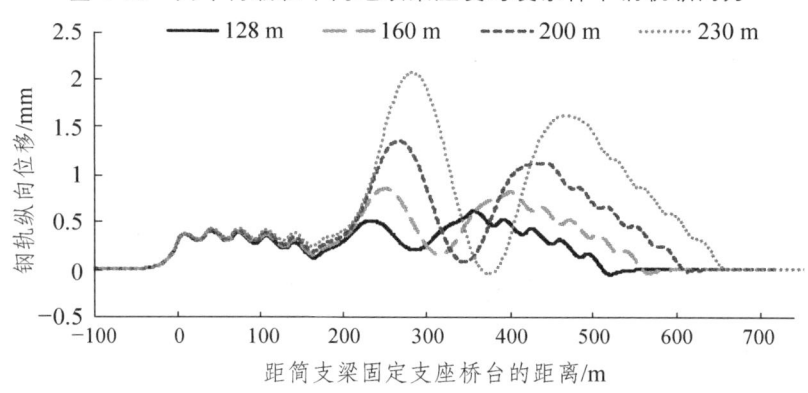

图 4-19　列车荷载和不同连续梁温度跨度条件下钢轨纵向位移

表 4-21　列车荷载和不同连续梁温度跨度条件下结构纵向力与位移的最大值

连续梁温度跨度	F_r/kN	D_r/mm	ΔD_{rts}/mm	Δ_{bj}/mm	F_a/kN	F_p/kN
128 m	−19.767/36.553	−0.057/0.607	0.428	0.458	52.396	16.582
160 m	−27.815/36.703	−0.042/0.834	0.429	0.461	51.858	16.124
200 m	−43.256/38.895	−0.021/1.337	0.431	0.467	51.074	53.482
230 m	−62.131/55.916	−0.053/2.049	0.432	0.474	49.967	105.155

由图 4-18、图 4-19 和表 4-21 可知，在列车荷载作用下，随着连续梁温度跨度的增加，桥上钢轨纵向力与位移随之明显增大，轨板相对位移增幅不大。连续梁温度跨度的增加，使得在全桥列车荷载作用下连续梁挠曲变形增大，连续梁固定支座桥墩顶部纵向力和活动支座处梁缝增量也随之明显增大；而简支梁固定支座桥台顶部纵向力则有所减小，但减幅很小。

当连续梁温度跨度由 128 m 增加至 230 m 时,列车荷载作用下大跨连续梁桥上钢轨最大压力/拉力增大了 215.8%/53.0%,钢轨最大压缩/拉伸变形量增大了-7.0%/237.6%,轨板最大相对位移和梁缝最大增量分别增大了 0.9% 和 3.5%,固定支座桥台顶部纵向力减小了 4.6%,而连续梁固定支座桥墩顶部纵向力的增幅高达 534.2%。

4.7.3 连续梁温度跨度对制动力的影响

在列车制动荷载和不同连续梁温度跨度条件下的各结构纵向力、纵向位移及其最大值分别如图 4-20、图 4-21 和表 4-22 所示。

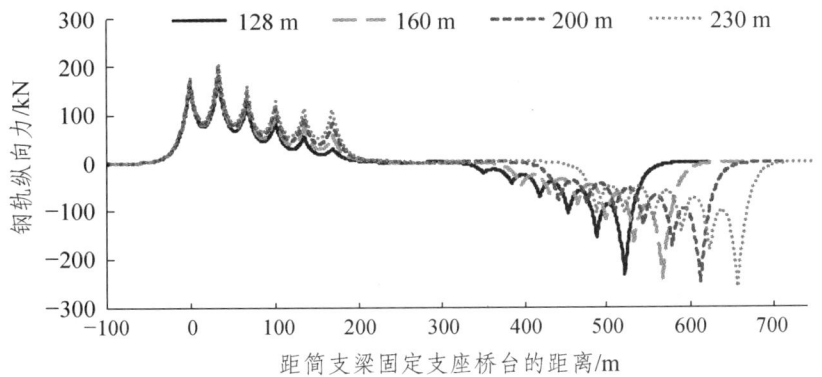

图 4-20 列车制动荷载和不同连续梁温度跨度条件下钢轨纵向力

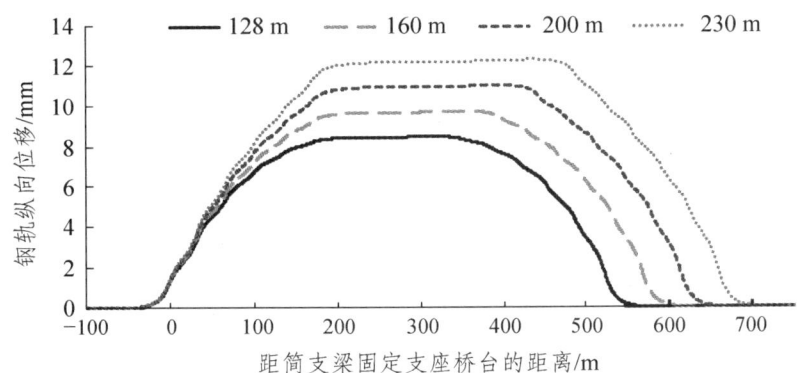

图 4-21 列车制动荷载和不同连续梁温度跨度条件下钢轨纵向位移

表 4-22　列车制动荷载和不同连续梁温度跨度条件下结构纵向力与位移的最大值

连续梁温度跨度	F_r/kN	D_r/mm	ΔD_{rts}/mm	Δ_{bj}/mm	F_a/kN	F_p/kN
128 m	−233.937/177.731	—/8.474	1.626	2.344	481.218	1 699.609
160 m	−242.567/187.933	—/9.723	1.686	2.477	500.485	1 956.367
200 m	−251.430/198.354	—/11.013	1.747	2.614	520.166	2 207.777
230 m	−260.182/208.564	—/12.289	1.808	2.748	539.449	2 462.867

由图 4-20、图 4-21 和表 4-22 可知：随着连续梁温度跨度的增加，列车制动荷载的作用长度也随之增加，两种桥上钢轨纵向力、纵向位移及轨板相对位移均随之明显增大；梁缝增量、固定支座桥台和桥墩顶部纵向力与位移随着连续梁温度跨度的增加而明显增大。

当连续梁温度跨度由 128 m 增加至 230 m 时，大跨连续梁桥上钢轨最大压力/拉力增大了 11.2%/17.4%，钢轨最大拉伸变形量增大了 45.0%，轨板最大相对位移和梁缝最大增量分别增大了 11.2% 和 17.2%，固定支座桥台和桥墩顶部纵向力增大了 12.1% 和 44.9%。

综上所述，随着连续梁温度跨度的增加，桥上 CRTSⅢ型板式无砟轨道无缝线路纵向力与位移随之明显增大，且各桥梁及轨道结构纵向力与位移的增幅以伸缩力最为显著，挠曲力次之，制动力最小，这是由于桥上无缝线路伸缩受力与变形大小的直接原因是梁体的伸缩变形大小，而梁体的伸缩变形随着温度跨度的增加而明显增大；桥上无缝线路挠曲受力与变形大小的直接原因是梁体的挠曲变形大小，全桥满载时梁体挠曲变形的大小也随着梁体的长度及其跨度的增加而增大；桥上无缝线路制动受力与变形来自列车制动荷载的直接作用，其大小与列车制动荷载的作用长度直接相关，其增幅较小是因为这几种不同温度跨度的连续梁桥全桥长度均大于 400 m。因此，设计连续梁桥上 CRTSⅢ型板式无砟轨道无缝线路时，需要根据不同地区的气候条件确定 CRTSⅢ型板式无砟轨道所能适应的最大温度跨度，或根据连续梁温度跨度的大小对无缝线路安全性进行检算，其中包括钢轨强度检算、钢轨断缝值检算、弹性垫层变形检算及轨道层间相对位移检算。

4.8 连续梁截面高度的影响

双线连续箱梁为现浇变截面梁，在分析连续梁桥上无砟轨道无缝线路纵向力时若采用实际梁体截面参数进行建模，将使得所建立的模型较复杂，计算速度较慢，难以实现参数化建模和纵向力计算程序的编制。本节针对 5×32 m 简支梁+（70+130+70）m 连续梁+5×32 m 简支梁桥，对连续梁部分进行简化，在确保计算精度的条件下降低建模难度，提高计算效率及纵向力计算程序的通用性。分别考虑如图 4-22 及表 4-23 所示的 4 种工况，计算并对比分析在温度荷载、列车荷载或列车制动荷载作用下桥梁及各轨道结构的纵向力与位移。

4.8.1 连续梁截面高度对伸缩力的影响

在温度荷载和不同连续梁简化方案条件下的各结构纵向力、纵向位移及其最大值分别如图 4-23、图 4-24 和表 4-24 所示。

由图 4-23、图 4-24 和表 4-24 可知，在温度荷载作用下，三种简化的等截面模型与原有变截面模型计算所得的各轨道及桥梁结构纵向力与位移变化趋势及其最大值相差不大。相比于原方案的变截面模型，等截面简化模型计算的钢轨最大压力/拉力变化均小于 1 kN，钢轨纵向位移变化均小于 1 mm，轨板相对位移误差均小于 0.1 mm，其中简化方案 1（边跨支点等截面模型）、简化方案 2（边跨 1/2 处等截面模型）和简化方案 3（主跨支点截面等截面模型）计算的固定支座桥台顶纵向力均减小了 0.1%，固定支座桥墩顶最大纵向力分别增大了 0.5%、0.6%和 0.7%。由此可知，三种简化的等截面模型与原有变截面模型伸缩力计算结果误差均不足 1%，可满足工程应用的需求，且以简化方案 1（边跨支点等截面模型）计算结果的误差最小。

4.8.2 连续梁截面高度对挠曲力的影响

在列车荷载和不同连续梁简化方案条件下的各结构纵向力、纵向位移及其最大值分别如图 4-25、图 4-26 和表 4-25 所示。

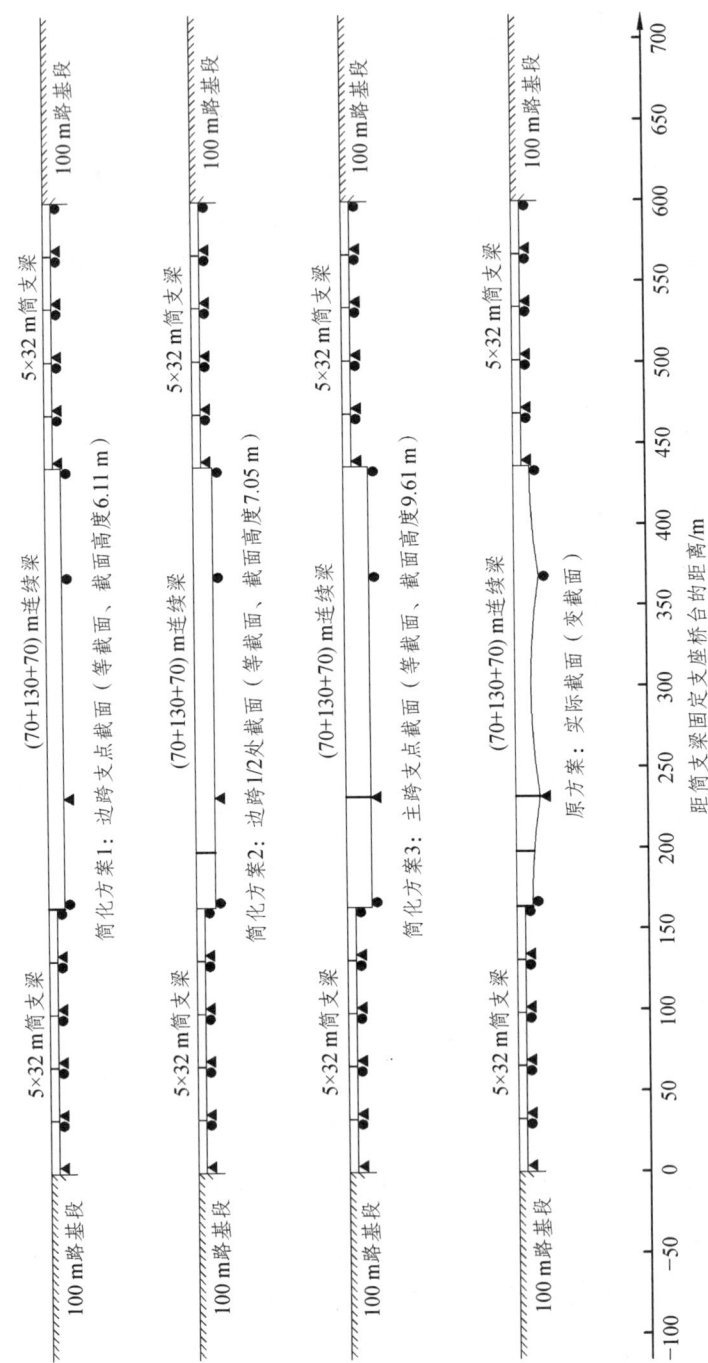

图 4-22 连续梁截面简化方案

表 4-23 连续梁截面简化方案

连续梁简化方案	截面位置	截面高度
简化方案 1（等截面）	边跨支点截面	6.11 m
简化方案 2（等截面）	边跨 1/2 处截面	7.05 m
简化方案 3（等截面）	主跨支点截面	9.61 m
原方案（变截面）	每一截面均按实际梁体截面参数进行建模	

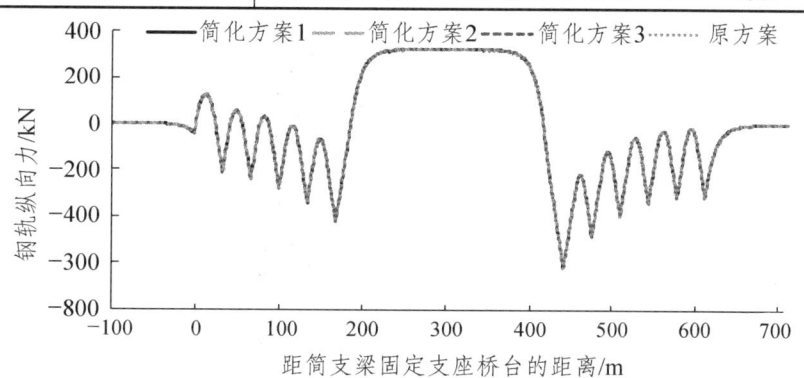

图 4-23 温度荷载和不同连续梁简化方案条件下钢轨纵向力

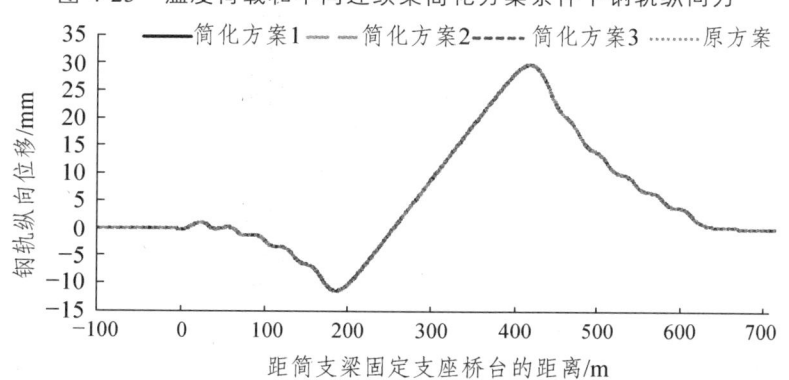

图 4-24 温度荷载和不同连续梁简化方案条件下钢轨纵向位移

表 4-24 温度荷载和不同连续梁简化方案条件下结构纵向力与位移最大值

连续梁简化方案	F_r/kN	D_r/mm	ΔD_{rts}/mm	Δ_{bj}/mm	F_a/kN	F_p/kN
简化方案 1	-620.959/324.796	-11.408/29.818	12.462	-21.525	667.431	793.079
简化方案 2	-621.061/324.792	-11.403/29.825	12.455	-21.520	667.385	793.829
简化方案 3	-621.147/324.762	-11.400/29.831	12.437	-21.507	667.363	794.345
原方案	-620.940/325.607	-11.467/29.817	12.455	-21.514	667.946	789.211

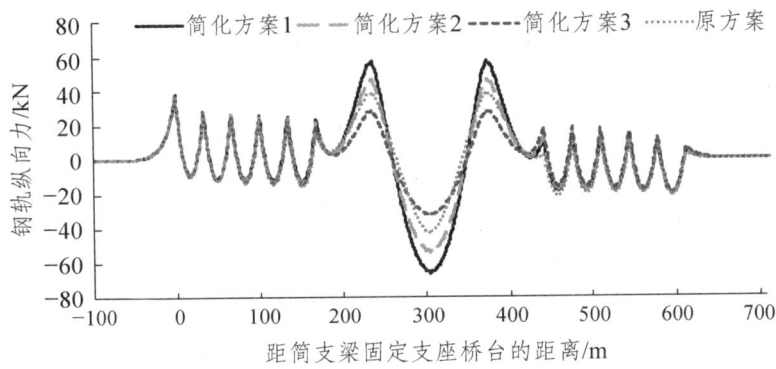

图 4-25 列车荷载和不同连续梁简化方案条件下钢轨纵向力

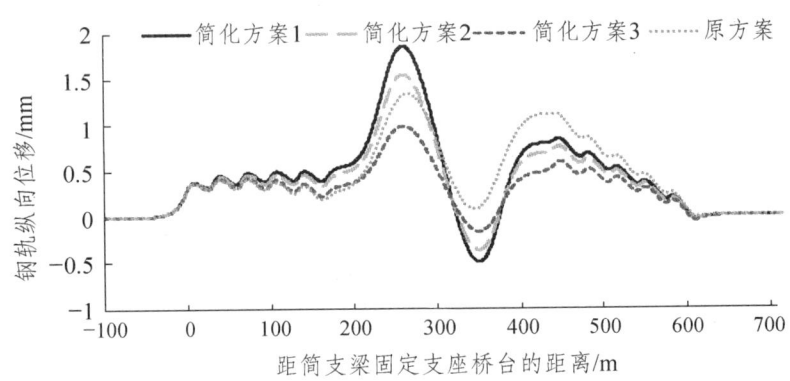

图 4-26 列车荷载和不同连续梁简化方案条件下钢轨纵向位移

表 4-25 列车荷载和不同连续梁简化方案条件下结构纵向力与位移最大值

连续梁简化方案	F_r/kN	D_r/mm	ΔD_{rts}/mm	Δ_{bj}/mm	F_a/kN	F_p/kN
简化方案 1	-66.261/57.203	-0.500/1.847	0.437	0.495	46.948	48.195
简化方案 2	-53.892/46.701	-0.369/1.541	0.435	0.487	48.073	32.659
简化方案 3	-32.401/37.113	-0.168/0.986	0.432	0.471	50.392	16.608
原方案	-43.256/38.895	-0.021/1.337	0.431	0.467	51.074	53.482

由图 4-25、图 4-26 和表 4-25 可知，梁体在列车荷载作用下产生挠曲变形的大小与梁体截面的抗弯刚度直接相关，梁体截面越高，抗弯强度越大，产生的挠曲变形越小，因此，在列车荷载作用下三种简化的等截面模型与原有变截面模型计算所得的各轨道及桥梁结构纵向力与位移变化趋势及其

最大值相差很大。对于全桥列车荷载作用下桥上轨道结构纵向力与位移最大值而言，简化方案1（边跨支点等截面模型）条件下的计算结果最大，简化方案3（主跨支点截面等截面模型）条件下的计算结果最小，原方案（变截面模型）条件下固定支座桥台及桥墩顶纵向力的计算结果最大。

相比于原方案的变截面模型，简化方案1（边跨支点等截面模型）、简化方案2（边跨1/2处等截面模型）和简化方案3（主跨支点截面等截面模型）计算的钢轨最大压力分别增大了53.2%、24.6%和-25.1%，钢轨最大拉力分别增大了47.1%、16.7%和-4.6%，钢轨最大压缩变形分别增大了23.8倍、16.6倍和7.0倍，钢轨最大拉伸变形分别增大了38.2%、15.3%和-26.3%，轨板最大相对位移分别增大了1.4%、0.9%和0.2%，固定支座桥台顶纵向力分别减小了8.1%、5.9%和1.3%，固定支座桥墩顶最大纵向力分别减小了9.9%、38.9%和69.0%。由此可知，三种简化的等截面模型与原有变截面模型挠曲力计算结果相差均很大，不能满足工程应用的需求，在计算大跨连续梁桥上CRTSⅢ型板式无砟轨道无缝线路挠曲力时必须根据连续梁实际截面参数进行建模计算。

4.8.3 连续梁截面高度对制动力的影响

在列车制动荷载和不同连续梁简化方案条件下的各结构纵向力、纵向位移及其最大值分别如图4-27、图4-28和表4-26所示。

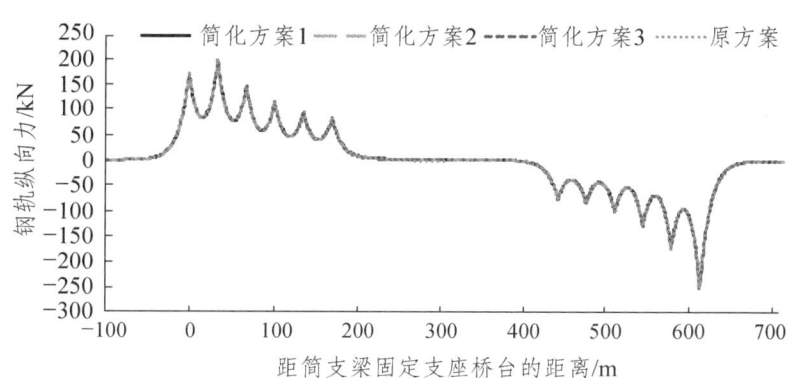

图4-27 列车制动荷载和不同连续梁简化方案条件下钢轨纵向力

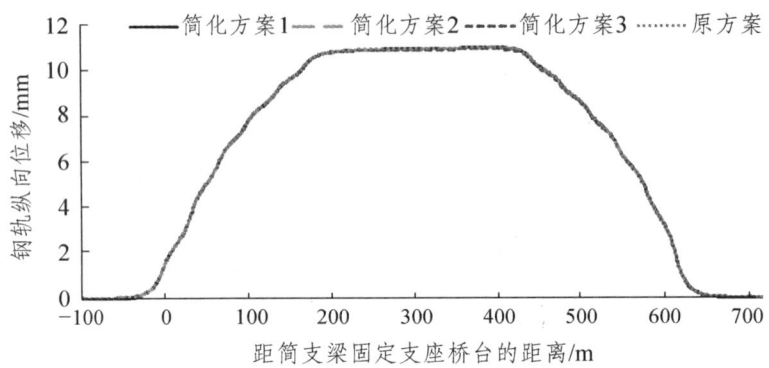

图 4-28 列车制动荷载和不同连续梁简化方案条件下钢轨纵向位移

表 4-26 列车制动荷载和不同连续梁简化方案条件下结构纵向力与位移的最大值

连续梁简化方案	F_r/kN	D_r/mm	ΔD_{rts}/mm	Δ_{bj}/mm	F_a/kN	F_p/kN
简化方案 1	−251.324/198.230	—/11.004	1.747	2.612	519.933	2 210.456
简化方案 2	−251.146/198.140	—/10.979	1.746	2.611	519.762	2 213.709
简化方案 3	−250.855/198.161	—/10.939	1.743	2.611	519.801	2 217.233
原方案	−251.430/198.354	—/11.013	1.747	2.614	520.166	2 207.777

由图 4-27、图 4-28 和表 4-26 可知，三种简化的等截面模型与原有变截面模型计算所得的各轨道及桥梁结构纵向力与位移变化趋势及其最大值相差不大，轨道板、自密实混凝土层、凸台、弹性垫层及底座板纵向应力基本不变。相比于原方案的变截面模型，等截面简化模型计算的钢轨最大纵向力变化均小于 1 kN，钢轨纵向位移变化均小于 0.1 mm，轨板相对位移变化均小于 0.01 mm，其中简化方案 1（边跨支点等截面模型）、简化方案 2（边跨 1/2 处等截面模型）和简化方案 3（主跨支点等截面模型）计算的固定支座桥台顶纵向力减幅均不足 0.1%，固定支座桥墩顶最大纵向力分别减小了 0.1%、0.3%和 0.4%。由此可知，三种简化的等截面模型与原有变截面模型制动力计算结果误差均不足 1%，可满足工程应用的需求，且以简化方案 1（边跨支点等截面模型）计算结果的误差最小。

综上所述，本书所提出的三种连续梁简化模型和原有变截面模型伸缩力与制动力计算结果误差均不足 1%，可满足工程应用的需求。为了提高计算建模和计算效率,在大跨连续梁桥上 CRTSⅢ型板式无砟轨道无缝线路伸缩力与制动力计算过程中,可将变截面的连续梁模型简化成边跨支点等截面模型进行建模计算,以连续箱梁的 3 个特殊断面(边跨支点截面、边跨 1/2 处截面和主跨支点截面)进行建模均可采用。简化模型挠曲力计算结果与原有模型相差较大,在计算大跨连续梁桥上 CRTSⅢ型板式无砟轨道无缝线路挠曲力时必须根据连续梁实际截面参数进行建模计算。考虑到目前广泛应用于高速铁路的大跨连续梁截面大多为箱形截面构造,而箱形截面整体性好、刚度大、列车荷载作用下产生的挠曲变形小,且挠曲力较伸缩力和制动力小很多,所以,在桥梁及轨道结构检算过程中一般采用伸缩力和制动力作为控制因素,而挠曲力一般不会成为控制因素。因此,本书提出的模型简化方案适用于大跨连续梁桥上 CRTSⅢ型板式无砟轨道无缝线路的设计检算,采用简化模型可大大提高建模速度和计算效率,且具有一定的通用性。

4.9 连续梁相邻简支梁配跨数的影响

高速铁路长大梁桥多采用多跨简支梁与大跨连续梁组合的方式,且大跨连续梁两侧简支梁的跨数往往较多,因此,在分析大跨连续梁桥上无砟轨道无缝线路纵向力与位移时需要对两侧简支梁进行相应的简化。本节研究不同连续梁相邻简支梁配跨数对桥上无缝线路纵向力的影响,在计算结果相对安全的前提下提出最优简化方案,以达到减小计算量,提高计算效率的目的。本节以一联三跨(70+130+70)m 连续梁为例,分别在连续梁两侧建立 3、5、7、8、9、10 跨简支梁,计算并对比分析在温度荷载、列车荷载或列车制动荷载作用下桥梁及各轨道结构的纵向力与位移,为使对比结果更加简明,取两侧简支梁配跨数分别为 3、5、7、9 跨四种工况的计算数据进行图形绘制,如图 4-29 所示。本节数据图中的横坐标以连续梁固定支座桥墩为坐标原点。

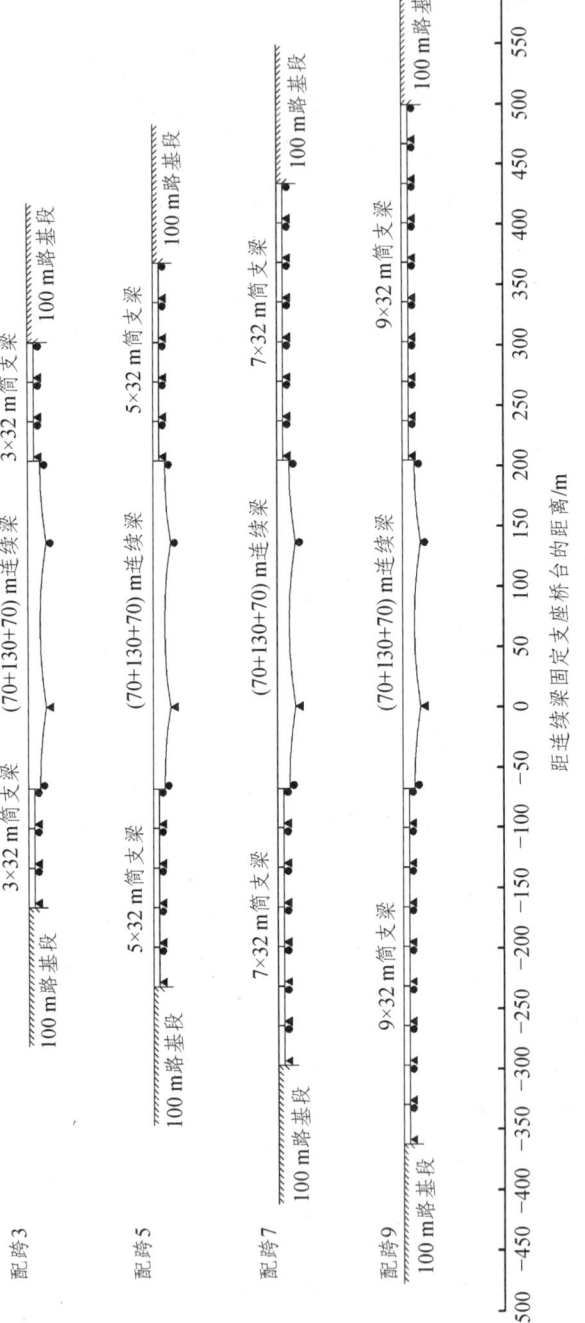

图 4-29 不同连续梁相邻简支梁配跨数

4.9.1 连续梁相邻简支梁配跨数对伸缩力的影响

在温度荷载和不同连续梁相邻简支梁配跨数条件下的各结构纵向力、纵向位移及其最大值分别如图 4-30、图 4-31 和表 4-27 所示。

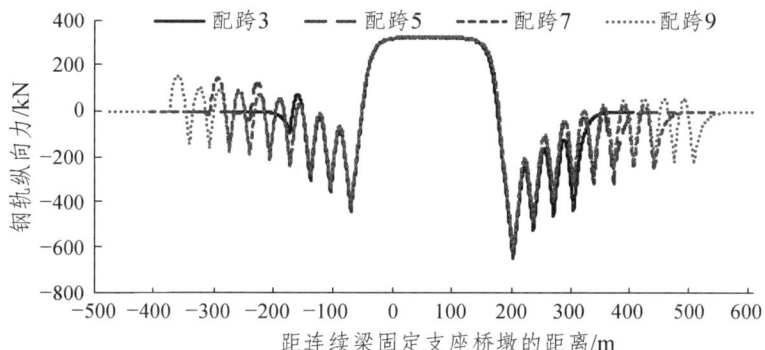

图 4-30 温度荷载和不同连续梁相邻简支梁配跨数条件下钢轨纵向力

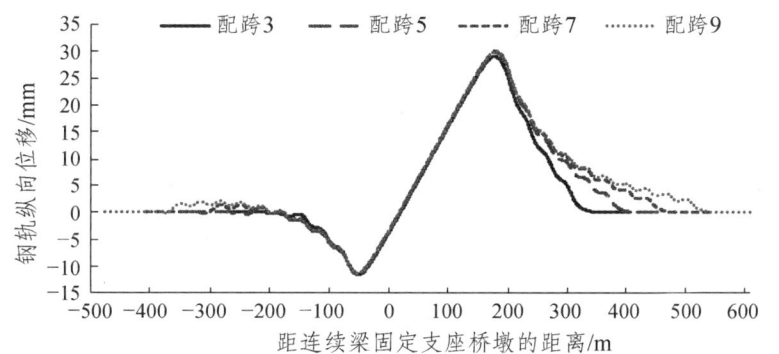

图 4-31 温度荷载和不同连续梁相邻简支梁配跨数条件下钢轨纵向位移

表 4-27 温度荷载和不同连续梁相邻简支梁配跨数条件下结构纵向力与位移的最大值

相邻简支梁配跨数	F_r/kN	D_r/mm	ΔD_{rts}/mm	Δ_{bj}/mm	F_a/kN	F_p/kN
3 跨	-649.654/325.472	-11.551/29.026	13.535	-22.853	840.563	837.404
5 跨	-620.940/325.607	-11.467/29.817	12.455	-21.514	667.946	789.211
7 跨	-612.360/325.628	-11.343/30.005	12.284	-21.263	590.758	760.355
8 跨	-610.827/325.640	-11.305/30.049	12.253	-21.218	569.885	752.908
9 跨	-609.993/325.632	-11.278/30.077	12.237	-21.194	555.582	747.993
10 跨	-609.526/325.628	-11.260/30.096	12.227	-21.118	545.859	744.732

由图 4-30、图 4-31 表 4-27 可知，在温度荷载作用下，随着连续梁相邻简支梁配跨数的增加，桥上钢轨附加压力及其压缩变形随之减小，附加拉力及其拉伸变形基本不变；轨板相对位移随之减小；梁缝增量、固定支座桥台和桥墩顶部纵向力随之减小，且减幅较大。随着连续梁相邻简支梁配跨数增加，各桥梁及轨道结构纵向力与位移的变化在配跨数小于 5 跨之前较为明显，在配跨数大于 7 跨之后变化幅度明显放缓。

当连续梁相邻简支梁配跨数由 3 跨增加至 5 跨时，大跨连续梁桥上钢轨最大压力/拉力减小了 4.4%/-0.04%，钢轨最大压缩/拉伸变形量减小了 0.7%/2.7%，轨板最大相对位移减小了 8.0%，梁缝最大增量减小了 5.9%，固定支座桥台和桥墩顶部最大纵向力分别减小了 20.5%和 5.7%。当连续梁相邻简支梁配跨数由 7 跨增加至 10 跨时，大跨连续梁桥上钢轨最大压力/拉力减小了 0.5%/0，钢轨最大压缩/拉伸变形量减小了 0.7%/0.3%，轨板最大相对位移减小了 0.5%，梁缝最大增量减小了 0.7%，固定支座桥台和桥墩顶部最大纵向力分别减小了 6.7%和 2.1%。

4.9.2　连续梁相邻简支梁配跨数对挠曲力的影响

在列车荷载和不同连续梁相邻简支梁配跨数条件下的各结构纵向力、纵向位移及其最大值分别如图 4-32、图 4-33 和表 4-28 所示。

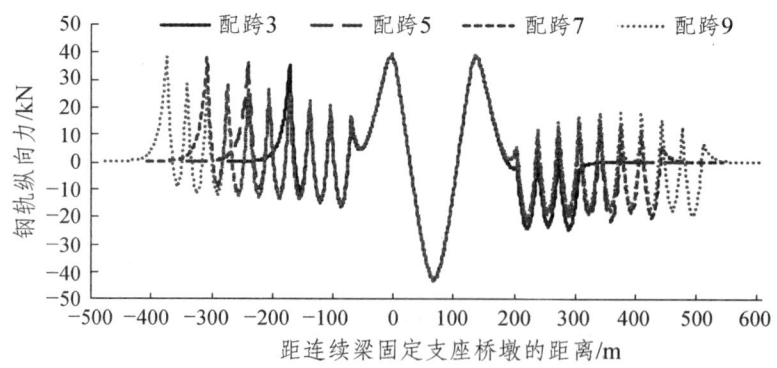

图 4-32　列车荷载和不同连续梁相邻简支梁配跨数条件下钢轨纵向力

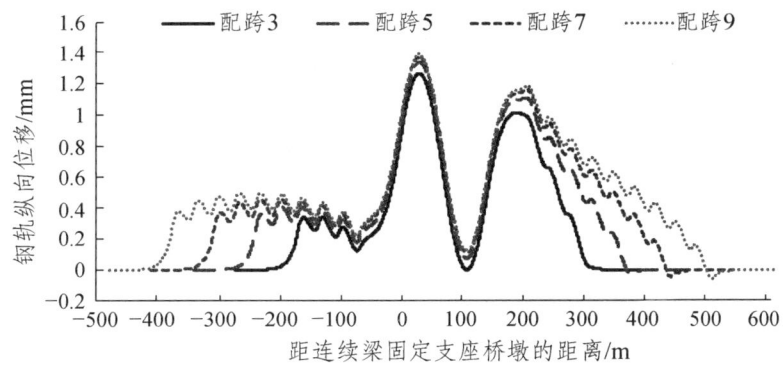

图 4-33 列车荷载和不同连续梁相邻简支梁配跨数条件下钢轨纵向位移

表 4-28 列车荷载和不同连续梁相邻简支梁配跨数条件下结构纵向力与位移最大值

相邻简支梁配跨数	F_r/kN	D_r/mm	ΔD_{rts}/mm	Δ_{bj}/mm	F_a/kN	F_p/kN
3 跨	-43.268/38.850	—/1.265	0.419	0.416	58.384	68.407
5 跨	-43.256/38.895	-0.021/1.337	0.431	0.467	51.074	53.482
7 跨	-43.241/38.906	-0.043/1.372	0.435	0.487	48.183	46.293
8 跨	-43.249/38.910	-0.050/1.382	0.436	0.492	47.399	43.952
9 跨	-43.234/38.913	-0.055/1.390	0.437	0.496	46.856	42.422
10 跨	-43.243/38.905	0.058/1.395	0.438	0.499	46.477	41.334

由图 4-32、图 4-33 和表 4-28 可知：在列车荷载作用下，随着连续梁相邻简支梁配跨数的增加，大跨连续梁桥上钢轨纵向力基本不变，钢轨纵向位移及轨板相对位移随之增大；桥梁位移及梁缝增量随之增大，而固定支座桥台和桥墩顶部纵向力的变化趋势则相反。随着连续梁相邻简支梁配跨数增加，各桥梁及轨道结构纵向力与位移的变化在配跨数小于 5 跨之前较为明显，在配跨数大于 7 跨之后变化幅度明显放缓。

当连续梁相邻简支梁配跨数由 3 跨增加至 5 跨时，大跨连续梁桥上钢轨最大拉伸变形量增大了 2.69%，轨板最大相对位移增大了 2.86%，梁缝最大增量增大了 12.26%，固定支座桥台和桥墩顶部最大纵向力分别减小了 12.52% 和 21.82%。当连续梁相邻简支梁配跨数由 7 跨增加至 10 跨时，大跨连续梁桥上钢轨最大拉伸变形量增大了 1.68%，轨板最大相对位移增大了 0.69%，梁缝最大增量增大了 2.46%，固定支座桥台和桥墩顶部最大纵向力分别减小了 3.54% 和 10.71%。

4.9.3 连续梁相邻简支梁配跨数对制动力的影响

在列车制动荷载和不同连续梁相邻简支梁配跨数条件下的各结构纵向力、纵向位移及其最大值分别如图 4-34、图 4-35 和表 4-29 所示。

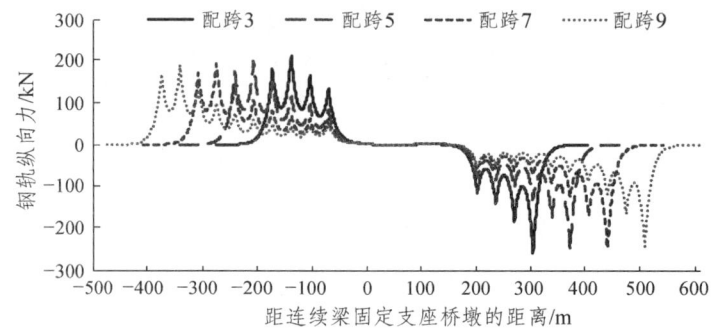

图 4-34 列车制动荷载和不同连续梁相邻简支梁配跨数条件下钢轨纵向力

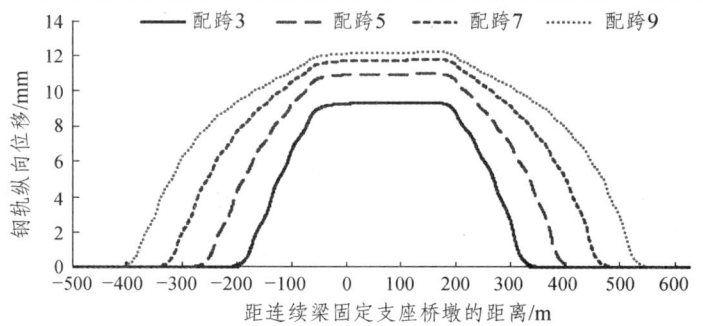

图 4-35 列车制动荷载和不同连续梁相邻简支梁配跨数条件下钢轨纵向位移

表 4-29 列车制动荷载和不同连续梁相邻简支梁配跨数条件下结构纵向力与位移的最大值

相邻简支梁配跨数	F_r/kN	D_r/mm	ΔD_{rts}/mm	A_{bj}/mm	F_a/kN	F_p/kN
3 跨	−258.507/210.988	—/9.385	1.797	2.779	544.028	1 867.178
5 跨	−251.430/198.354	—/11.013	1.747	2.614	520.166	2 207.777
7 跨	−246.425/191.815	—/11.828	1.713	2.528	507.817	2 378.068
8 跨	−244.762/189.843	—/12.069	1.701	2.502	504.093	2 428.285
9 跨	−243.526/188.426	—/12.240	1.693	2.484	501.416	2 464.017
10 跨	−242.617/187.407	—/12.363	1.686	2.470	499.492	2 489.529

由图 4-34、图 4-35 和表 4-29 可知：在列车制动荷载作用下，随着连续梁相邻简支梁配跨数的增加，大跨连续梁桥上钢轨纵向力及轨板相对位移随之减小，钢轨纵向位移随之增大；连续梁纵向位移随着连续梁相邻简支

梁配跨数的增加而增大，故梁缝增量随之减小；固定支座桥台顶部纵向力随之减小，桥墩顶部纵向力随之增大。随着连续梁相邻简支梁配跨数增加，各桥梁及轨道结构纵向力与位移的变化在配跨数小于 5 跨之前较为明显，在配跨数大于 7 跨之后变化幅度明显放缓。

当连续梁相邻简支梁配跨数由 3 跨增加至 5 跨时，大跨连续梁桥上钢轨最大压力/拉力减小了 2.7%/2.3%，钢轨最大拉伸变形量增大了 4.5%，轨板最大相对位移减小了 2.8%，梁缝最大增量减小了 5.9%，固定支座桥台顶部最大纵向力减小了 4.4%，固定支座桥墩顶部最大纵向力增大了 18.2%。当连续梁相邻简支梁配跨数由 7 跨增加至 10 跨时，大跨连续梁桥上钢轨最大压力/拉力减小了 1.6%/6.0%，钢轨最大拉伸变形量增大了 17.4%，轨板最大相对位移减小了 1.6%，梁缝最大增量减小了 2.3%，固定支座桥台顶部最大纵向力减小了 1.6%，固定支座桥墩顶部最大纵向力增大了 4.7%。

综上所述，随着连续梁相邻简支梁配跨数的增加，在伸缩力、挠曲力或制动力作用下，钢轨、无砟轨道及桥梁结构纵向力与位移的变化规律均不同，但其变化幅度均在配跨数小于 5 跨之前较大，在配跨数大于 7 跨之后较小。高速铁路大跨连续梁两侧简支梁的跨数往往较多，因此，在大跨连续梁桥上 CRTSⅢ型板式无砟轨道无缝线路设计检算过程中，可对连续梁两端简支梁配跨数做适当简化，并可根据不同检算部件选择最不利的配跨数量。根据本书所建立模型，建议采用连续梁相邻简支梁配跨数为 5~7 跨的简化方案，以达到减小计算量，提高计算效率的目的，计算结果是相对安全且不失一般性的。

4.10 简支梁桥跨数的影响

高速铁路多跨简支梁桥的跨数往往较多，多则几十跨，甚者百余跨。在分析多跨简支梁桥上无砟轨道无缝线路纵向力与位移时需要对简支梁的跨数进行相应的简化。本节研究不同梁跨数对简支梁桥上无缝线路纵向力的影响，在计算结果相对安全的前提下提出最优简化方案，以达到减小计算量，提高计算效率的目的。本节分别以 5、10、15、20、30 跨简支梁桥为例，计算并对比分析在温度荷载、列车荷载或列车制动荷载作用下各桥梁及轨道结构的纵向力与位移，为使对比结果更加简明，分别取 5、10、15、20 跨简支梁桥四种工况的计算数据进行图形绘制，如图 4-36 所示。

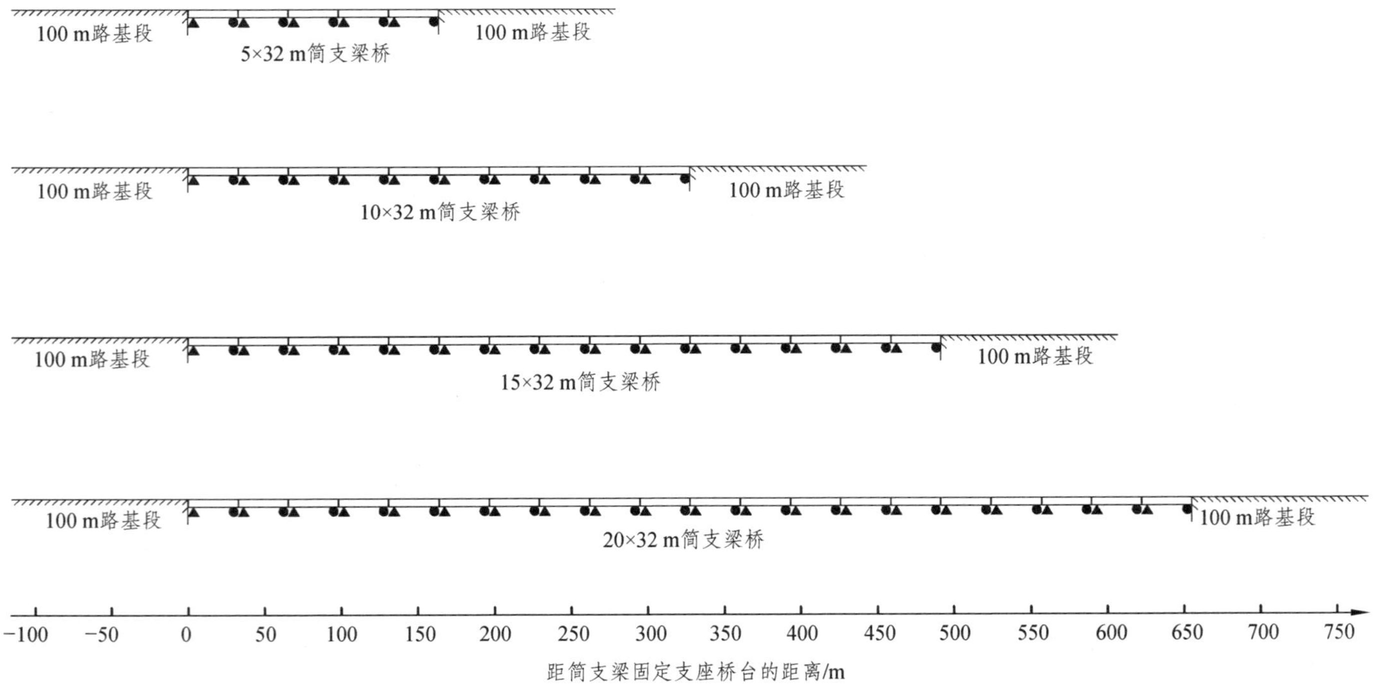

图 4-36 不同跨数的多跨简支梁桥

4.10.1 简支梁桥跨数对伸缩力的影响

在温度荷载和不同简支梁桥跨数条件下的各结构纵向力、纵向位移及其最大值分别如图 4-37、图 4-38 和表 4-30 所示。

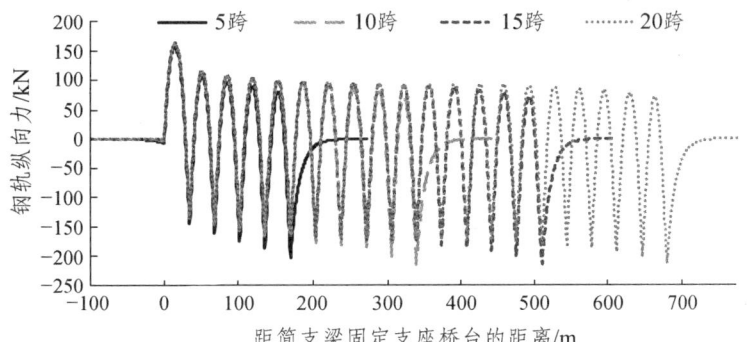

图 4-37 温度荷载和不同简支梁桥跨数条件下钢轨纵向力

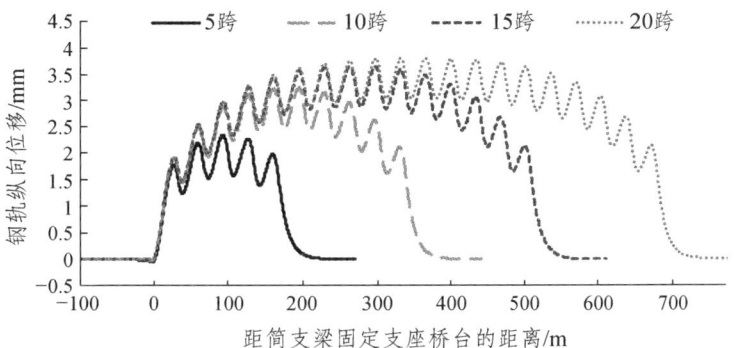

图 4-38 温度荷载和不同简支梁桥跨数条件下钢轨纵向位移

表 4-30 温度荷载和不同简支梁桥跨数条件下结构纵向力与位移的最大值

简支梁桥跨数	F_r/kN	D_r/mm	ΔD_{rts}/mm	Δ_{bj}/mm	F_a/kN	F_p/kN
5 跨	−202.074/156.941	−0.055/2.352	4.038	−7.555	550.783	61.866
10 跨	−212.760/161.116	−0.015/3.243	4.131	−7.775	531.512	55.867
15 跨	−214.403/161.840	−0.008/3.651	4.147	−7.809	528.365	54.885
20 跨	−214.622/161.953	−0.007/3.808	4.150	−7.814	527.907	54.743
30 跨	−214.651/161.972	−0.007/3.891	4.150	−7.815	527.837	54.721

由图 4-37、图 4-38 和表 4-30 可知：在温度荷载作用下，随着多跨简支梁桥跨数的增加，桥上钢轨纵向位移随之明显增大；钢轨纵向力、轨板相对位移和梁缝增量的增幅较小；而固定支座桥台和桥墩顶纵向力则随之减小。随着简支梁桥跨数增加，各桥梁及轨道结构纵向力与位移的变化在跨数小于 10 跨之前较为明显，在跨数大于 15 跨之后变化幅度明显放缓。

当简支梁桥跨数由 5 跨增加至 10 跨时，多跨简支梁桥上钢轨最大压力/拉力增大了 5.2%/2.7%，钢轨最大拉伸变形量增大了 37.9%，轨板最大相对位移和梁缝最大增量分别增大了 2.3%和 2.9%，固定支座桥台和桥墩顶纵向力分别减小了 3.5%和 9.7%。当简支梁桥跨数由 15 跨增加至 30 跨时，多跨简支梁桥上钢轨最大压力/拉力均增大了 0.1%，钢轨最大拉伸变形量增大了 6.6%，轨板最大相对位移和梁缝最大增量均增大了 0.1%，固定支座桥台和桥墩顶最大纵向力分别减小了 0.1%和 0.3%。

4.10.2 简支梁桥跨数对挠曲力的影响

在列车荷载和不同简支梁桥跨数条件下的各结构纵向力、纵向位移及其最大值分别如图 4-39、图 4-40 和表 4-31 所示。

由图 4-39、图 4-40 和表 4-31 可知，在列车荷载作用下，随着多跨简支梁桥跨数的增加，桥上钢轨纵向位移和梁缝增量随之明显增大，钢轨纵向力和轨板相对位移的增幅较小，而固定支座桥台和桥墩顶部纵向力则随之减小。随着简支梁桥跨数增加，各桥梁及轨道结构纵向力与位移的变化在跨数小于 10 跨之前较为明显，在跨数大于 15 跨之后变化幅度明显放缓。

当简支梁桥跨数由 5 跨增加至 10 跨时，多跨简支梁桥上钢轨最大压力/拉力增大了 1.5%/6.9%，钢轨最大拉伸变形量增大了 30.8%，轨板最大相对位移和梁缝最大增量分别增大了 3.3%和 14.2%，固定支座桥台和桥墩顶部最大纵向力分别减小了 15.5%和 1.6%。当简支梁桥跨数由 15 跨增加至 30 跨时，多跨简支梁桥上钢轨最大压力/拉力增大了 0.2%/0.3%，钢轨最大拉伸变形量增大了 9.8%，轨板最大相对位移和梁缝最大增量分别增大了 0.2%和 0.6%，固定支座桥台和桥墩顶部最大纵向力分别减小了 0.8%和 0.2%。

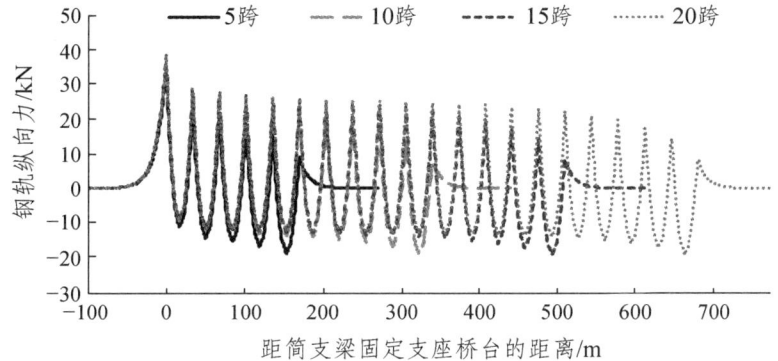

图 4-39 列车荷载和不同简支梁桥跨数条件下钢轨纵向力

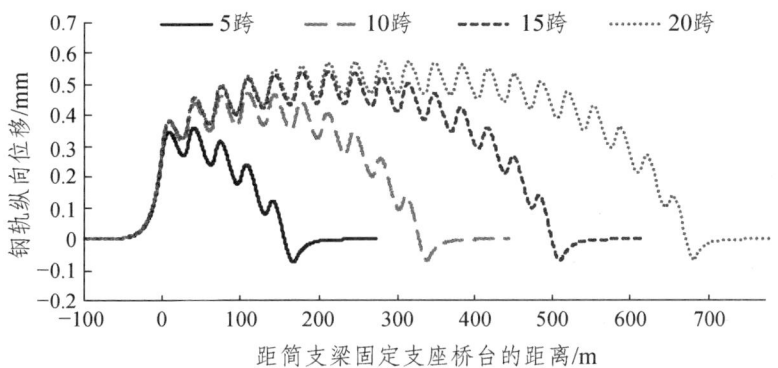

图 4-40 列车荷载和不同简支梁桥跨数条件下钢轨纵向位移

表 4-31 不同简支梁桥跨数和列车荷载条件下结构纵向力与位移的最大值

简支梁桥跨数	F_r/kN	D_r/mm	ΔD_{rts}/mm	Δ_{bj}/mm	F_a/kN	F_p/kN
5 跨	-18.835/35.450	-0.074/0.361	0.422	0.430	56.341	17.528
10 跨	-19.123/37.889	-0.069/0.472	0.436	0.491	47.613	17.246
15 跨	-19.236/38.357	-0.067/0.542	0.438	0.502	45.941	17.136
20 跨	-19.259/38.445	-0.066/0.574	0.439	0.504	45.624	17.113
30 跨	-19.265/38.465	-0.066/0.595	0.439	0.505	45.553	17.108

4.10.3 简支梁桥跨数对制动力的影响

在列车制动荷载和不同简支梁桥跨数条件下的各结构纵向力、纵向位移及其最大值分别如图 4-41、图 4-42 和表 4-32 所示。

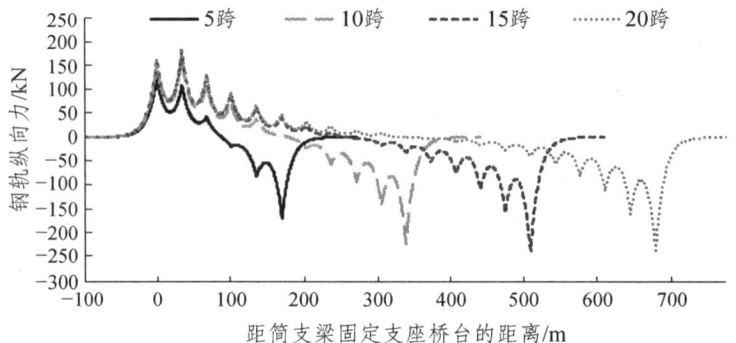

图 4-41 列车制动荷载和不同简支梁桥跨数条件下钢轨纵向力

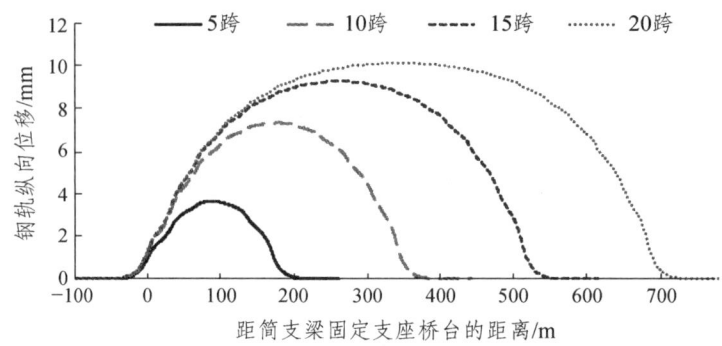

图 4-42 列车制动荷载和不同简支梁桥跨数条件下钢轨纵向位移

表 4-32 列车制动荷载和不同简支梁桥跨数条件下结构纵向力与位移的最大值

简支梁桥跨数	F_r/kN	D_r/mm	ΔD_{rts}/mm	D_b/mm	Δ_{bj}/mm	F_a/kN	F_p/kN
5 跨	-169.760/124.756	3.637	1.180	3.295	1.435	350.293	113.759
10 跨	-225.361/168.795	7.312	1.566	6.915	2.227	464.342	238.579
15 跨	-237.388/181.747	9.247	1.650	8.829	2.396	488.802	304.761
20 跨	-239.713/184.247	10.117	1.666	9.685	2.429	493.524	334.292
30 跨	-240.236/184.809	10.663	1.670	10.224	2.436	494.585	352.896

由图 4-41、图 4-42 和表 4-32 可知，在列车制动荷载作用下，随着多跨简支梁桥跨数的增加，桥上钢轨和固定支座墩/台顶部纵向力，以及钢轨纵向位移、轨板相对位移、梁缝增量均随之增大。桥上无缝线路制动力主要来自列车制动荷载的直接作用，其大小与列车制动荷载的作用长度直接相关，当简支梁桥跨数大于 15 跨时，其全桥长度已大于 400 m，因此，随着简支梁桥跨数增加，在列车制动荷载作用下各桥梁及轨道结构纵向力与位移的增

幅在跨数小于 10 跨之前较为明显，在跨数大于 15 跨之后增幅明显放缓。

当简支梁桥跨数由 5 跨增加至 15 跨时，多跨简支梁桥上钢轨最大压力/拉力增大了 39.8%/45.7%，钢轨最大拉伸变形量和轨板最大相对位移分别增大了 168.0% 和 39.8%，桥梁最大纵向位移和梁缝最大增量分别增大了 168.0% 和 67.0%，固定支座桥台和桥墩顶部最大纵向力分别增大了 39.5% 和 167.9%。当简支梁桥跨数由 15 跨增加至 30 跨时，多跨简支梁桥上钢轨最大压/拉力增大了 1.2%/1.7%，钢轨最大拉伸变形量和轨板最大相对位移分别增大了 15.3% 和 1.2%，桥梁最大纵向位移和梁缝最大增量分别增大了 15.8% 和 1.7%，固定支座桥台和桥墩顶部最大纵向力分别增大了 1.2% 和 15.8%。

综上所述，随着简支梁桥跨数增加，在伸缩力、挠曲力或制动力作用下，钢轨、无砟轨道及桥梁结构纵向力与位移均有不同程度的增大，且其变化幅度均在跨数小于 10 跨之前较大，在跨数大于 15 跨之后较小。因此，在多跨简支梁桥上 CRTSⅢ型板式无砟轨道无缝线路设计检算过程中，可对桥跨数做适当简化，并可根据不同检算部件选择最不利的桥跨数。为提高建模和计算效率，建议将多跨简支梁桥跨数简化为 10~15 跨，计算结果是相对安全的且不失一般性的。

4.11 本章小结

本章针对多跨简支梁桥和大跨连续梁桥，对比分析了不同扣件纵向阻力、小阻力扣件铺设方案及固定支座墩/台顶部纵向刚度等因素对桥上 CRTSⅢ型板式无砟轨道无缝线路纵向静力的影响，主要结论如下：

（1）不同扣件产生的纵向阻力不仅与其最大值有关，还与轨板相对位移的大小直接相关，桥上 CRTSⅢ型板式无砟轨道无缝线路应参照此规律进行扣件的选型。桥上采用小阻力扣件时可明显减弱钢轨与其下部结构的相互作用，但同时扣件向下部结构传递制动力的能力也会随之减弱，需特别关注轨板快速相对位移的增大。本书两种桥上全桥采用 WJ-8 型小阻力扣件时，列车制动荷载下的轨板快速相对位移均未超出规范值且有一定的安全冗余。

（2）不同的小阻力扣件铺设方案对桥上无缝线路伸缩力与制动力的影响较大，对挠曲力的影响较小。综合各桥梁及轨道结构纵向受力与变形情况看：多跨简支梁桥上无缝线路纵向力较小，采用常阻力扣件即可；大跨连续梁桥可在主桥边跨及相邻两跨简支梁采用小阻力扣件（方案6）。

（3）随着固定支座墩/台顶部纵向刚度的增大，桥上无砟轨道无缝线路伸缩力与挠曲力随之小幅增大，制动力随之明显减小，其中轨板相对位移的大幅减小有利于扣件的长期使用。因此，对于高墩桥上CRTSⅢ型板式无砟轨道无缝线路，需对列车制动荷载作用下的轨板快速相对位移进行检算。

（4）不同材料的弹性垫层的受力及其变形量均很小，且有很大的安全冗余，桥上CRTSⅢ型板式无砟轨道无缝线路纵向力可不作为弹性垫层选取的检算指标。隔离层向上、下层结构传递纵向力的能力随着其摩擦系数的增加而增强，向前、后凸台及弹性垫层结构传递纵向力的能力则随着其摩擦系数的增加而减弱，因此，需将隔离层摩擦系数控制在合理范围内。隔离层摩擦系数在反复摩擦及材料老化的影响下可能有所上升，甚至丧失滑动性能，这一因素在设计、施工及运营维护过程中应予以考虑。

（5）不同支座布置形式对桥上无缝线路伸缩力、挠曲力及制动力均有不同程度的影响，且随着温度跨度的增大而增大。在对长大桥梁进行支座布置设计时，应遵循最小温度跨度的原则。就本书所建立的模型而言，多跨简支梁桥采用布置形式4、大跨连续梁桥采用布置形式8较为合理。

（6）随着连续梁温度跨度的增加，桥上CRTSⅢ型板式无砟轨道无缝线路纵向力与位移随之明显增大。在设计大跨连续梁桥上CRTSⅢ型板式无砟轨道无缝线路时，需对无缝线路钢轨强度、钢轨断缝值、弹性垫层量及轨道层间相对位移进行检算。

（7）在大跨连续梁桥上CRTSⅢ型板式无砟轨道无缝线路伸缩力与制动力计算过程中，可将变截面的连续梁模型简化成等截面模型进行建模，挠曲力计算过程中须根据连续梁实际截面参数进行建模。本书提出的大跨连续梁模型简化方案适用于桥上CRTSⅢ型板式无砟轨道无缝线路的设计检算，采用简化模型可大大提高建模速度和计算效率，且具有一定的通用性。

（8）在多跨简支梁桥和大跨连续梁桥上CRTSⅢ型板式无砟轨道无缝线路设计检算过程中，为提高建模和计算效率，建议将连续梁相邻简支梁配跨数简化为5~7跨，多跨简支梁桥跨数简化为10~15跨，简化后的计算结果是相对安全且具有一定代表性的。

5 列车运行和制动条件下桥上CRTSⅢ型板式无砟轨道无缝线路动力特性分析

列车在桥上匀速运行或制动运行时，桥梁结构、无砟轨道结构会发生竖向振动，同时，作用在钢轨上的纵向轮轨力会通过层间传力结构使得下部轨道和桥梁结构发生纵向振动。本章以一联8节编组的CRH_2型高速动车组为例，并以双线长大桥梁中间跨（32 m简支箱梁）作为研究对象，分析高速列车匀速运行和快速制动条件下桥上CRTSⅢ型板式无砟轨道无缝线路竖向和纵向动力特性，为运营过程中保证结构稳定性提供理论依据。

5.1 列车匀速运行与制动条件下的纵向轮轨力

当列车在桥上匀速运行时,列车需要克服运行阻力以维持匀速状态,此时,与列车运行方向相反的纵向轮轨力作用在轨顶;当列车在桥上减速制动时,则是与列车运行方向相同的纵向轮轨力作用在轨顶。我国 CRH_2 型动车组制动时采用"电制动优先"的空气制动和电制动联合作用的制动方式,以实现按目标减速度完成列车的整个制动过程,包括 1~7 级常用制动和快速制动,其制动减速度特性参数如表 5-1 所示。

表 5-1 CRH_2 型动车组制动减速度特性参数

制动级位		0~70 km/h	70~118 km/h	118~200 km/h
常用制动	1 级	0.166 7	0.207 2-0.000 578v	0.176 5-0.000 318v
	2 级	0.263 9	0.328 7-0.000 925v	0.277 9-0.000 495v
	3 级	0.361 1	0.450 2-0.001 273v	0.381 4-0.000 690v
	4 级	0.458 3	0.575 8-0.001 678v	0.478 0-0.000 849v
	5 级	0.552 8	0.690 5-0.001 967v	0.579 4-0.001 026v
	6 级	0.650 0	0.812 0-0.002 314v	0.682 9-0.001 220v
	7 级	0.747 2	0.933 6-0.002 662v	0.784 4-0.001 397v
快速制动		1.122 2	1.401 7-0.003 993v	1.179 0-0.002 105v

注:表中 v 为列车运行速度(km/h)。

列车制动过程中的减速力按下列公式计算:

$$F = B + W = ma = m\ddot{x}(t) \tag{5-1}$$

$$W = w_0 \times mg \tag{5-2}$$

$$w_0 = a_0 + b_0 v + c_0 v^2 = a_0 + b_0 \dot{x}(t) + c_0 [\ddot{x}(t)]^2 \tag{5-3}$$

式中 F——列车减速力(N);

B——列车制动力(N);

W——列车运行阻力(N);

m——列车质量(kg);

a ——列车减速度（m/s²）；

$x(t)$ ——列车制动距离（m）；

w_0 ——列车运行基本阻力（N/kN）；

g ——重力加速度，取 10 m/s²；

v ——列车运行速度（km/h）；

a_0，b_0，c_0 ——阻力常数，CRH₂型动车组分别取 a_0=0.880 6，b_0=0.007 444，c_0=0.000 114 3。

将式（5-2）、式（5-3）代入式（5-1），可得列车制动力

$$B(t) = m\ddot{x}(t) - \{a_0 + b_0\dot{x}(t) + c_0[\ddot{x}(t)]^2\} \times mg \qquad (5\text{-}4)$$

本书以一联 8 节 CRH₂型动车组为例，列车总长 201.4 m，第一节和最后一节车体长度为 25.7 m，中间车体长度为 25.0 m，转向架中心距 17.5 m，固定轴距 2.5 m，最大轴重 14.0 t。快速制动条件下，CRH₂型动车组快速制动特性曲线及轮轨纵向力特性曲线如图 5-1 所示。

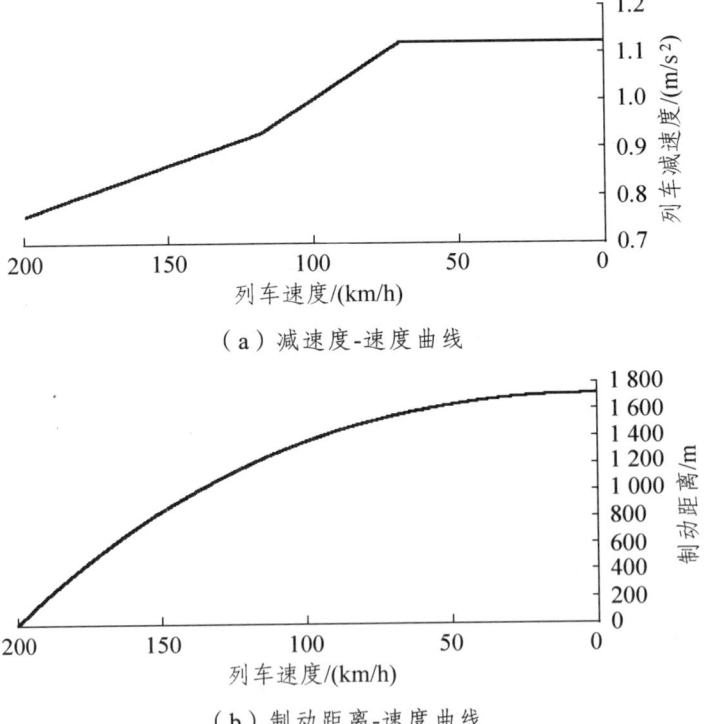

（a）减速度-速度曲线

（b）制动距离-速度曲线

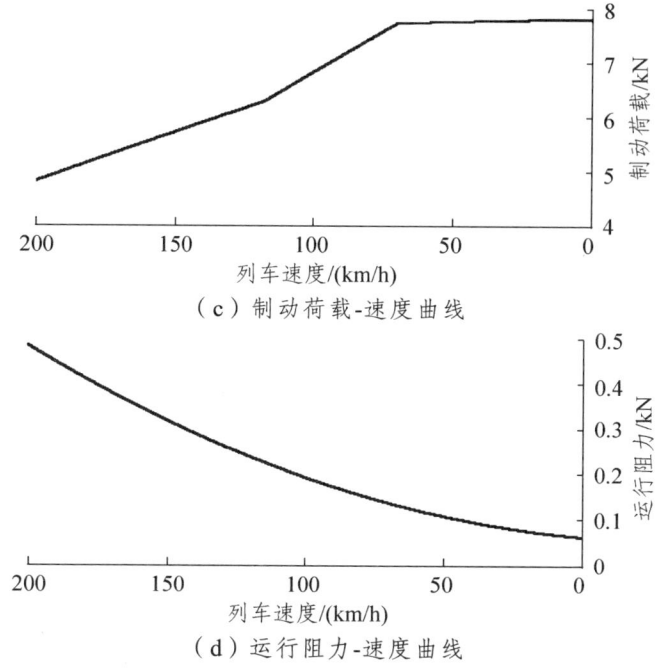

(c)制动荷载-速度曲线

(d)运行阻力-速度曲线

图 5-1　CRH$_2$ 型动车组快速制动特性曲线

列车匀速过桥时,作用在轨顶的纵向轮轨力为列车运行阻力的反作用力,两者大小相等、方向相反;列车制动过桥时,作用在轨顶的纵向轮轨力为作用在下部结构的制动力,其方向与列车运行方向相同。在本节结构位移数据图表中,结构竖向位移以向下为正方向(重力加速度方向),结构纵向位移以上行方向为正方向。

5.2　列车匀速运行条件下桥上无砟轨道动力特性分析

5.2.1　列车朝活动支座端匀速运行

本节分别考虑列车以 150 km/h、200 km/h 和 250 km/h 朝着活动支座端方向(同图 5-2 中的上行方向)匀速过桥三种工况,对比分析列车匀速运行条件下固定支座梁端、桥梁跨中及活动支座梁端的结构动力特性。不同列车运行速度下结构竖向、纵向动力响应特征及其最大值分别如图 5-3 ~ 图 5-5 和表 5-2 ~ 表 5-4 所示。

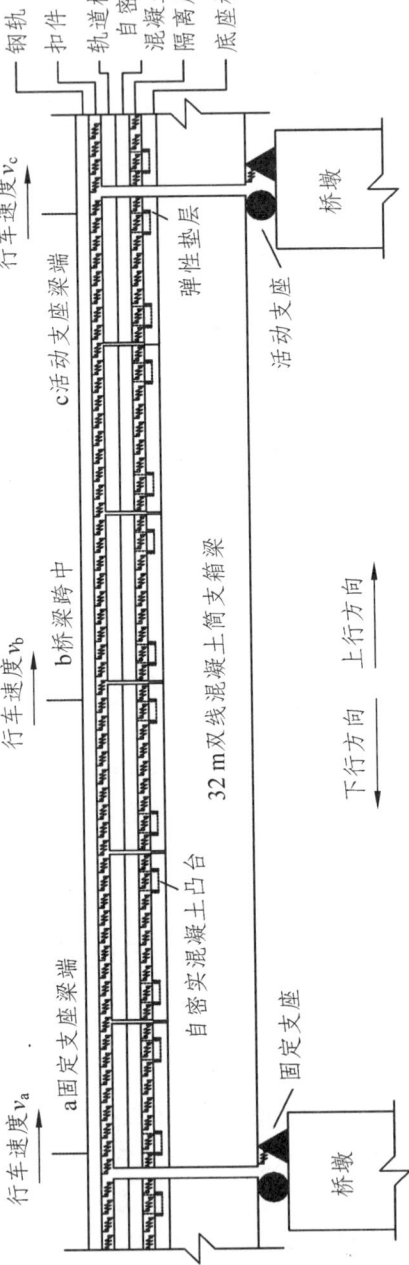

图 5-2 列车朝活动支座端制动运行示意图

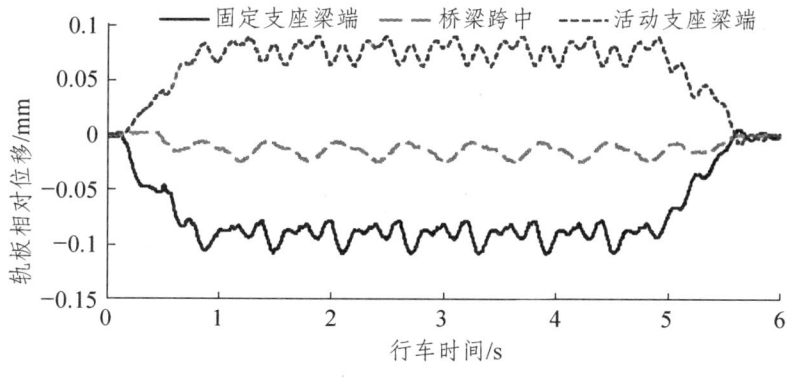

（a）轨板相对位移

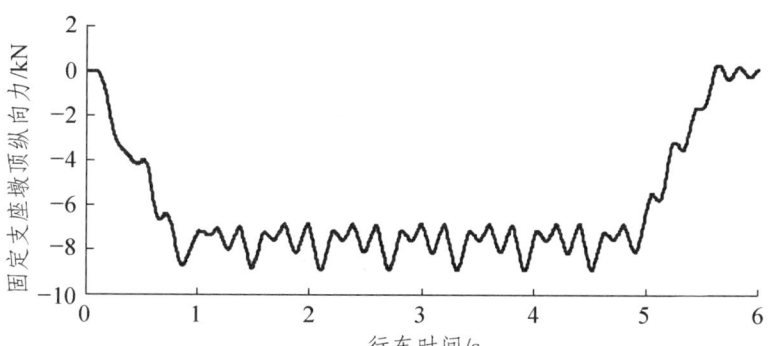

（b）墩顶纵向力

图 5-3　列车以 150 km/h 匀速过桥时结构动力特征

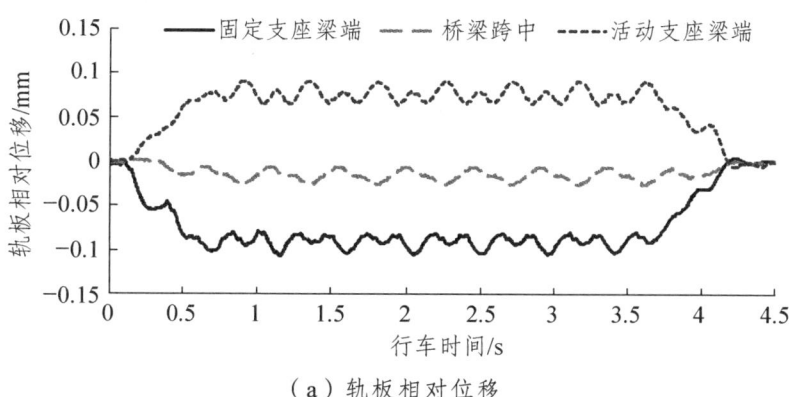

（a）轨板相对位移

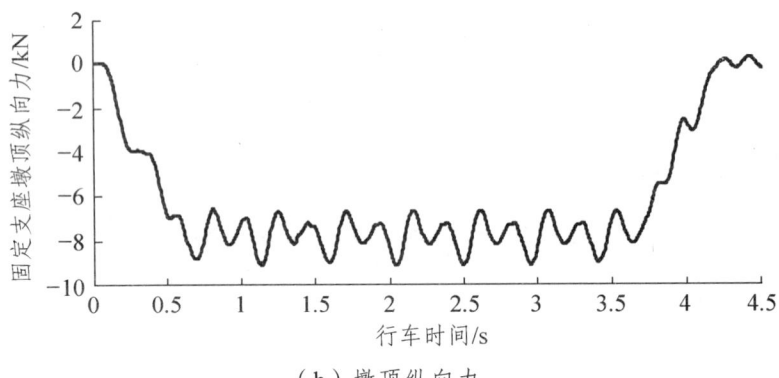

（b）墩顶纵向力

图 5-4 列车以 200 km/h 匀速过桥时结构动力特征

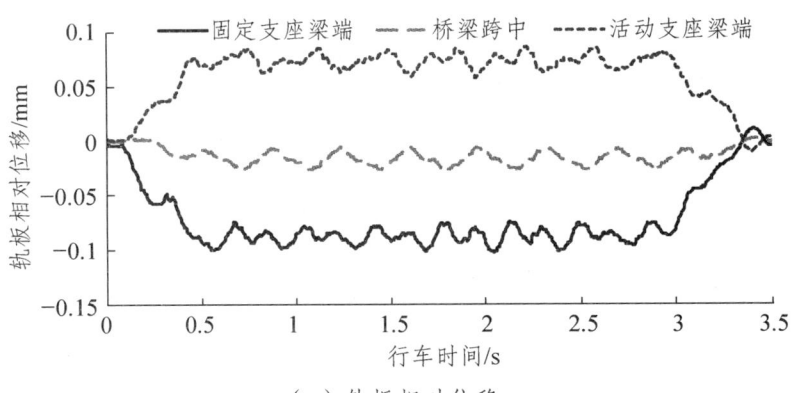

（a）轨板相对位移

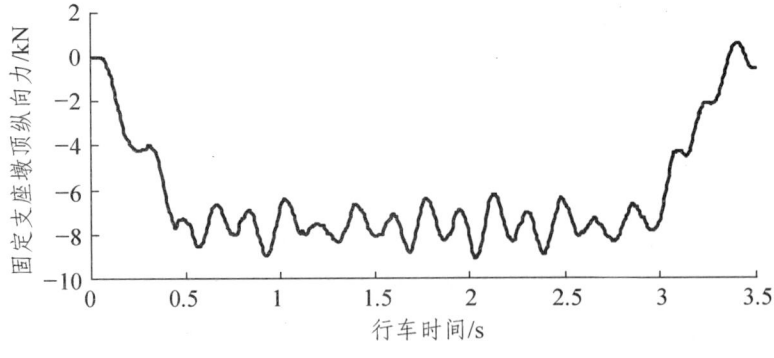

（b）墩顶纵向力

图 5-5 列车以 250 km/h 匀速过桥时结构动力特征

表 5-2　列车匀速运行条件下固定支座梁端位移的最大值　　　单位：mm

列车运行速度	结构竖向位移				结构纵向位移			
	钢轨	轨道板	底座板	桥梁	钢轨	轨道板	底座板	桥梁
150 km/h	-1.247	-0.182	-0.180	-0.156	0.031	0.138	0.096	0.086
200 km/h	-1.205	-0.172	-0.171	-0.147	0.027	0.133	0.091	0.081
250 km/h	-1.117	-0.168	-0.167	-0.145	0.023	0.125	0.084	0.074

表 5-3　列车匀速运行条件下桥梁跨中位移的最大值　　　单位：mm

列车运行速度	结构竖向位移				结构纵向位移			
	钢轨	轨道板	底座板	桥梁	钢轨	轨道板	底座板	桥梁
150 km/h	-2.289	-1.182	-1.181	-1.181	0.006	0.030	0.020	0.018
200 km/h	-2.228	-1.199	-1.197	-1.197	-0.008	0.025	0.018	0.011
250 km/h	-2.155	-1.208	-1.206	-1.207	-0.014	0.021	0.011	0.009

表 5-4　列车匀速运行条件下活动支座梁端位移的最大值　　　单位：mm

列车运行速度	结构竖向位移				结构纵向位移			
	钢轨	轨道板	底座板	桥梁	钢轨	轨道板	底座板	桥梁
150 km/h	-1.314	-0.185	-0.183	-0.157	-0.033	-0.122	-0.081	-0.071
200 km/h	-1.258	-0.184	-0.182	-0.157	-0.037	-0.128	-0.087	-0.077
250 km/h	-1.203	-0.189	-0.186	-0.161	-0.041	-0.135	-0.095	-0.081

由图 5-3～图 5-5 和表 5-2～表 5-4 可知，不同运行速度的列车匀速过桥时，竖向和纵向轮轨力分别使得结构发生竖向和纵向位移。列车荷载作用下桥梁发生竖向挠曲变形，使得桥梁跨中处轨道及桥梁竖向位移均大于两侧梁端（固定支座和活动支座梁端）。不同行车速度条件下的轨道及桥梁结构竖向位移无明显差别，表明结构竖向位移和桥梁挠曲变形的大小与列车竖向荷载大小直接相关，而与行车速度无关。由于双线简支箱梁的整体性，单线列车通过时有载侧和无载侧轨道的桥梁结构均产生竖向位移，以列车以 250 km/h 匀速过桥为例，有载侧和无载侧钢轨最大竖向位移在固定支座梁端分别为-1.117 mm 和 0.028 mm，在跨中分别为-2.155 mm 和-0.841 mm，在活动支座梁端分别为-1.203 mm 和 0.026 mm，有载侧钢轨在两侧梁端和桥梁跨中竖向位移的差值大于无载侧，这表明梁体两侧发生的竖向挠曲变形大小不一致，即梁体同时发生了横向扭曲变形。

列车匀速运行时,与行车方向相反的纵向轮轨力使得轨道及桥梁结构发生纵向位移,但位移量均很小;作用在钢轨上的纵向轮轨力方向与行车方向相反,在与桥梁挠曲变形的共同作用下,轨道及桥梁结构纵向位移的方向在固定支座梁端处和活动支座梁端处相反;轨板相对位移均在固定支座梁端处最大、活动支座梁端次之、桥梁跨中最小,行车速度为 150 km/h、200 km/h 和 250 km/h 时,轨板相对位移最大绝对值分别为 0.108 mm、0.106 mm 和 0.103 mm,固定支座墩顶纵向力最大绝对值分别为 8.89 kN、9.03 kN 和 9.03 kN。

5.2.2 列车朝固定支座端匀速运行

本节分别考虑列车以 150 km/h、200 km/h 和 250 km/h 朝着固定支座端方向(同图 5-6 中的下行方向)匀速过桥三种工况,对比分析列车匀速运行条件下固定支座梁端、桥梁跨中及活动支座梁端的结构动力特性。不同列车运行速度下结构竖向、纵向动力响应特征及其最大值分别如图 5-7 ~ 图 5-9 和表 5-5 ~ 表 5-7 所示。

由图 5-7 ~ 图 5-9 和表 5-5 ~ 表 5-7 可知,列车朝固定支座方向(下行方向)匀速过桥时,固定支座梁端结构竖向、纵向位移变化规律及其最大值与列车朝活动支座方向(上行方向)运行条件下基本一致,表明列车匀速运行状态下轨道及桥梁结构纵向位移大小主要由梁体挠曲变形而引起。轨板相对位移均在固定支座梁端处最大、活动支座梁端次之、桥梁跨中最小,行车速度为 150 km/h、200 km/h 和 250 km/h 时,轨板相对位移最大绝对值分别为 0.101 mm、0.102 mm 和 0.096 mm,固定支座墩顶纵向力最大绝对值分别为 8.23 kN、8.12 kN 和 8.12 kN。

单线列车通过跨长为 32 m 的简支箱梁时,最多有 6 个轮对同时作用在该跨桥上,竖向荷载总大小为 840 kN,而本书 3.2 节计算桥上无缝线路挠曲力时,列车静荷载取 ZK 活载中的均布荷载,作用在该跨桥上的荷载大小为 64×32=2 048(kN);因此,列车朝活动支座方向(上行方向)或朝固定支座方向(下行方向)条件下各结构纵向位移、轨板相对位移及墩顶部纵向力响应均较静力计算结果小得多。以上结果表明:按照规范取列车静荷载的计算方法进行桥上无砟轨道无缝线路挠曲力计算是可行的,且计算结果是相对安全的。

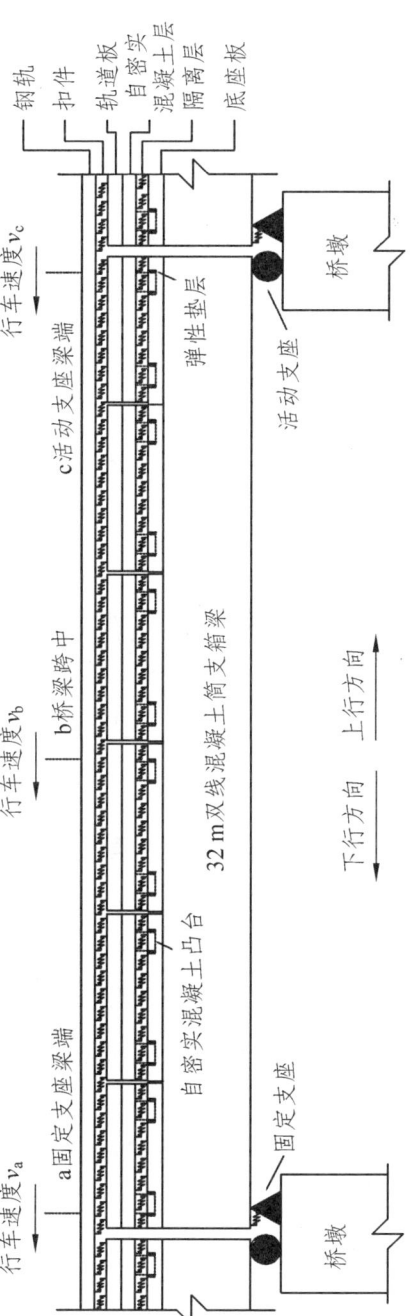

图 5-6 列车朝固定支座端制动运行示意图

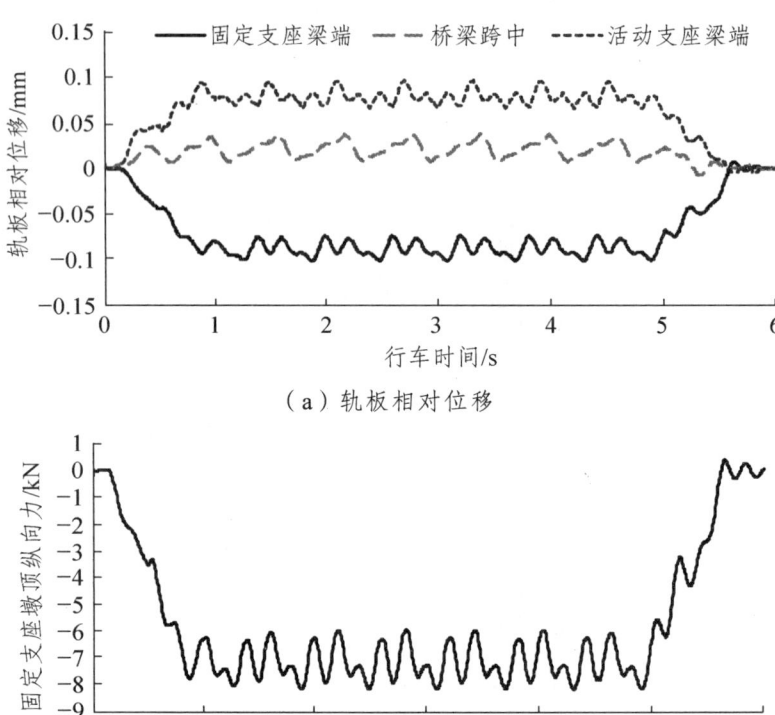

（a）轨板相对位移

（b）墩顶纵向力

图 5-7　列车以 150 km/h 匀速过桥时结构动力特性

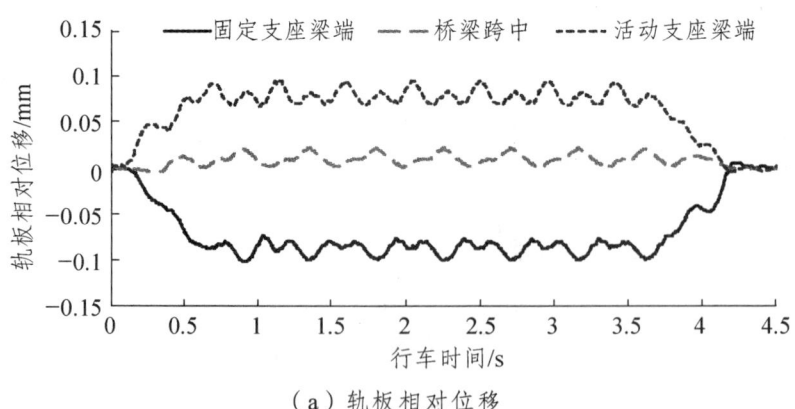

（a）轨板相对位移

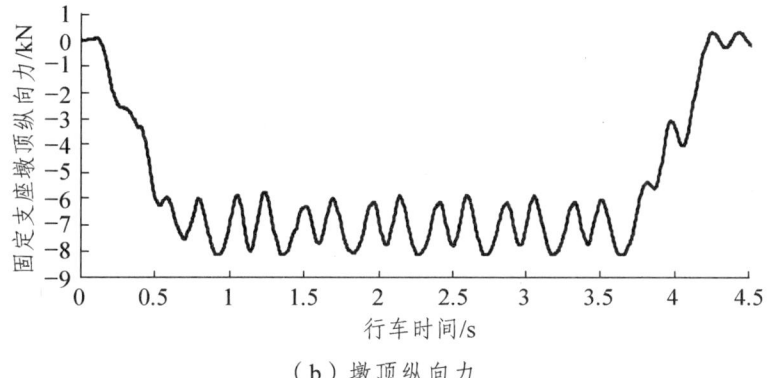

（b）墩顶纵向力

图 5-8 列车以 200 km/h 匀速过桥时结构动力特性

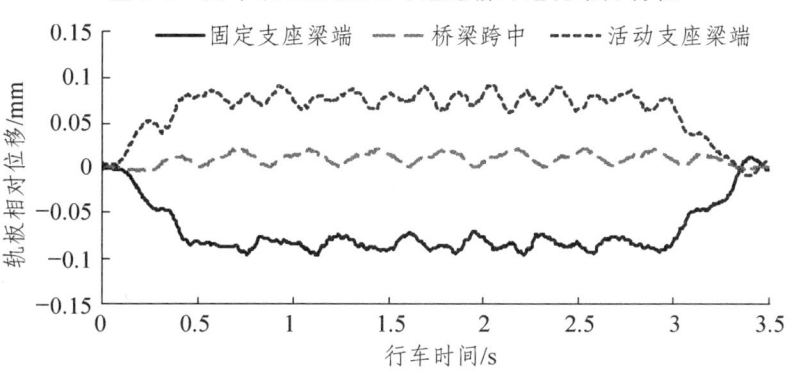

（a）轨板相对位移

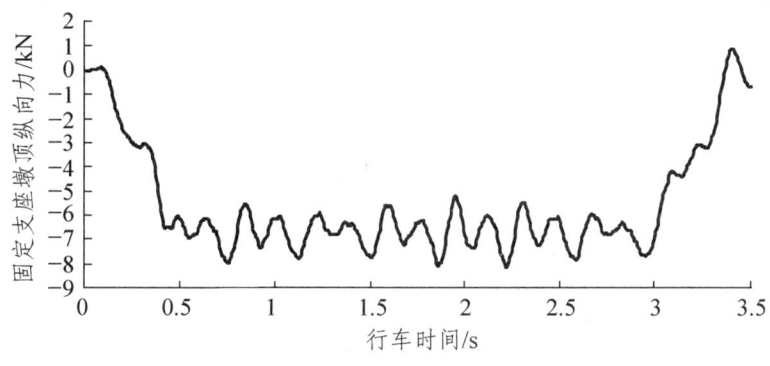

（b）墩顶纵向力

图 5-9 列车以 250 km/h 匀速过桥时结构动力特性

表 5-5　列车匀速运行条件下固定支座梁端位移的最大值　　　单位：mm

列车运行速度	结构竖向位移				结构纵向位移			
	钢轨	轨道板	底座板	桥梁	钢轨	轨道板	底座板	桥梁
150 km/h	-1.314	-0.184	-0.182	-0.157	0.043	0.144	0.104	0.094
200 km/h	-1.258	-0.184	-0.181	-0.157	0.045	0.146	0.105	0.095
250 km/h	-1.203	-0.189	-0.186	-0.161	0.051	0.144	0.105	0.096

表 5-6　列车匀速运行条件下桥梁跨中位移的最大值　　　单位：mm

列车运行速度	结构竖向位移				结构纵向位移			
	钢轨	轨道板	底座板	桥梁	钢轨	轨道板	底座板	桥梁
150 km/h	-2.289	-1.183	-1.181	-1.181	0.021	0.017	0.020	0.021
200 km/h	-2.229	-1.199	-1.198	-1.198	0.024	0.021	0.022	0.022
250 km/h	-2.156	-1.208	-1.207	-1.207	0.029	0.027	0.028	0.027

表 5-7　列车匀速运行条件下活动支座梁端位移的最大值　　　单位：mm

列车运行速度	结构竖向位移				结构纵向位移			
	钢轨	轨道板	底座板	桥梁	钢轨	轨道板	底座板	桥梁
150 km/h	-1.247	-0.182	-0.180	-0.156	-0.020	-0.116	-0.074	-0.064
200 km/h	-1.205	-0.172	-0.171	-0.147	-0.018	-0.112	-0.070	-0.060
250 km/h	-1.118	-0.169	-0.167	-0.145	-0.013	-0.105	-0.064	-0.054

5.3　列车快速制动条件下桥上无砟轨道动力特性分析

本节以单线 8 节 CRH_2 型动车组在桥上由 200 km/h 快速制动至 0 km/h 为例，分析列车快速制动条件下固定支座梁端、桥梁跨中及活动支座梁端处结构动力特性。由式（5-1）～式（5-4）计算可知，8 节编组的 CRH_2 型动车组在桥上快速制动，其制动距离长达 1 717.146 m，远大于简支箱梁跨长（32 m），如图 5-2 所示。因此，本节将快速制动过程考虑为开始制动、制动通过和制动停车 3 个阶段。

5.3.1 列车朝活动支座端快速制动

本节考虑列车由梁体固定支座向活动支座端制动运行（与上行方向相同），如图 5-2 所示，并将制动过程考虑为开始制动、制动运行和制动停车三个阶段。

第一阶段（200 km/h 减速至 186 km/h）：头车匀速通过中间跨固定支座桥墩顶部（行车速度 v_a=200 km/h），匀速运行 0.40 s 后，头车到达桥梁跨中（行车速度 v_b=200 km/h）时立刻开始快速制动，直至尾车完全离开活动支座桥墩顶（行车速度 v_c=186 km/h），该过程总历时 5.400 s。

第二阶段（130 km/h 减速至 103 km/h）：头车制动通过固定支座桥墩顶部（行车速度 v_a=130 km/h），直至尾车制动通过活动支座桥墩顶部（行车速度 v_c=103 km/h），该过程总历时 8.000 s。

第三阶段（83 km/h 减速至 0 km/h）：头车制动通过固定支座桥墩顶部（行车速度 v_a=83 km/h），尾车末端到达活动支座桥墩顶时列车减速至 0（行车速度 v_c=0 km/h），停车后计算 3.000 s，该过程总历时 23.565 s。

列车朝活动支座快速制动条件下，不同制动阶段条件下结构竖向、纵向动力响应特征及其最大值分别如图 5-10 ~ 图 5-12 和表 5-8 ~ 表 5-10 所示。在本节数据图表中，结构竖向位移以重力加速度方向为正方向，结构纵向位移、纵向加速度和纵向力均以上行方向为正方向。

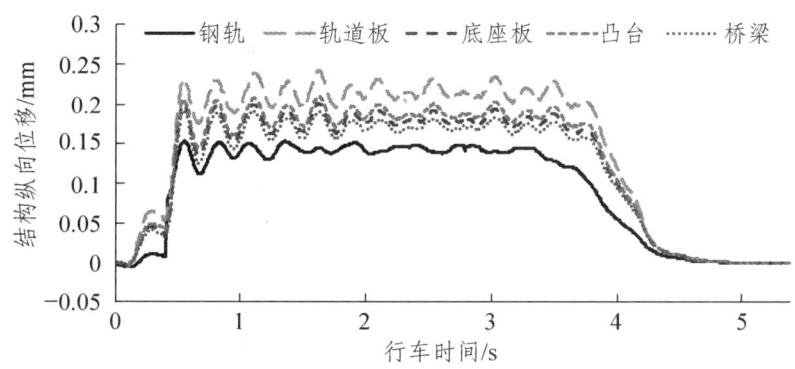

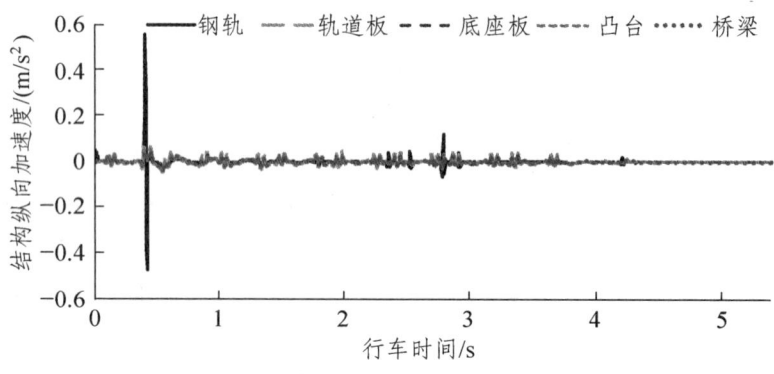

（a）固定支座梁端结构动力特性

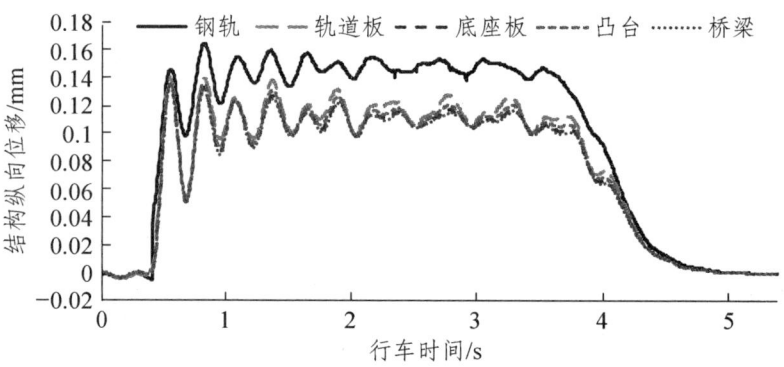

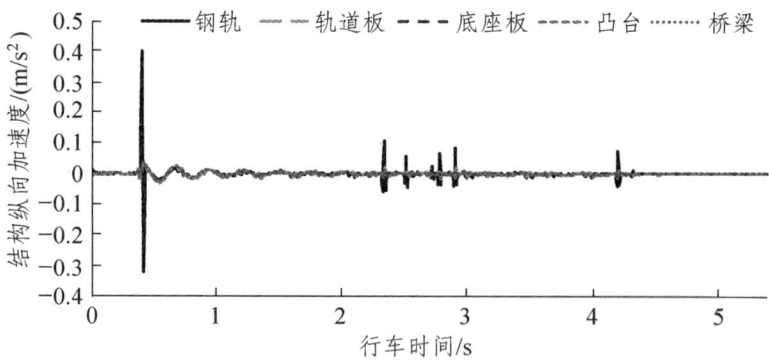

（b）桥梁跨中结构动力特性

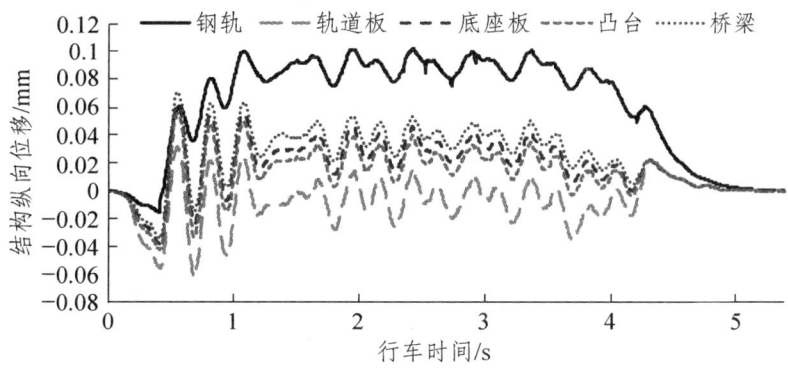

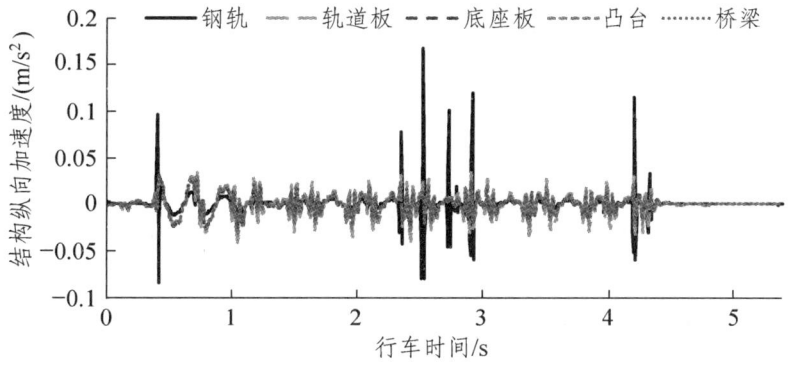

(c)活动支座梁端结构动力特性

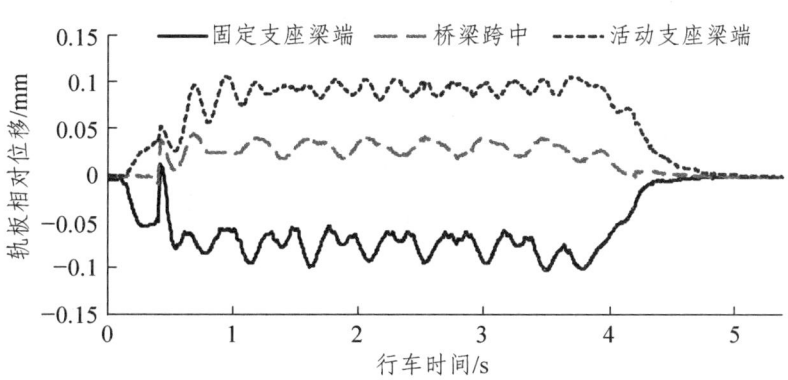

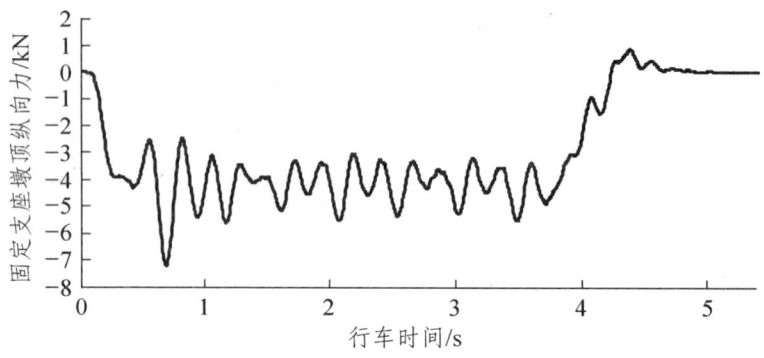

(d）轨板相对位移及墩顶纵向动力特性

图 5-10 列车由 200 km/h 减速至 186 km/h 阶段结构动力特性

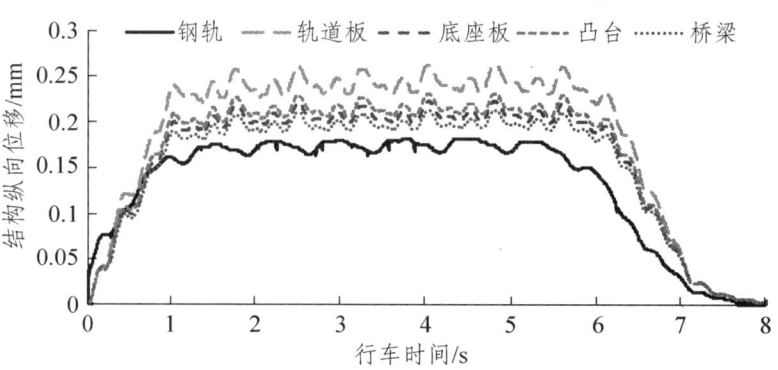

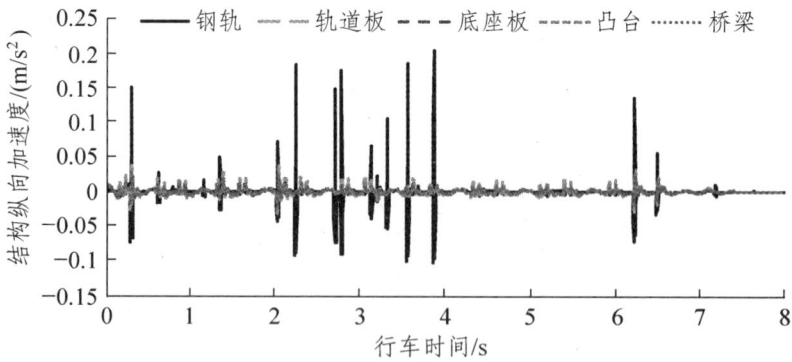

（a）固定支座梁端结构纵向动力特性

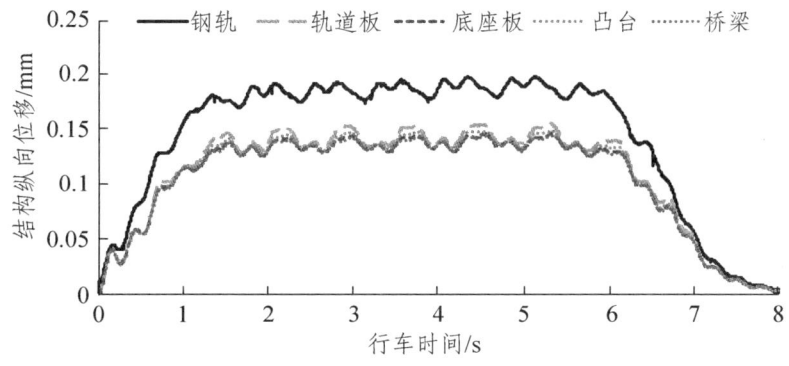

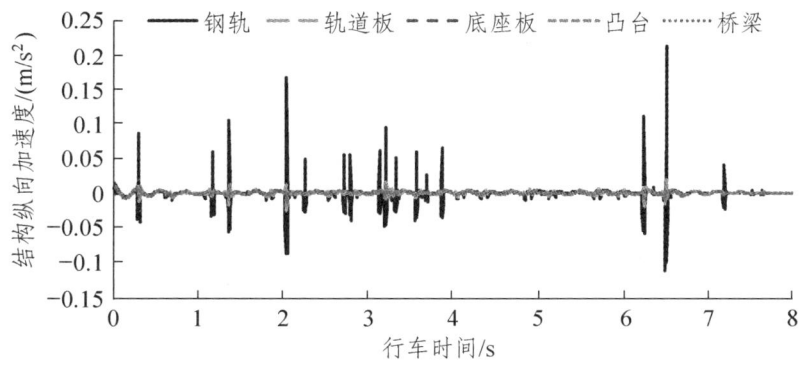

(b)桥梁跨中结构纵向动力特性

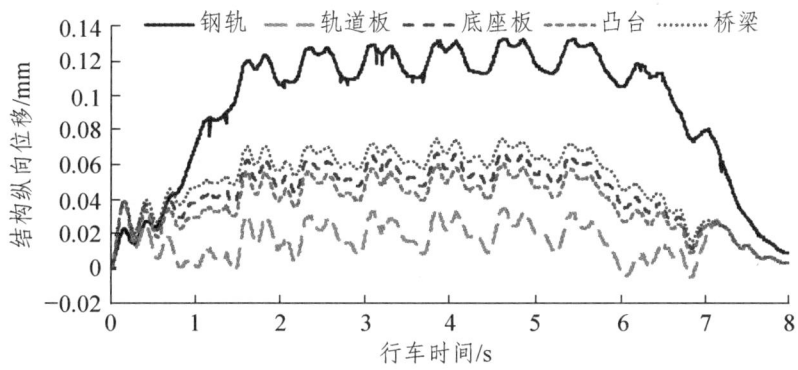

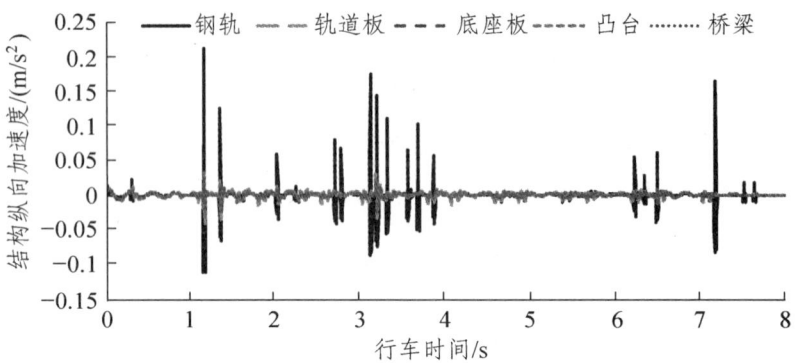

（c）活动支座梁端结构纵向动力特性

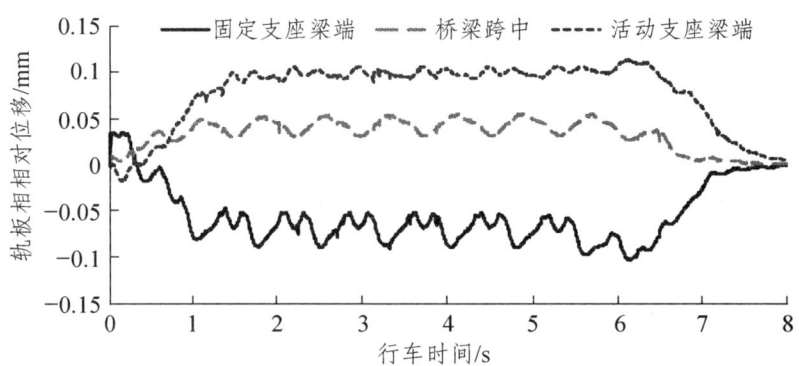

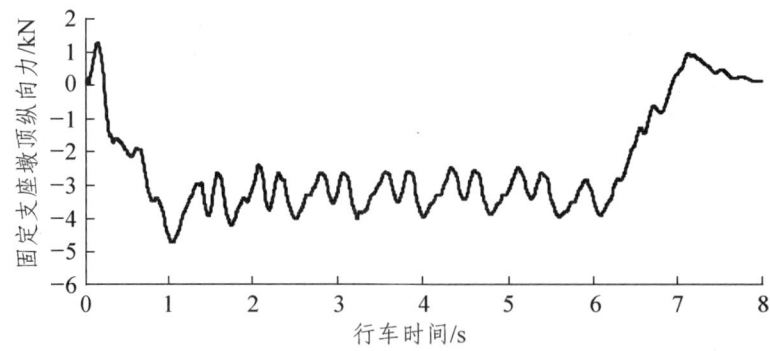

（d）轨板相对位移及墩顶纵向动力特性

图 5-11　列车由 130 km/h 减速至 103 km/h 阶段结构动力特性

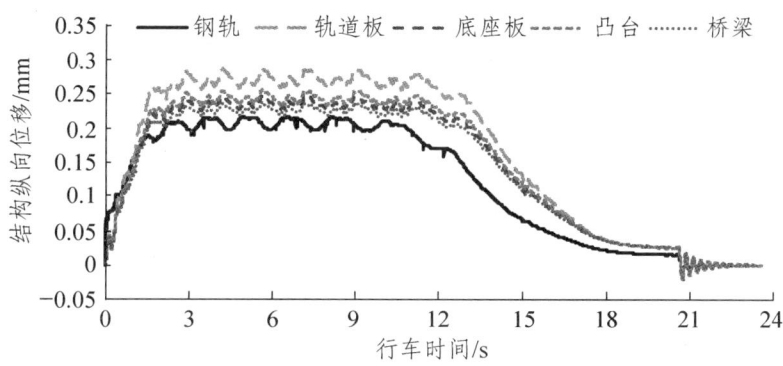

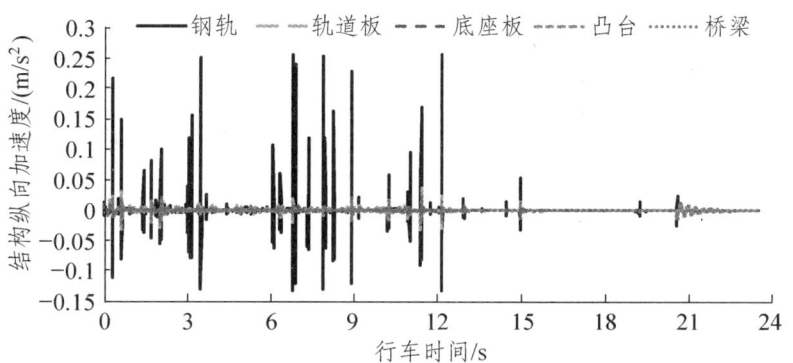

(a)固定支座梁端结构纵向动力特性

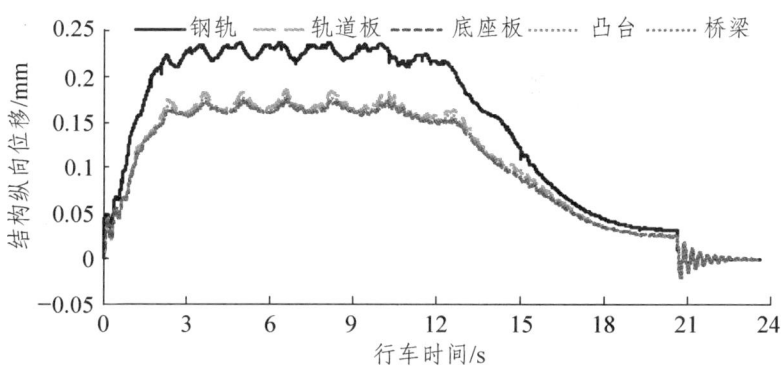

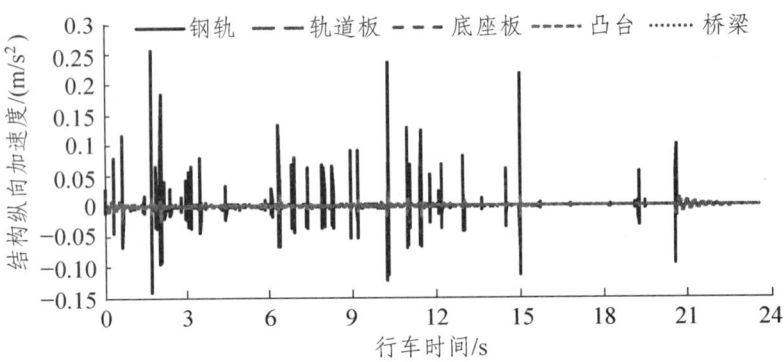

(b）桥梁跨中结构纵向动力特性

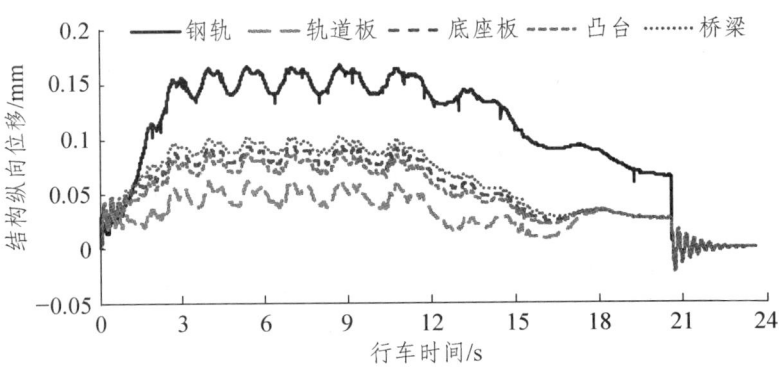

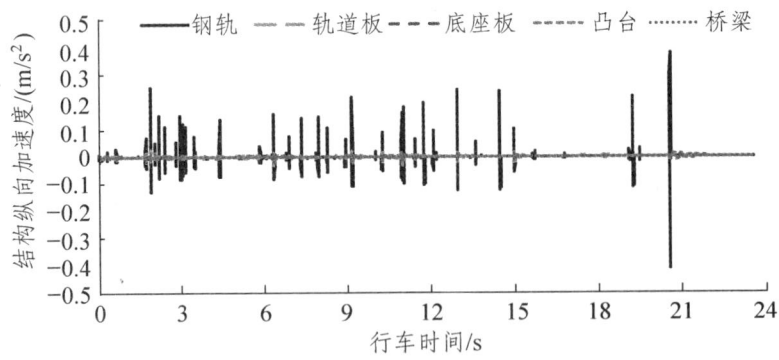

(c）活动支座梁端结构纵向动力特性

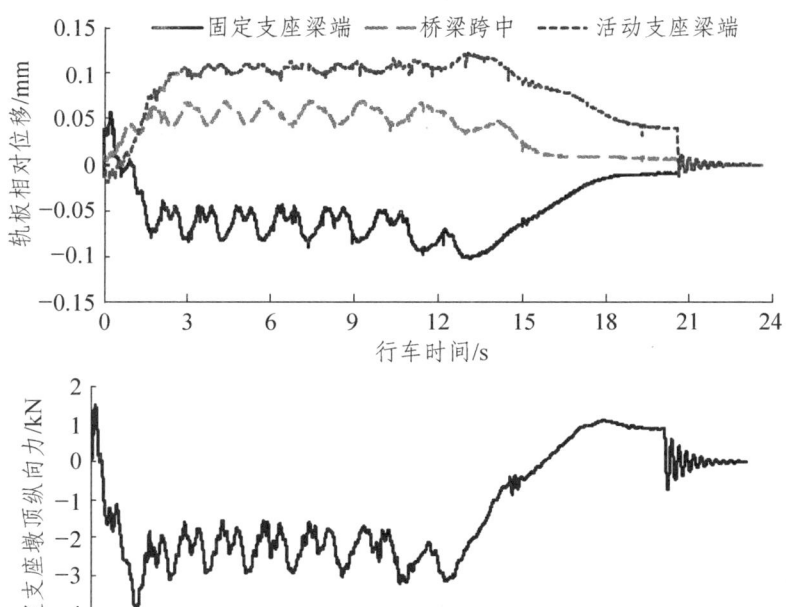

(d)轨板相对位移及墩顶纵向动力特性

图 5-12 列车由 83 km/h 减速至 0 km/h 阶段结构动力特性

表 5-8 列车快速制动条件下固定支座梁端位移的最大值　　　单位：mm

列车快速 制动阶段	结构竖向位移				结构纵向位移			
	钢轨	轨道板	底座板	桥梁	钢轨	轨道板	底座板	桥梁
200~186 km/h	-1.197	-0.174	-0.173	-0.149	0.154	0.242	0.201	0.191
130~103 km/h	-1.274	-0.182	-0.180	-0.155	0.182	0.263	0.223	0.213
83~0 km/h	-1.331	-0.181	-0.179	-0.155	0.217	0.286	0.247	0.237

表 5-9 列车快速制动条件下桥梁跨中位移的最大值　　　单位：mm

列车快速 制动阶段	结构竖向位移				结构纵向位移			
	钢轨	轨道板	底座板	桥梁	钢轨	轨道板	底座板	桥梁
200~186 km/h	-2.231	-1.193	-1.192	-1.192	0.164	0.140	0.135	0.134
130~103 km/h	-2.268	-1.125	-1.125	-1.125	0.198	0.155	0.146	0.144
83~0 km/h	-2.323	-1.125	-1.125	-1.126	0.237	0.185	0.175	0.173

表 5-10　列车快速制动条件下活动支座梁端位移的最大值　　　单位：mm

列车快速制动阶段	结构竖向位移				结构纵向位移			
	钢轨	轨道板	底座板	桥梁	钢轨	轨道板	底座板	桥梁
200～186 km/h	-1.284	-0.185	-0.183	-0.158	0.102	-0.062	0.063	0.071
130～103 km/h	-1.364	-0.181	-0.179	-0.155	0.133	0.039	0.067	0.075
83～0 km/h	-1.436	-0.183	-0.180	-0.156	0.168	0.063	0.095	0.103

由图 5-10～图 5-12 和表 5-8～表 5-10 可知，制动过程中列车的重力和制动力作用对下部无砟轨道及桥梁结构响应的影响是十分显著的。在列车的重力作用下，桥梁梁体带动无砟轨道和钢轨产生了一个比较典型的竖向挠曲变形过程。桥梁梁端支座的竖向约束导致固定支座和活动支座梁端处钢轨、轨道板、自密实混凝土凸台、底座板及桥梁竖向位移较跨中小很多，其差值与桥梁挠曲变形的大小基本吻合。梁体在发生挠曲变形的过程中两侧梁端发生了偏转，使得两侧梁端处轨道板和底座板竖向位移均略大于桥梁梁体，而在桥梁跨中处三者竖向位移基本一致。在列车制动过程中，与列车运行方向相同的纵向轮轨力作用在轨顶，并自上至下通过轨道层间阻力和固定支座使得轨道、桥梁及墩/台发生了纵向变形；各制动阶段下桥梁跨中处钢轨、轨道板、底座板及梁体纵向位移均遵循逐层递减的规律，符合制动力自上而下的传递规律。两侧梁端发生了偏转，导致距墩顶较高处的钢轨和轨道板纵向位移的变化。

由于作用在钢轨上的纵向轮轨力在列车匀速运行和快速制动过程中方向相反，在列车开始制动的瞬间，轨道、桥梁结构纵向位移与加速度均发生突变，其中钢轨加速度的变化幅度在固定支座梁端最大、桥梁跨中次之、活动支座梁端最小。由于列车制动停车瞬间纵向轮轨力由最大值瞬间减小至零，此刻相当于有反向的突加荷载作用在钢轨上，使得轨道、桥梁结构纵向位移与加速度均发生突变，并随后快速衰减至零。列车制动停车瞬间，钢轨加速度突变幅度在活动支座梁端最大、桥梁跨中次之、固定支座梁端处最小。

各制动阶段条件下的轨板相对位移均在活动支座梁端处最大、固定支座梁端次之、桥梁跨中最小。随着行车速度的降低，减速度随之增大，作用在钢轨上的制动荷载也随之增大，轨板相对位移最大值随之增大，但固定支座墩顶部纵向则有小幅减小的趋势，表明列车朝活动支座方向制动和桥梁发生竖向挠曲变形分别对固定支座墩顶部产生的纵向附加力方向相反。列车在快速制动过程中，行车速度处于 200～186 km/h、130～103 km/h 和 83～0 km/h 制动阶段下活动支座梁端处的轨板相对位移最大绝对值分别为 0.108 mm、0.114 mm 和 0.122 mm，固定支座墩顶纵向力最大绝对值分别为 7.210 kN、4.725 kN 和 3.955 kN。

5.3.2 列车朝固定支座端快速制动

本节考虑列车由梁体活动支座向固定支座端制动运行（与下行方向相同），如图 5-6 所示，并将制动过程考虑为开始制动、制动通过和制动停车 3 个阶段。

第一阶段（200 km/h 减速至 186 km/h）：头车匀速通过中间跨活动支座桥墩顶部（行车速度 v_c=200 km/h），匀速运行 0.40 s 后，头车到达桥梁跨中（行车速度 v_b=200 km/h）时立刻开始快速制动，直至尾车完全离开固定支座桥墩顶部（行车速度 v_a=186 km/h），该过程总历时 5.400 s。

第二阶段（130 km/h 减速至 103 km/h）：头车制动通过活动支座桥墩顶部（行车速度 v_c=130 km/h），直至尾车制动通过固定支座桥墩顶部（行车速度 v_a=103 km/h），该过程总历时 8.000 s。

第三阶段（83 km/h 减速至 0 km/h）：头车制动通过活动支座桥墩顶部（行车速度 v_c=83 km/h），尾车末端到达固定支座桥墩顶部时列车减速至 0（行车速度 v_a=0 km/h），停车后计算 3.000 s，该过程总历时 23.565 s。

列车朝固定支座快速制动条件下，不同制动阶段条件下结构竖向、纵向动力响应特征及其最大值分别如图 5-13～图 5-15 和表 5-11～表 5-13 所示。

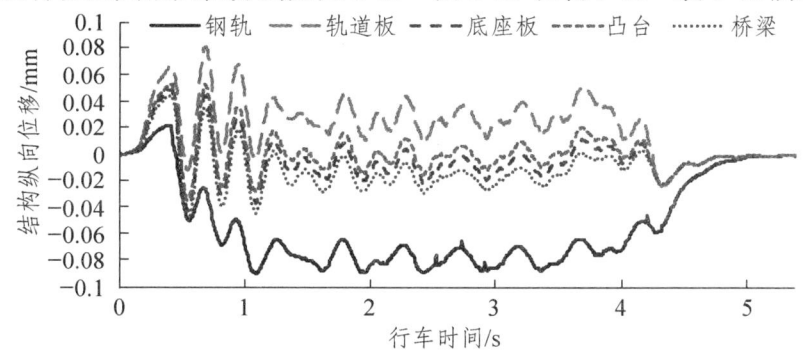

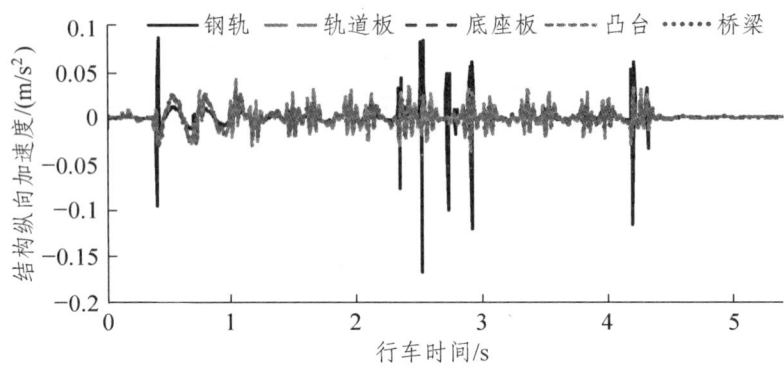

(a)固定支座梁端结构动力特性

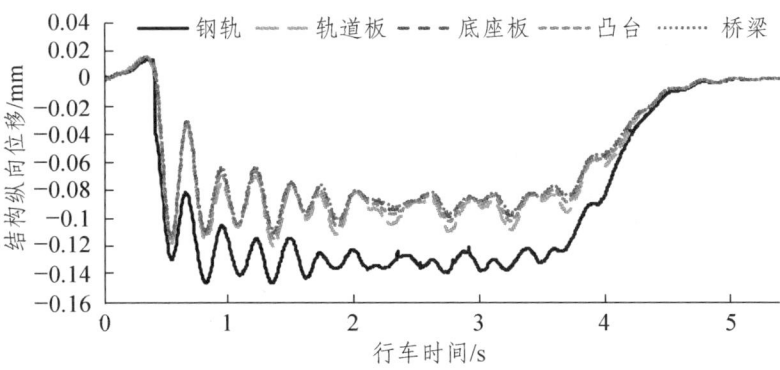

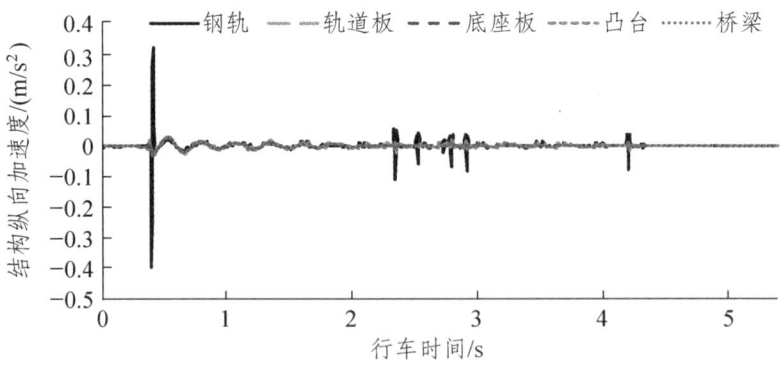

(b)桥梁跨中结构动力特性

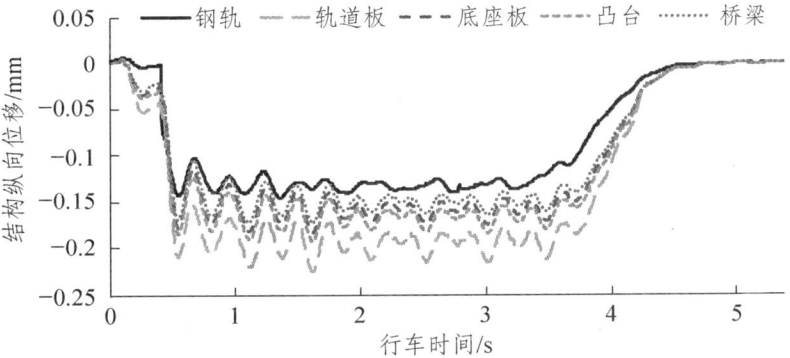

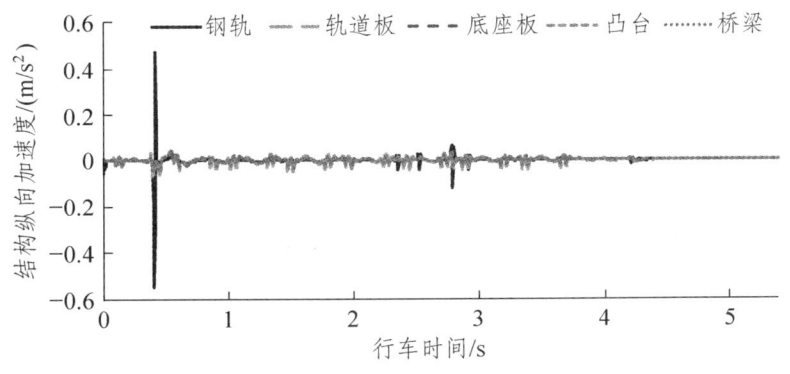

（c）活动支座梁端结构动力特性

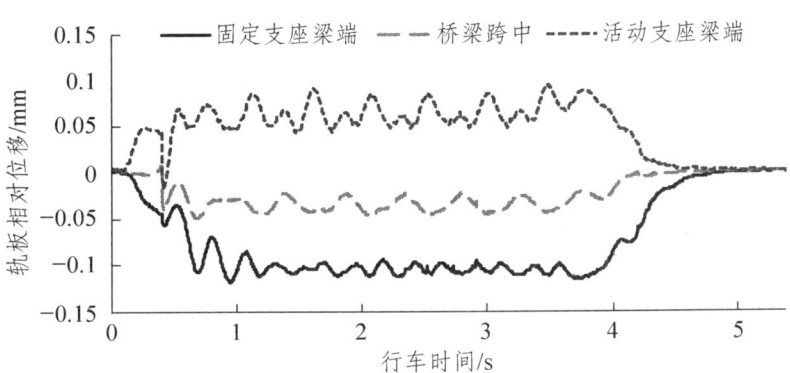

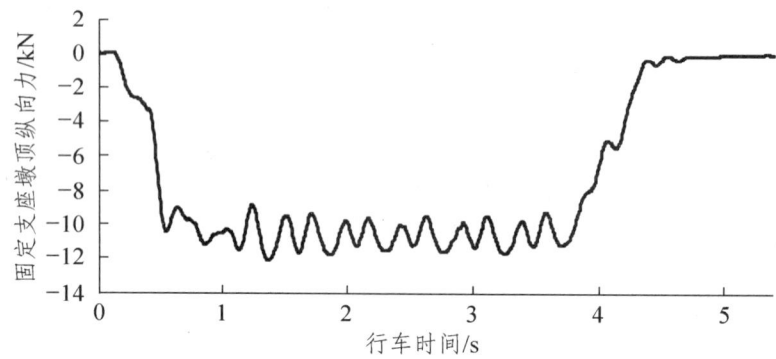

(d) 轨板相对位移及墩顶纵向动力特性

图 5-13 列车由 200 km/h 减速至 186 km/h 阶段结构动力特性

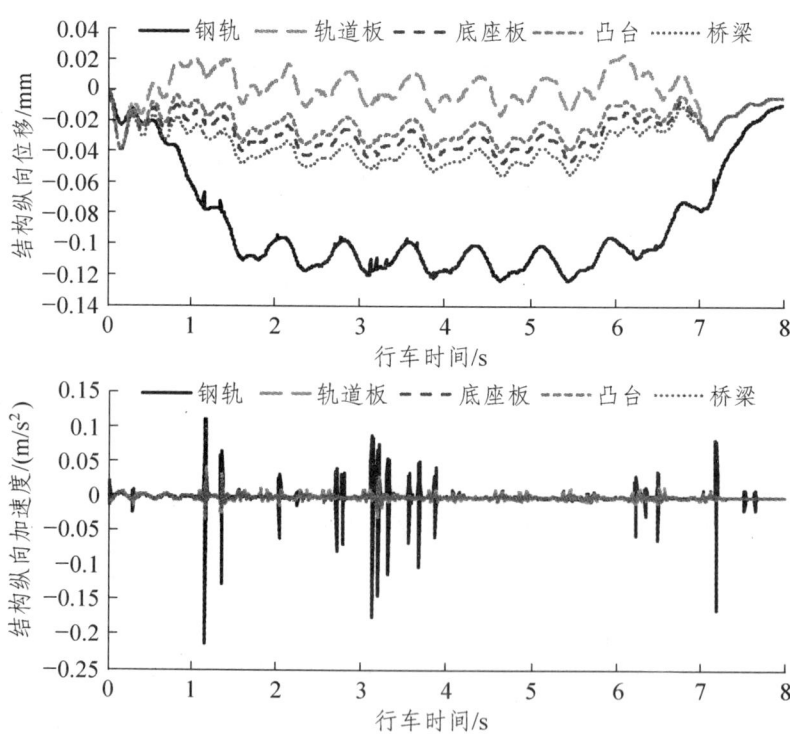

(a) 固定支座梁端结构纵向动力特性

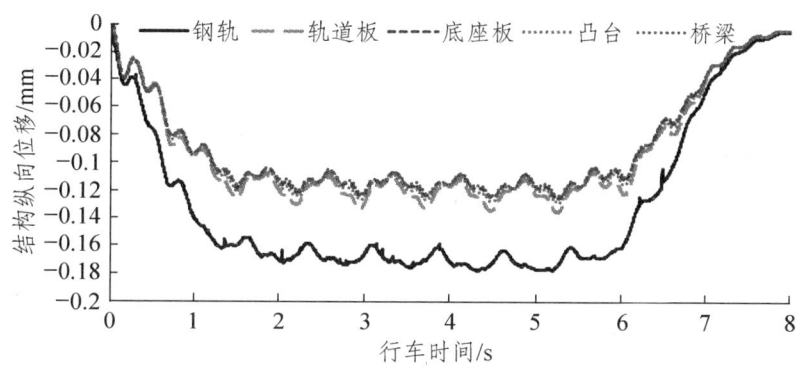

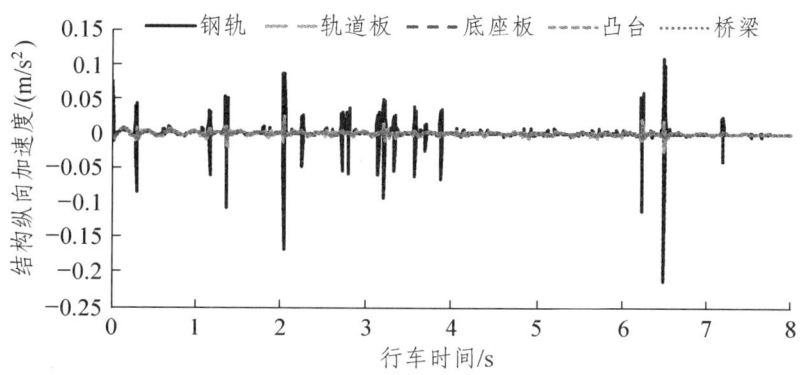

(b）桥梁跨中结构纵向动力特性

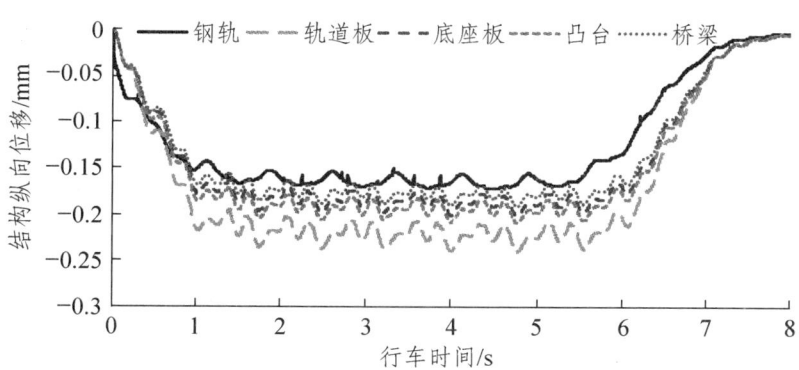

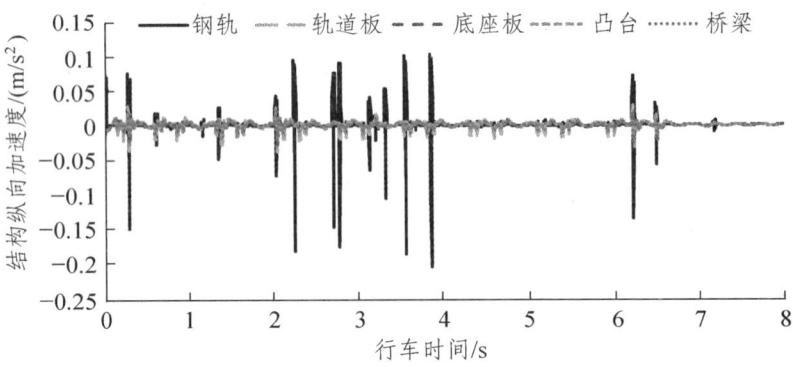

（c）活动支座梁端结构纵向动力特性

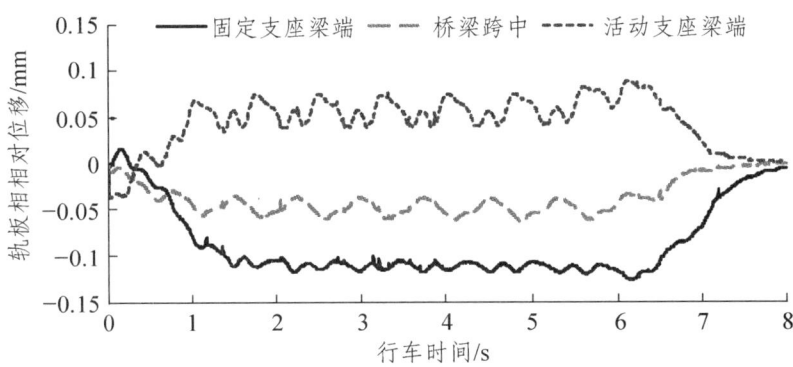

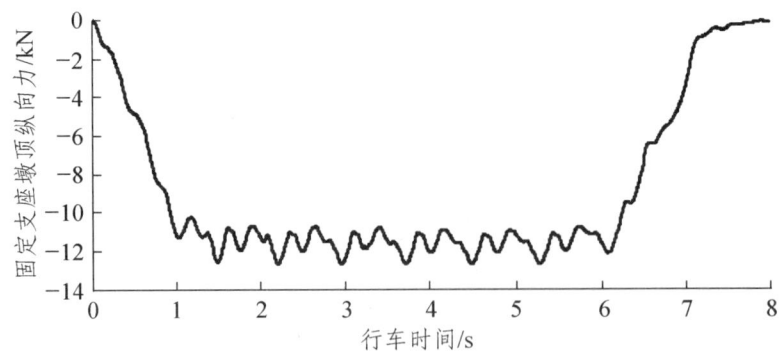

（d）轨板相对位移及墩顶纵向动力特性

图 5-14　列车由 130 km/h 减速至 103 km/h 阶段结构动力特性

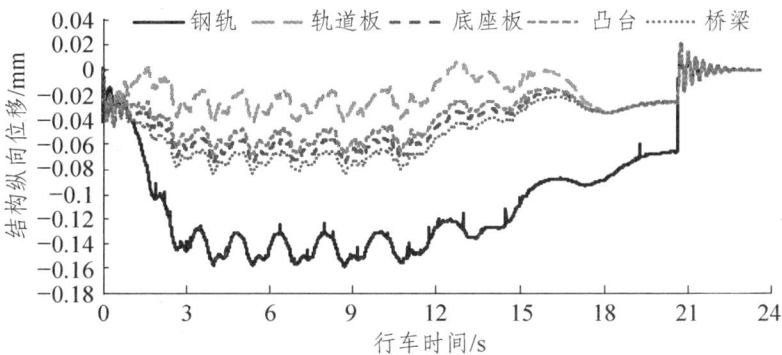

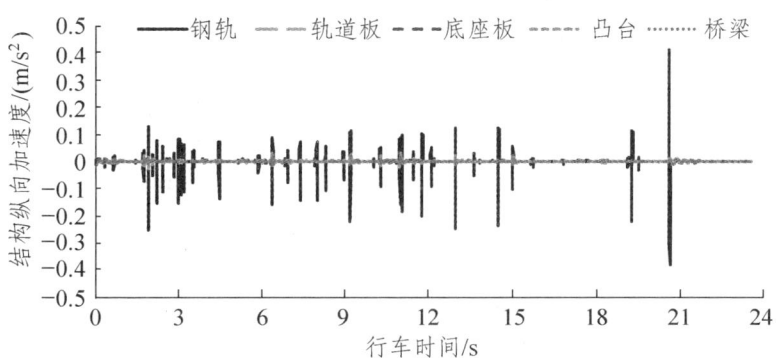

(a)固定支座梁端结构纵向动力特性

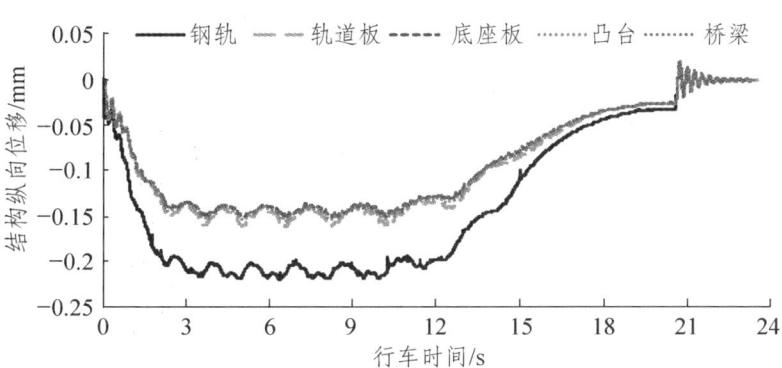

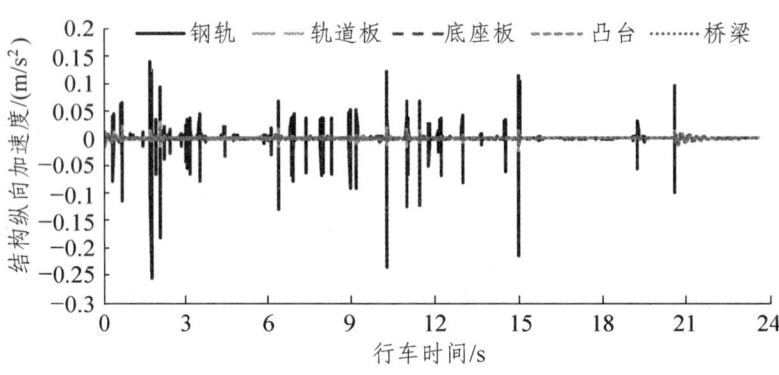

（b）桥梁跨中结构纵向动力特性

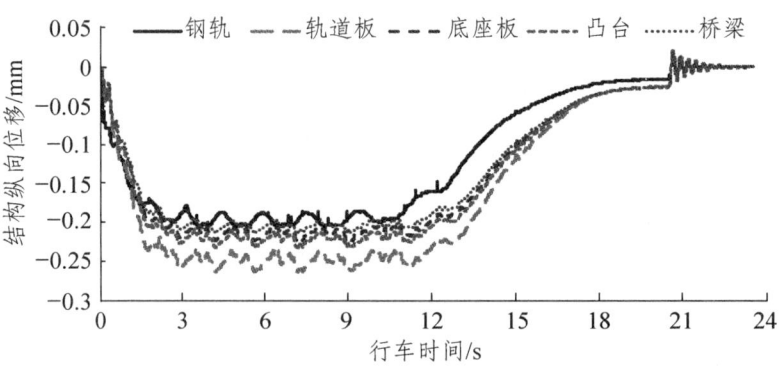

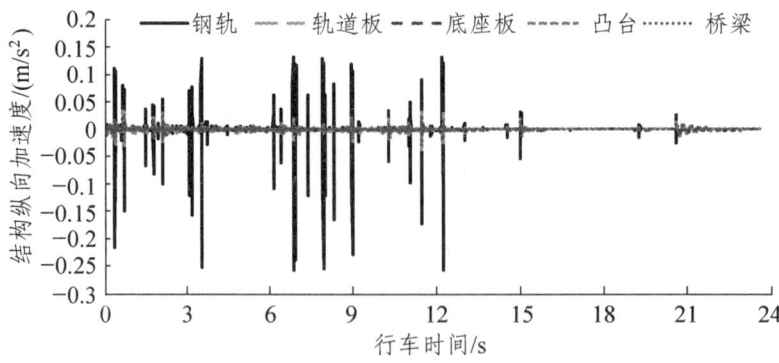

（c）活动支座梁端结构纵向动力特性

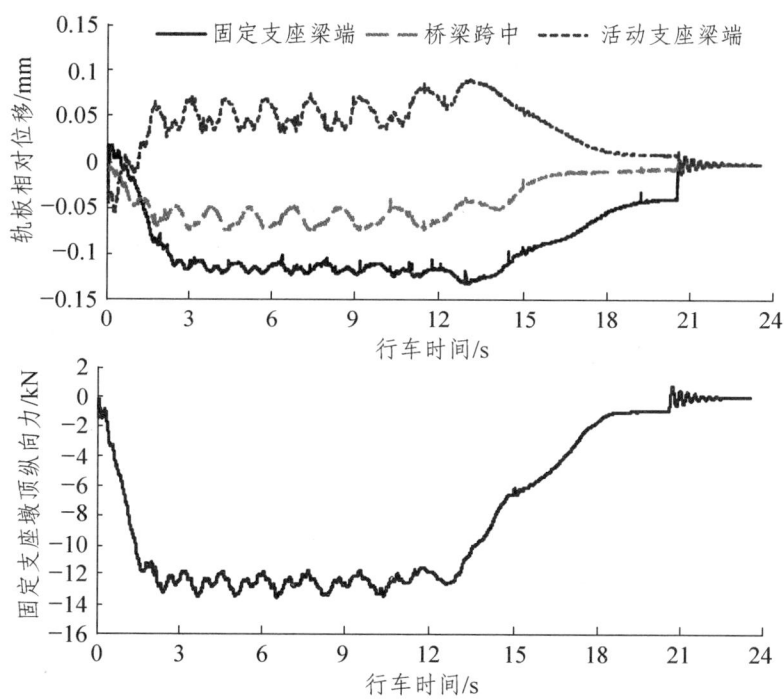

(d)轨板相对位移及墩顶纵向动力特性

图 5-15 列车由 83 km/h 减速至 0 km/h 阶段结构动力特性

表 5-11 列车快速制动条件下固定支座梁端位移的最大值　　　单位：mm

列车快速 制动阶段	结构竖向位移				结构纵向位移			
	钢轨	轨道板	底座板	桥梁	钢轨	轨道板	底座板	桥梁
200～186 km/h	-1.284	-0.185	-0.182	-0.158	-0.091	0.081	0.049	0.044
130～103 km/h	-1.364	-0.181	-0.178	-0.154	-0.124	-0.039	-0.047	-0.055
83～0 km/h	-1.435	-0.182	-0.180	-0.156	-0.158	-0.043	-0.075	-0.083

表 5-12 列车快速制动条件下桥梁跨中位移的最大值　　　单位：mm

列车快速 制动阶段	结构竖向位移				结构纵向位移			
	钢轨	轨道板	底座板	桥梁	钢轨	轨道板	底座板	桥梁
200～186 km/h	-2.229	-1.191	-1.190	-1.191	-0.147	-0.121	-0.113	-0.112
130～103 km/h	-2.265	-1.122	-1.122	-1.122	-0.178	-0.136	-0.126	-0.124
83～0 km/h	-2.321	-1.122	-1.122	-1.122	-0.220	-0.162	-0.152	-0.150

表 5-13 列车快速制动条件下活动支座梁端位移的最大值　　单位：mm

列车快速 制动阶段	结构竖向位移				结构纵向位移			
	钢轨	轨道板	底座板	桥梁	钢轨	轨道板	底座板	桥梁
200~186 km/h	-1.197	-0.174	-0.173	-0.149	-0.145	-0.225	-0.183	-0.173
130~103 km/h	-1.182	-0.181	-0.180	-0.155	-0.174	-0.241	-0.201	-0.191
83~0 km/h	-1.331	-0.181	-0.179	-0.155	-0.206	-0.264	-0.224	-0.215

由图 5-13~图 5-15 和表 5-11~表 5-13 可知，与列车朝活动支座（上行方向）快速制动工况相比，列车在朝固定支座（下行方向）快速制动时各轨道及桥梁结构竖向位移响应与其基本一致，而结构纵向力与位移响应则有较大区别。

列车在朝固定支座（下行方向）快速制动过程中，各制动阶段下桥梁跨中处钢轨、轨道板、底座板及梁体纵向位移均遵循逐层递减的规律；在列车开始制动瞬间和制动停车瞬间，由于纵向轮轨力的突变，各轨道及桥梁结构纵向位移与加速度均在此刻发生突变，其原理同本书 5.3.1 节。200~186 km/h 制动阶段下钢轨加速度的变化幅度在活动支座梁端最大、桥梁跨中次之、固定支座梁端最小，而 83~0 km/h 阶段钢轨加速度突变幅度在活动支座梁端最大、固定支座梁端次之、桥梁跨中处最小。

列车在朝固定支座（下行方向）快速制动过程中，各制动阶段条件下的轨板相对位移均在固定支座梁端处最大、活动支座梁端次之、桥梁跨中最小。随着行车速度的降低，减速度随之增大，作用在钢轨上的制动荷载也随之增大，轨板相对位移最大值随之增大，固定支座墩顶纵向力随之明显增大，表明列车朝固定支座方向制动和桥梁发生竖向挠曲变形对固定支座墩顶部产生的纵向附加力产生了同向叠加的效果。行车速度处于 200~186 km/h、130~103 km/h 和 83~0 km/h 制动阶段下活动支座梁端处的轨板相对位移最大绝对值分别为 0.119 mm、0.129 mm 和 0.132 mm，相比于朝活动支座（上行方向）快速制动分别增大了 10.2%、10.5%和 8.2%；固定支座墩顶纵向力最大绝对值分别为 12.11 kN、12.67 kN 和 13.58 kN，相比于朝活动支座（上行方向）快速制动分别增大了 1.7 倍、2.7 倍和 3.4 倍。对于各轨道及桥梁结构纵向振动，列车朝固定支座（下行方向）制动时，固定支座梁端和桥梁跨中处结构纵向位移大小较列车朝活动支座（上行方向）

制动时更小，活动支座梁端处的结构纵向位移则反之。

综合对比列车朝活动支座方向和朝固定支座方向快速制动两种工况，对于活动支座梁端结构纵向振动、轨板相对位移的变化和墩顶纵向受力而言，列车朝固定支座方向制动工况较朝活动支座方向制动工况更为不利；而对于固定支座梁端和桥梁跨中结构纵向振动而言，其规律则相反。该结论可为列车制动过程中轨道及桥梁结构动力特性研究和结构稳定性评估提供参考。

单线列车制动通过跨长为 32 m 的简支箱梁时，最多有 6 个轮对同时作用在该跨桥上，制动荷载最大时为 7.794×12=93.528（kN），而本书 3.3 节计算桥上无砟轨道无缝线路制动力时，作用在该跨桥上的列车制动静荷载大小为 10.5×32=336（kN）；因此，不论是朝着活动支座（上行方向）还是朝着固定支座（下行方向）制动，单线快速制动条件下各结构纵向位移、轨板相对位移及墩顶纵向力响应均较静力计算结果小得多。以上结果表明：按照规范取列车制动静荷载的计算方法进行桥上无砟轨道无缝线路制动力计算是可行的，且计算结果是相对安全的。

5.4 本章小结

本章以一联 8 节编组的 CRH_2 型高速动车组为例，计算了列车运行和制动条件下的纵向轮轨力，并以双线长大桥梁中间跨（32 m 箱梁）作为研究对象，分析了高速列车匀速运行和快速制动条件下无砟轨道和桥梁结构的纵向、竖向动力特性，主要结论如下：

（1）根据计算公式获得列车匀速运行和快速制动过程中的纵向轮轨力，其中：列车匀速过桥时作用在钢轨上的纵向力方向与列车运行方向相反；列车制动过桥时作用在钢轨上的制动力方向与列车运行方向相同，且在制动过程中随着运行速度的降低，制动力随之增大。

（2）列车匀速运行条件下，有载侧轨道及桥梁结构的竖向和纵向位移响应较无载侧大得多，且主要与列车竖向荷载大小直接相关，而与行车速度无关。

（3）列车快速制动过程中，与制动力自上而下传递规律相同的是，各制动阶段条件下桥梁跨中处钢轨、轨道板、底座板及梁体纵向位移也均遵循逐层递减的规律。列车朝着活动支座方向制动和桥梁发生竖向挠曲变形分别对固定支座墩顶部产生的纵向附加力方向相反，而朝着固定支座方向制动和桥梁发生竖向挠曲变形对固定支座墩顶部产生的纵向附加力同向叠加，故应将列车朝固定支座方向制动作为最不利制动加载工况。

（4）在列车开始制动瞬间和制动停车瞬间，各轨道及桥梁结构纵向位移与加速度均出现不同程度上的反向突变，并以钢轨纵向加速度变化最为明显。

（5）对于固定支座梁端和桥梁跨中结构纵向振动，列车朝活动支座方向较制动工况较朝固定支座方向制动工况更为不利；但对于轨板相对位移的变化和墩顶纵向受力，则相反。

（6）在分析列车匀速运行和制动运行条件下轨道及桥梁结构动力响应特征时，各结构纵向位移、轨板相对位移及墩顶部纵向力响应均较静力计算结果小得多，表明按照规范取静荷载的计算方法进行桥上无砟轨道无缝线路挠曲力和制动力计算是可行的，且有较大的安全冗余。

6 结论与展望

6.1 结　论

本书基于梁-板-轨相互作用机理和有限元法,建立了多跨简支梁桥和大跨连续梁桥上CRTSⅢ型板式无砟轨道无缝线路空间耦合模型,并编制了相应的纵向力计算程序。本书还分别从静力和动力的角度出发,研究了桥上CRTSⅢ型板式无砟轨道无缝线路纵向静力分布规律及其影响因素,以及在列车运行和制动条件下无砟轨道及桥梁结构的动力特性。主要研究结论如下:

1. 建立了桥上CRTSⅢ型板式无砟轨道无缝线路空间耦合模型

针对CRTSⅢ型板式无砟轨道这种新型轨道结构的组成和特点,考虑到我国高速铁路广泛应用多跨简支梁桥和大跨连续梁桥,并基于梁-板-轨相互作用机理和有限元法,充分考虑钢轨、扣件、轨道板、自密实混凝土层、凸台、弹性垫层、土工布隔离层和底座板等轨道结构,以及箱梁和桥墩/台顶固定支座对梁体的约束,并充分考虑各结构的空间几何尺寸、力学属性及其相互作用关系,运用ANSYS建立了两种桥上CRTSⅢ型板式无砟轨道无缝线路空间耦合模型。

2. 编制了桥上CRTSⅢ型板式无砟轨道无缝线路纵向力计算程序

基于C#高级编程技术和参数化语言APDL,实现了ANSYS的二次开发,编制了桥上CRTSⅢ型板式无砟轨道无缝线路纵向力计算程序,实现了参数设置、精细化的空间耦合模型建立、计算加载与计算结果数据后处理的一体化,其中参数设置包括了各轨道及桥梁结构的空间几何尺寸和力学参数,还包括复杂温度荷载、列车荷载及制动荷载等多种荷载参数。通过与现有研究成果对比,验证了采用本书模型进行静力和动力分析的准确性,以及相应纵向力计算程序的通用性和可靠性。

3. 研究了桥上CRTSⅢ型板式无砟轨道无缝线路纵向静力分布规律,并在此基础之上对桥上无缝线路进行了检算,为桥上CRTSⅢ型板式无砟轨道无缝线路设计检算方法提供技术支持

(1)梁体升温条件下钢轨纵向力在梁端表现为压力,在跨中表现为拉力,单元底座板、自密实混凝土层及轨道板纵向应力因其纵向不连续性而

呈波动曲线。桥梁两侧桥台及大跨连续梁端处为薄弱环节,该处钢轨拉力过大易引发断轨,较大的轨板相对位移易带动轨下胶垫的滑出。伸缩力计算时,桥梁温差荷载采用整体温差荷载并以年温差为参考,轨道板温差荷载采用大小为 70 ℃/m 的竖向正温度梯度荷载时的计算结果是相对安全且具有一般性的。

(2)挠曲力计算时,多跨简支梁桥上轨道结构检算可采用全桥加载作为最不利工况,桥梁墩/台检算可采用邻近固定支座桥台的前两跨加载作为最不利工况;大跨连续梁桥上轨道结构及连续梁固定支座墩顶部纵向力检算可采用连续梁主桥固定支座一侧两跨加载作为最不利工况,各轨道及桥梁结构纵向位移及层间相对位移检算可采用全桥加载作为最不利工况。由于在列车荷载作用下各轨道及桥梁结构纵向受力与变形均较小,故挠曲力一般不作为桥上无缝线路设计检算时的主要荷载之一。

(3)在列车制动荷载作用下,钢轨纵向力沿着制动方向由拉力逐渐变为压力,纵向位移先增后减并在桥梁中间到达最大,且拉力、压力峰值分别出现在梁端及荷载的前、后端点处。在计算多跨简支梁桥和大跨连续梁桥上 CRTSⅢ型板式无砟轨道无缝线路制动受力和变形时,列车制动荷载作用长度应不小于 400 m,必要时可采用全桥列车制动加载作为最不利工况,且计算结果是相对安全的。

(4)钢轨断缝值计算时,多跨简支梁桥可采用右侧活动支座桥台顶部断轨工况,大跨连续梁桥可采用主桥右侧活动支座桥墩顶部断轨工况,钢轨温度荷载需据当地气候条件、实际锁定轨温及最低轨温选取。相比于传统的理论计算公式,本书采用梁-板-轨相互作用机理建立的空间耦合模型能更好地满足桥上 CRTSⅢ型板式无砟轨道无缝线路断缝值、轨板相对位移及断轨力的精确计算。

(5)在混凝土梁年温差为 20 ℃ 的条件下,多跨简支梁桥和大跨连续梁桥上全桥采用 WJ-8 型常阻力扣件的铺设方案分别适用于钢轨降温幅度小于 80.7 ℃ 和 58.3 ℃ 的地区;对于轨温变化幅度分别为 30 ℃、40 ℃、50 ℃ 和 60 ℃ 的地区,钢轨最大(伸缩+制动)力绝对值分别不得高于 1 404.9 kN、1 216.7 kN、1 028.7 kN 和 817.3 kN,并以该值作为控制指标来选取无缝线路最优铺设方案。

(6)在伸缩力、挠曲力、制动力和断轨力作用下,自密实混凝土层凸台周围的弹性垫层变形量、轨板相对位移及自密实混凝土层底座板相对位移均未超出安全限值，且有一定的安全冗余量，保证了弹性垫层、扣件及隔离层结构长期服役的安全。

4. 全面分析了桥上 CRTSⅢ型板式无砟轨道无缝线路纵向静力影响因素，对扣件选型，不同参数的结构选择，以及桥梁跨数与截面的最优选取方案提出了合理化建议，为桥上 CRTSⅢ型板式无砟轨道无缝线路设计改进方法提供参考

（1）不同扣件产生的纵向阻力不仅与其最大值有关，还与轨板相对位移的大小直接相关。桥上采用小阻力扣件时可明显减弱钢轨与其下部结构相互作用，但同时扣件向下部结构传递制动力的能力也随之减弱，需特别关注轨板快速相对位移的增大。不同的小阻力扣件铺设方案对桥上 CRTSⅢ型板式无砟轨道无缝线路伸缩力与制动力的影响较大，对挠曲力的影响较小，其中多跨简支梁桥上无缝线路纵向力较小，全桥采用常阻力扣件即可，大跨连续梁桥可在主桥边跨及相邻两跨简支梁采用小阻力扣件。

（2）随着固定支座墩/台顶部纵向刚度的增大，桥上无砟轨道无缝线路伸缩力与挠曲力随之小幅增大，制动力随之明显减小，其中轨板相对位移的大幅减小有利于扣件的长期使用。因此，对于低墩桥和高墩桥上 CRTSⅢ型板式无砟轨道无缝线路，需分别对温度荷载、列车荷载作用下的钢轨强度和列车制动荷载作用下的轨板快速相对位移进行检算。

（3）随着弹性垫层弹性模量的增大，伸缩力、挠曲力和制动力作用下弹性垫层应力随之增大，变形量随之减小，但其纵向应力和变形量均很小且有很大的安全冗余量，故桥上 CRTSⅢ型板式无砟轨道无缝线路纵向力可不作为弹性垫层选取的检算指标。土工布隔离层向上、下层结构传递纵向力的能力随着其摩擦系数的增加而增强，向前、后凸台及弹性垫层结构传递纵向力的能力则随着其摩擦系数的增加而减弱，因此，需将隔离层摩擦系数控制在合理范围内；土工布隔离层受反复摩擦和材料老化的影响，其摩擦系数将会增大甚至丧失滑动性能，在设计、施工和运营养护过程中应给予充分考虑。

（4）各轨道及桥梁结构纵向受力随着连续梁温度跨度的增加而明显增大，因此在设计检算过程中需要根据不同地区的气候条件确定 CRTSⅢ型板

式无砟轨道所能适应的最大温度跨度，桥梁支座布置也应遵循最小温度跨度的原则。

（5）在大跨连续梁桥上CRTSⅢ型板式无砟轨道无缝线路伸缩力与制动力计算过程中可将变截面的连续梁模型简化成等截面模型进行建模计算，而挠曲力计算过程中须根据连续梁实际截面参数进行建模计算。本书提出的大跨连续梁模型简化方案适用于桥上CRTSⅢ型板式无砟轨道无缝线路的设计检算，采用简化模型可大大提高建模速度和计算效率，且具有一定的通用性。

（6）在桥上CRTSⅢ型板式无砟轨道无缝线路设计检算过程中，为提高建模和计算效率，建议将连续梁相邻简支梁配跨数简化为5~7跨，多跨简支梁桥跨数简化为10~15跨，简化后的计算结果是相对安全且具有代表性的。

5. 分析了列车运行和制动条件下桥上CRTSⅢ型板式无砟轨道无缝线路竖向、纵向动力特性，为运营过程中结构稳定性提供理论依据

（1）列车匀速运行条件下，有载侧轨道、桥梁结构的竖向和纵向位移响应较无载侧大得多，且均主要与列车竖向荷载大小直接相关，而与行车速度无关。

（2）列车快速制动过程中，与制动力自上而下传递规律相同的是，各制动阶段条件下桥梁跨中处钢轨、轨道板、底座板及梁体纵向位移也均遵循逐层递减的规律。列车朝着活动支座方向制动和桥梁发生竖向挠曲变形分别对固定支座墩顶部产生的纵向附加力方向相反，而朝着固定支座方向制动和桥梁发生竖向挠曲变形对固定支座墩顶部产生的纵向附加力同向叠加，故应将列车朝固定支座方向制动作为最不利制动加载工况。

（3）在列车开始制动瞬间和制动停车瞬间，各轨道及桥梁结构纵向位移与加速度均出现不同程度上的反向突变，且以钢轨纵向加速度变化最为明显。

（4）在分析列车匀速运行和制动运行条件下轨道及桥梁结构动力响应特征时，各结构纵向位移、轨板相对位移及墩顶部纵向力响应均较静力计算结果小得多，表明按照规范取静荷载的计算方法进行桥上无砟轨道无缝线路挠曲力和制动力计算是可行的，且有较大的安全冗余。

6.2 展　望

梁-板-轨纵向相互作用问题是桥上无砟轨道无缝线路设计、养护和维修的研究重点，随着无砟轨道结构和铁路桥梁结构形式的多样化，桥上无砟轨道无缝线路设计理论及其关键技术体系的形成亟待完善。由于时间和精力所限，本书仅对桥上CRTSⅢ型板式无砟轨道无缝线路纵向力进行了研究，但仍存在以下问题，尚需做更深入的研究：

（1）有待开展现场测试方面的研究，其中包括运营过程中桥上无缝线路纵向力与分布情况，特别是制动条件下轨道和桥梁结构的动力特性。

（2）随着无砟轨道的广泛应用，在长期服役过程中轨道层间离缝、上拱、断板等病害也逐渐显现出来，亟待开展无砟轨道病害产生机理对桥梁-无砟轨道-无缝线路系统纵向力特性的影响的研究。

（3）本书在研究列车匀速运行和制动运行条件下结构动力特性时，列车竖向荷载以最大轴重作为参考，列车制动荷载根据列车减速度特性曲线及计算公式确定，在后续研究中可充分考虑轨道不平顺下的竖向和纵向轮轨力，或采用列车-轨道-桥梁耦合模型进行更为深入的分析。

参考文献

[1] 卢耀荣. 无缝线路研究与应用[M]. 北京：中国铁道出版社，2004.

[2] 高亮. 高速铁路无缝线路关键技术研究与应用[M]. 北京：中国铁道出版社，2012.

[3] 赵国堂. 高速铁路无砟轨道结构[M]. 北京：中国铁道出版社，2006.

[4] 冯青松，孙魁，徐金辉，等. 桥梁温度分布情况对桥上无砟轨道的影响分析[J]. 铁道工程学报，2018, 35(11): 20-26.

[5] BACHMANN H, MOHR W, KOWALSKI M. The RHEDA 2000：ballastless track system [J]. European Railway Review，2003，9（1）：44-51.

[6] FREUDENSTEIN S. RHEDA 2000：ballastless track systems for high-speed rail applications [J]. International Journal of Pavement Engineering，2010，11（4）：293-300.

[7] 张鹏飞. 复杂荷载条件下桥上CRTS II型板式无砟轨道无缝线路纵向力研究[D]. 北京：北京交通大学，2018.

[8] 何华武. 建立中国高速铁路技术体系的研究[J]. 铁道运输与经济，2006, 28（12）：1-10.

[9] 国家发展和改革委员会. 中长期铁路网规划[R]. 2016.

[10] 雷晓燕. 高速铁路轨道动力学——模型、算法与应用[M]. 北京：科学出版社，2015.

[11] 张鹏飞. 铁路轨道工程[M]. 长沙：中南大学出版社，2017.

[12] 王平，肖杰灵，陈嵘，等. 高速铁路桥上无缝线路技术[M]. 北京：中国铁道出版社，2016.

[13] 任娟娟，杨荣山，赵坪锐，等. 桥上无砟轨道设计与维修理论[M]. 北京：科学出版社，2015.

[14] 曲村. 高速铁路长大桥梁无砟轨道无缝线路设计理论及方法研究[D]. 北京：北京交通大学，2013.

[15] 蔡小培，赵磊，高亮，等. CRTS III型板式无砟轨道底座合理纵连长度计算[J]. 交通运输工程学报，2016, 16（1）：55-62.

[16] 王璞，高亮，赵磊，等. 路基地段 CRTSⅢ型板式无砟轨道底座板限位凹槽设置方式研究[J]. 工程力学，2014，31（2）：110-116.

[17] 赵世乐. 不同类型无砟轨道结构动力特性比较研究[D]. 长沙：中南大学，2012.

[18] 刘亚敏. 博格板式无碴轨道的竖向动力分析[D]. 长沙：中南大学，2006.

[19] ANDO K，SUNAGA M，AOKI H. Development of slab tracks for Hokuriku Shinkansen line[J]. Quarterly Reports of RTRI，2001，42（1）：35-41.

[20] SATO Y，OHISHI F. Development of vibration-decreasing slab track of type G and its practical use[J]. Quarterly Reports of RTRI，1998，2(29)：51-55.

[21] 李昌宁. CRTSⅠ型板式无砟轨道轨道板预制与铺设技术[M]. 北京：中国铁道出版社，2012.

[22] 帅一丁. CRTSⅠ型双块式无砟轨道施工关键问题研究[D]. 成都：西南交通大学，2018.

[23] CHEN Z，XIAO J L，LIU X K，et al. Effects of initial up-warp deformation on the stability of the CRTS Ⅱ slab track at high temperatures[J]. Journal of Zhejiang University-Science A（Applied Physics & Engineering），2018，19（12）：939-950.

[24] 陈龙，陈进杰，王建西. CRTSⅡ型板式无砟轨道层间传力规律及离缝破坏研究[J]. 铁道学报，2018，40（8）：130-138.

[25] 贾磊. 郑西客运专线 CRTSⅡ型双块式无砟轨道施工技术[D]. 石家庄：石家庄铁道大学，2016.

[26] 唐长根. 板式无砟道岔岔区板力学特性分析[D]. 长沙：中南大学，2010.

[27] 曾志平，何贤丰，余志武，等. 重载列车作用下 CRTSⅢ型板式轨道结构力学特性试验研究[J]. 铁道科学与工程学报，2018，15（3）：581-588.

[28] 李欣. CRTSⅠ型板式轨道砂浆破损与维修标准研究[D]. 成都：西南交通大学，2011.

[29] 王鑫. CRTSⅠ型板式无砟轨道路基沉降抬板维修技术方案通过评审[J]. 中国铁道科学，2014，35（1）：121.

[30] 赵磊, 高亮, 蔡小培, 等. CRTS Ⅰ 型无砟轨道板预应力筋破坏所致附加荷载的影响分析[J]. 铁道学报, 2015, 37(12): 74-80.

[31] 高亮, 杨文茂, 曲村, 等. 高铁长大桥梁 CRTS Ⅰ 型板式无砟轨道无缝线路的动力学特性[J]. 北京交通大学学报, 2013, 37(1): 73-79.

[32] 戴公连, 岳喆, 苏海霆, 等. 桥隧过渡段铁路 Ⅰ 型无砟轨道纵向温度场的试验研究[J]. 华南理工大学学报(自然科学版), 2017, 45(6): 59-65.

[33] 李昌宁. CRTS Ⅱ 型板式无砟轨道轨道板预制与铺设技术[M]. 北京: 中国铁道出版社, 2012.

[34] 杨静静, 张楠, 高芒芒, 等. CRTS Ⅱ 型无砟轨道温度翘曲变形及其对车线动力响应的影响[J]. 工程力学, 2016, 33(4): 210-217.

[35] 刘钰, 陈攀, 赵国堂. CRTS Ⅱ 型板式无砟轨道结构早期温度场特征研究[J]. 中国铁道科学, 2014, 35(1): 1-6.

[36] 戴公连, 刘翔宇, 刘文硕. 简支梁上 CRTS Ⅱ 型无砟轨道动力特性的试验研究[J]. 华南理工大学学报(自然科学版), 2017, 45(4): 95-102.

[37] 赵磊, 孙璐, 孙伟, 等. 均匀降温下 CRTS Ⅱ 型高速铁路轨道板温度应力分析[J]. 东北大学学报(自然科学版), 2017, 38(11): 1664-1668.

[38] 赵国堂, 高亮, 赵磊, 等. CRTS Ⅱ 型板式无砟轨道板下离缝动力影响分析及运营评估[J]. 铁道学报, 2017, 39(1): 1-10.

[39] 朱晓斌, 姚婷, 刘加平, 等. CRTS Ⅱ 型无砟轨道 CA 砂浆开裂风险有限元计算[J]. 武汉理工大学学报, 2011, 33(11): 76-81.

[40] 刘钰, 赵国堂. CRTS Ⅱ 型板式无砟轨道结构层间早期离缝研究[J]. 中国铁道科学, 2013, 34(4): 1-7.

[41] 魏强, 赵国堂, 蔡小培. CRTS Ⅱ 型板式轨道台后锚固结构研究[J]. 铁道学报, 2013, 35(7): 90-95.

[42] 邢雪辉. CRTS Ⅲ 型板式无砟轨道施工技术[M]. 北京: 人民交通出版社, 2015.

[43] 刘继鹏. CRTS Ⅲ 型无砟轨道先张法轨道板预制工艺研究[J]. 铁道建筑技术, 2017(1): 107-111.

[44] 许双安. CRTS Ⅲ 型无砟轨道板精调方法探讨[J]. 高速铁路技术, 2017, 8(6): 15-20.

[45] 谭希. 复杂温度条件下CRTSⅢ型板式无砟轨道受力与变形特性研究[D]. 北京：北京交通大学，2018.

[46] 张思皓. 复杂荷载条件下桥上CRTSⅢ型板式无砟轨道结构力学特性分析[D]. 南昌：华东交通大学，2020.

[47] 王栋. CRTSⅢ型板式无砟轨道结构底座混凝土收缩开裂性能研究[J]. 铁道建筑，2021，61（4）：125-128.

[48] 牛振宇，刘林芽，秦佳良，等. 弹性垫层温频变特性对减振型CRTSⅢ板式无砟轨道振动响应影响研究[J]. 中南大学学报(自然科学版)，2021，52（10）：3771-3782.

[49] 刘青春. CRTS-Ⅲ型无砟轨道的垂向动力学分析[D]. 兰州：兰州交通大学，2012.

[50] 孙璐，段雨芬，杨薪. 高速铁路CRTSⅢ型板式无砟轨道结构受力特性研究[J]. 铁道工程学报，2013（11）：32-39.

[51] 佐藤吉彦. 新轨道力学[M]. 徐涌，等，译. 北京：中国铁道出版社，2001.

[52] 伊藤裕，等. 日本东海道新干线轨道研究[M]. 北京：人民铁道出版社，1979.

[53] MATSUMOTO N，ASANUMA K. Some experiences on track-bridge interaction in Japan [M]//Rui Calcada，Raimundo Delgado，António Campos e Matos, et al.Track-Bridge Interaction on High-Speed Railways，London：2009：77-94.

[54] FRÝBA L. Quasi-static distribution of braking and starting forces in rails and bridge [J]. Rail International，1974（5）：698-716.

[55] FRÝBA L. Braking test on straight track with a long train[J]. Rail International. 1977，25（4）.

[56] FRÝBA L. The rail interaction of long welded rails with rail bridges[J]. Rail International，1985，16（3）：58-71.

[57] FRÝBA L. Thermal interaction of long welded rail and railway bridges[J]. Rail International，1985，16（3）：5-24.

[58] SIEKMEIER E W. Zur Frage der Einwirkung von langskraften auf das liikkenclose Gleis and die Gleisbettung[J]. Glasers Annalen，1964，88.

[59] SERAPHIM H P. Langsverschiebewiderstand eines Schottergleises bei

Messungen im Bf Gonfeld, Messbericht der Bundesbahn-Versuchsanstalt Minden/Westf[R]. Interner unverröffentlichter Messbericht vom, 1980.

[60] TALKER W. Zur Theorie der Verschbung des Gleisis[J]. Die Eisenbahntechnik, 1978, 26.

[61] MOELTER T. Closed and open joints for bridges on high speed lines[C]// Bridges for High-Speed Railways: Revised Papers from the Workshop, Porto, Portugal, 3-4 June 2004. CRC Press, 2008: 191.

[62] RUGE P, BIRK C. Longitudinal forces in continuously welded rails on bridgedecks due to nonlinear track–bridge interaction[J]. Computers & Structures, 2007, 85（7/8）: 458-475.

[63] RUGE P, WIDARDA D R, Schmälzlin G, et al. Longitudinal track–bridge interaction due to sudden change of coupling interface[J]. Computers & Structures, 2009, 87（1/2）: 47-58.

[64] RUGE P, TRINKS C, MUNCKE M, et al. Längskraftbeanspruchung von durchgehend geschweißten Schienen auf Brücken für Lastkombinationen[J]. Bautechnik, 2004, 81（7）: 537-548.

[65] Track/Bridge Interaction Recommendations for Calculation: Code UIC. 774-3[S]. International Union of Railways, 2001.

[66] 鲍列耶夫柯. 铁路桥梁承受制动力的问题[M]. 桥梁丛, 译. 1964（4）.

[67] COENRAAD E. Modern Railway Tracks[M]. Netherlands: Koninklijke van de Garde BV, 1989.

[68] PLACE D, DAVIS S, BARRON M. Track-structure interaction on the Taiwan high speed rail viaducts[C]. IABSE Symposium 2003 Antwerp. Antwerp: IABSE, 2003.

[69] ARYA A S, AGRAWAL S R. Dispersion of tractive and braking force in railway bridges-theoretical analysis[J]. Rail International, 1982, 13（4）: 1225.

[70] CALCADA R, DELGADO R, CAMPOS E MATOS A, et al. Track- Bridge Interaction on High-Speed Railways[M]. London: Taylor & Francis Group, 2009.

[71] RAMONDENC P, MARTIN D, SCHMITT P. Track-bridge interaction-the

SNCF experience[M]// Rui Calcada, Raimundo Delgado, Antonio Campos a Matos, et al. Track-Bridge Interaction on High-Speed Railways. London: Taylor & Francis Group, 2009: 63-75.

[72] OKELO R, OLABIMTAN A. Nonlinear Rail-Structure Interaction Analysis of an Elevated Skewed Steel Guideway[J]. Journal of Bridge Engineering, 2011（2）: 392-399.

[73] SEDARAT H, KOZAK A, et al. Nonlinear dynamic analysis of a track bridge structure designed for a floating bridge[C]//Conference Proceedings of the Society for Experimental Mechanics Series 35, New York, USA, 2013.

[74] 卢耀荣, 冯淑卿. 桥上无缝线路挠曲力的计算[J]. 铁道学报, 1987（2）: 56-67.

[75] 黄时寿. 无缝线路伸缩区位于桥上钢轨的轴向力和位移计算[J]. 西南交通大学学报, 1984（2）: 8-16.

[76] 黄时寿. 桥上无缝线路伸缩力计算公式化[J]. 西南交通大学学报, 1986（2）: 35-43.

[77] 杨少宏. 桥上无缝线路挠曲附加力的非线性分析[D]. 兰州: 兰州铁道学院, 1990.

[78] 李秋义, 陈秀方, 向延念. 广义变分原理在高速铁路无缝道岔结构分析中的应用[J]. 工程力学, 2003（5）: 194-199.

[79] 陈秀方, 朱文珍, 刘新建, 等. 广义变分原理在桥上无缝线路伸缩附加力计算中的应用[J]. 铁道科学与工程学报, 2005（2）: 13-17.

[80] YAN B, DAI G, GUO W, et al. Longitudinal force in continuously welded rail on long-span tied arch continuous bridge carrying multiple tracks[J]. Journal of Central South University, 2015, 22（5）: 2001-2006.

[81] 李秋义, 孙立. 桥墩温差荷载引起的桥上无缝线路钢轨附加力[J]. 中国铁道科学, 2007（4）: 50-54.

[82] 李阳春. 桥墩温差荷载作用下桥上无缝线路钢轨附加力研究[J]. 铁道建筑, 2008（2）: 6-9.

[83] 张迅. 常用跨度连续梁桥墩顶纵向水平线刚度限值研究[D]. 成都: 西南交通大学, 2008.

[84] 张迅，斯朗拥宗，李小珍. 桥墩温差荷载对连续梁桥上无缝线路纵向附加力的影响[J]. 铁道建筑，2008（12）：4-6.

[85] 王平，谢铠泽. 连续刚构桥上无缝线路计算模型及方法的简化[J]. 中南大学学报（自然科学版），2015，46（7）：2735-2743.

[86] 熊震威，谢铠泽，刘浩，等. 列车制动对刚构桥上无缝线路梁轨相对位移的影响研究[J]. 铁道标准设计，2013（10）：10-14.

[87] 蔡敦锦，颜乐，李悦，等. 桥梁参数对桥上无缝线路伸缩力的影响分析[J]. 铁道标准设计，2014，58（7）：30-34.

[88] 徐金辉，王平. 大跨度中承式拱桥桥上无缝线路计算分析[J]. 铁道建筑，2011，（10）：92-94.

[89] 刘婷林，代先星，肖杰灵，等. 温度梯度对高墩桥上无缝线路的影响分析[J]. 铁道建筑，2014（4）：121-124.

[90] 魏贤奎，王平，徐浩，等. 铁路上承式拱桥上无缝线路断缝影响因素[J]. 中南大学学报（自然科学版），2013，44（7）：3053-3060.

[91] DAI G L, YAN B. Longitudinal forces of continuously welded track on high-speed railway cable-stayed bridge considering impact of adjacent bridges[J]. Journal of Central South University, 2012, 19（8）: 2348-2353.

[92] DAI G L, LIU W S. Applicability of small resistance fastener on long-span continuous bridges of high-speed railway[J]. Journal of Central South University, 2013, 20（5）: 1426-1433.

[93] SUN W L, HAN F. Research on CWR Design on Steel-Concrete Composite Beam Bridge in Alpine Region[J]. Applied Mechanics and Materials, 2014, 587-589: 1708-1712.

[94] 陈杨. 桥上 CRTS I 型板式无砟轨道纵向力分析[D]. 成都：西南交通大学，2009.

[95] 邢梦婷，王平. 桥上纵连板式无砟轨道挠曲力计算分析[J]. 铁道标准设计，2016，60（8）：6-12.

[96] 谢铠泽，王平，徐浩，等. 刚构桥上无砟轨道无缝线路病害研究[J]. 中南大学学报（自然科学版），2014，45（6）：2085-2091.

[97] 谢铠泽，王平，徐井芒，等. 桥上单元板式无砟轨道无缝线路的适应性[J]. 西南交通大学学报，2014，49（4）：649-655.

[98] 胡志鹏，谢铠泽，朱浩，等. 高墩大跨桥梁桥墩沉降对桥上无缝线路的影响[J]. 铁道标准设计，2013（10）：23-26；30.

[99] 张亚爽，胡志鹏，马旭峰，等. 高墩水平温差对连续刚构桥上无缝线路的影响[J]. 铁道标准设计，2014，58（11）：20-23；27.

[100] 罗华朋，马旭峰，肖杰灵，等. 桥墩温度荷载对高墩大跨桥上无砟轨道无缝线路的影响研究[J]. 铁道建筑，2015（6）：127-131.

[101] 罗华朋，邢俊，杨凯，等. 桥墩温度梯度对高墩大跨桥上无砟轨道影响研究[J]. 铁道标准设计，2015，59（8）：26-29.

[102] 朱乾坤，戴公连，闫斌. 简支梁-CRTSⅡ型板式无砟轨道制动力传递规律[J]. 铁道科学与工程学报，2014，11（6）：13-19.

[103] 方利，王志强，李成辉. 简支梁桥上CRTSⅡ型板式无砟轨道制动力影响因素分析[J]. 铁道学报，2012，34（1）：72-76.

[104] 吴青松，任娟娟，刘学毅，等. 用于铺设Ⅱ型板式轨道的大跨连续梁桥合理温度跨度研究[J]. 铁道科学与工程学报，2016，13(3)：414-422.

[105] 陈嵘，邢俊，谢铠泽，等. 温度荷载下纵连式无砟轨道梁轨耦合作用规律[J]. 铁道工程学报，2017，34（3）：15-21.

[106] 刘成，李帅，谢铠泽，等. 纵连板式轨道在墩台位移作用下梁轨相互作用规律研究[J]. 铁道标准设计，2016，60（12）：8-12.

[107] 戴公连，葛浩，刘文硕，等. 实测温度下大跨度桥上纵连无砟轨道受力研究[J]. 铁道工程学报，2017，34（5）：26-31；93.

[108] 戴公连，葛浩. 高铁长大桥上不同无砟轨道无缝线路受力研究[J]. 铁道工程学报，2018，35（7）：23-29；64.

[109] 刘文硕. 高速铁路大跨度钢桁拱桥梁轨相互作用研究[D]. 长沙：中南大学，2013.

[110] 张华平. 高铁中小跨度连续梁桥梁轨相互作用研究[D]. 长沙：中南大学，2010.

[111] LIU W S, DAI G L, HE X H. Sensitive factors research for track-bridge interaction of Long-span X-style steel-box arch bridge on high-speed railway[J]. Journal of Central South University，2013，20（11）：3314-3323.

[112] YAN B, DAI G L, ZHANG H P. Beam-track interaction of high-speed

railway bridge with ballast track[J]. Journal of Central South University,2012,19(5):1447-1453.

[113] 徐庆元. 高速铁路桥上无缝线路纵向附加力三维有限元静力与动力分析研究[D]. 长沙：中南大学，2005.

[114] 孔文斌. 高速铁路长大桥梁无砟轨道无缝线路纵向力研究[D]. 南昌：华东交通大学，2011.

[115] 段翔远, 荆果, 徐井芒, 等. 高墩大跨桥梁变形对无砟轨道的影响[J]. 铁道建筑，2011（8）：1-4.

[116] 段翔远, 徐井芒, 陈嵘. 静风荷载对高墩大跨桥梁位移影响分析[J]. 铁道建筑，2011（9）：1-4.

[117] 陈鹏. 高速铁路无砟轨道结构力学特性的研究[D]. 北京：北京交通大学，2009.

[118] 曲村, 高亮, 乔神路, 等. 高速铁路长大桥梁 CRTS I 型双块式无砟轨道无缝线路影响因素分析[J]. 铁道工程学报，2011，28（3）：46-51；63.

[119] 乔神路. 高速铁路桥上无砟道岔系统空间精细化设计理论及试验研究[D]. 北京：北京交通大学，2014.

[120] 乔神路, 高亮, 曲村, 等. 桥上纵连板式无砟轨道无缝道岔力学特性[J]. 西南交通大学学报，2010，45（5）：669-675.

[121] 赵磊. 高速铁路无砟轨道空间精细化分析方法及其应用研究[D]. 北京：北京交通大学，2015.

[122] 梁淑娟. 长大桥上 CRTS II 型板式无砟轨道断板影响与可靠性研究[D]. 北京：北京交通大学，2017.

[123] 蔡小培, 高亮, 孙汉武, 等. 桥上纵连板式无砟轨道无缝线路力学性能分析[J]. 中国铁道科学，2011，32（6）：28-33.

[124] CHEN B J, CAI X P, SHI X B. Study on Mechanical Properties and Field Monitoring of Ballastless CWR on the Bridge in High-Speed Railway [J]. Applied Mechanics and Materials，2013，361-363：1449-1454.

[125] 王冠通. 地震作用下桥上无砟轨道的力学特性[D]. 北京：北京交通大学，2011.

[126] 安彦坤. 桥梁沉降对岔区无砟轨道结构力学特性的影响研究[D]. 北京：北京交通大学，2012.

[127] 安彦坤，蔡小培，曲村. 梁体温差对桥上无缝线路伸缩附加力的影响研究[J]. 铁道标准设计，2011，（10）：1-3；7.

[128] 刘克旭. 复杂温度下桥上无缝线路与CRTSⅠ型板式无砟轨道作用关系研究[D]. 北京：北京交通大学，2016.

[129] 王继军，江成，赵磊，等. 高铁单元板式无砟轨道大跨梁端适应性对比[J]. 铁道工程学报，2018，35（5）：18-23；87.

[130] 张鹏飞，桂昊，高亮，等. 简支梁桥上Ⅰ型板式无砟轨道挠曲受力与变形[J]. 铁道工程学报，2017，34（5）：15-19；44.

[131] 张鹏飞，桂昊，高亮，等. 简支梁桥上Ⅰ型板式无砟轨道制动力与位移分析[J]. 铁道科学与工程学报，2017，14（11）：2323-2332.

[132] ZHANG P F, GUI H, GAO L, et al. Analysis on expansion-contraction force and displacement of CRTS Ⅰ type ballastless track on simply supported bridge[C]//First International Conference on Rail Transportation. Chengdu, China, 2017.

[133] 张鹏飞，桂昊，高亮，等. 桥上CRTSⅡ型板式无砟轨道制动力影响因素分析[J]. 铁道工程学报，2018，35（7）：30-35；108.

[134] 张鹏飞，连西妮，桂昊，等. 桥墩温度梯度对桥上CRTSⅡ型板式无砟轨道纵向力的影响[J]. 交通运输工程学报，2020，20（4）：80-90.

[135] 张鹏飞，桂昊，雷晓燕. CRTSⅡ型板断裂条件下桥上无缝线路伸缩力特性[J]. 西南交通大学学报，2020，55（5）：1036-1043.

[136] 牛振宇，刘林芽，秦佳良，等. 弹性垫层温频变特性对减振型CRTSⅢ板式无砟轨道振动响应影响研究[J]. 中南大学学报（自然科学版），2021，52（10）：3771-3782.

[137] 王栋. CRTSⅢ型板式无砟轨道结构底座混凝土收缩开裂性能研究[J]. 铁道建筑，2021，61（4）：125-128.

[138] 张鹏飞，桂昊，高亮. 桥上Ⅲ型板式无砟轨道纵向力计算模型简化[J]. 华中科技大学学报（自然科学版），2019，47（7）：24-28.

[139] FRÝBA L. Dynamics of railway bridges[M]. London：Thomas Telford，1996.

[140] 吴亮秦,吴定俊,李奇. 城市轨道交通桥梁列车制动力试验研究[J]. 铁道学报, 2012, 34 (3): 88-93.

[141] 秦顺全. 武汉天兴洲公铁两用长江大桥关键技术研究[J]. 工程力学, 2008, 25 (S2): 99-105.

[142] 瞿伟廉,秦顺全,涂建维,等. 武汉天兴洲公铁两用斜拉桥主梁和桥塔纵向列车制动响应智能控制的理论与关键技术[J]. 土木工程学报, 2010, 43 (8): 63-72.

[143] YANG M G, YANG Z Q. Longitudinal vibration control of floating system bridge subject to vehicle braking force with viscous dampers[J]. Adavanced Materials Research, 2012, 446-449: 1256-1260.

[144] 黄栋杰. 200 公里级 CRH_2 型动车组制动控制系统的研究[D]. 成都:西南交通大学, 2010.

[145] 程潜. 考虑列车纵向作用的高架车站动力分析[D]. 北京:北京交通大学, 2014.

[146] 程潜,张楠,夏禾,等. 考虑制动条件的高速列车—轨道—桥梁系统动力响应分析[J]. 中国铁道科学, 2013, 34 (1): 8-14.

[147] 张楠,夏禾,程潜,等. 制动力作用下车辆-车站结构耦合系统分析[J]. 振动与冲击, 2011, 30 (2): 138-143.

[148] 潘鹏. 制动荷载作用下桥上无砟轨道动力特性分析[D]. 南昌:华东交通大学, 2017.

[149] 潘鹏,雷晓燕,张鹏飞,等. 制动荷载作用下桥上无砟轨道动力响应分析[J]. 铁道科学与工程学报, 2017, 14 (11): 2309-2322.

[150] 吕龙,李建中. 列车制动和运行下大跨度公铁两用斜拉桥纵向振动分析[J]. 铁道学报, 2017, 39 (3): 90-95.

[151] 吕龙,李建中. 粘滞阻尼器对地震、列车制动和运行作用下公铁两用斜拉桥振动控制效果分析[J]. 工程力学, 2015, 32 (12): 139-146.

[152] 吕龙,李建中. 移动荷载作用下大跨度铁路斜拉桥纵向共振机理[J]. 土木工程学报, 2018, 51 (2): 81-87.

[153] 中华人民共和国铁道部. 铁路无缝线路设计规范:TB 10015—2012[S]. 北京:中国铁道出版社, 2013.

[154] 曲村,高亮,乔神路. 高速铁路长大桥梁 CRTS I 型板式无砟轨道无

缝线路力学特性分析[J]. 铁道标准设计, 2011 (4): 12-16.

[155] 翟婉明. 列车-轨道-桥梁动力相互作用理论与工程应用[M]. 北京: 科学出版社, 2011.

[156] 国家铁路局. 铁路桥涵设计规范: TB 10002—2017[S]. 北京: 中国铁道出版社, 2017.

[157] 国家铁路局. 高速铁路设计规范: TB 10621—2014[S]. 北京: 中国铁道出版社, 2014.

[158] 国家铁路局. 铁路轨道设计规范: TB 10082—2017[S]. 北京: 中国铁道出版社, 2017.

[159] 李超雄, 寇东华, 杨厚昌, 等. 高速铁路无砟轨道线路养护维修[M]. 北京: 中国铁道出版社, 2011.

[160] 陈嵘, 马旭峰, 田春香, 等. 连续梁桥上单元板式无砟轨道纵向变形的控制[J]. 铁道工程学报, 2016, 33 (1): 58-64.

附录　主要符号说明

F_r　　钢轨最大纵向力；

S_{ts}　　轨道板最大纵向应力；

S_{scc}　　自密实混凝土层最大纵向应力；

S_{cb}　　自密实混凝土凸台最大纵向应力；

S_{el}　　弹性垫层最大纵向应力；

S_{bp}　　底座板最大纵向应力；

F_a　　固定支座桥台顶最大纵向力；

F_p　　固定支座桥墩顶最大纵向力；

D_r　　钢轨最大纵向位移；

D_{ts}　　轨道板最大纵向位移；

ΔD_{rts}　　钢轨轨道板纵向相对位移（轨板相对位移）最大值；

D_{scc}　　自密实混凝土层最大纵向位移；

D_{cb}　　自密实混凝土凸台最大纵向位移；

D_{el}　　弹性垫层最大纵向位移；

Δ_{el}　　弹性垫层最大变形量；

D_{bp}　　底座板最大纵向位移；

ΔD_{sccbp}　　自密实混凝土层底座板纵向相对位移最大值；

D_b　　桥梁梁体最大纵向位移；

Δ_{bj}　　桥梁梁缝最大增量；

D_a　　固定支座桥台顶最大纵向位移；

D_p　　固定支座桥墩顶最大纵向位移。